全国革命老区县发展史丛书——山西卷

侯马市革命老区发展史

《侯马市革命老区发展史》编委会　编

山西出版传媒集团　山西人民出版社

图书在版编目（CIP）数据

侯马市革命老区发展史 /《侯马市革命老区发展史》编委会编. -- 太原：山西人民出版社，2022.11
 ISBN 978-7-203-12099-5

Ⅰ．①侯… Ⅱ．①侯… Ⅲ．①侯马—地方史 Ⅳ．①K292.54

中国版本图书馆CIP数据核字(2022)第032381号

侯马市革命老区发展史
HOUMA SHI GEMING LAOQU FAZHANSHI

编　　者：	《侯马市革命老区发展史》编委会
责任编辑：	陈俞江
复　　审：	傅晓红
终　　审：	梁晋华
装帧设计：	王聚金

出 版 者：山西出版传媒集团·山西人民出版社
地　　址：太原市建设南路21号
邮　　编：030012
发行营销：0351－4922220　4955996　4956039　4922127（传真）
天猫官网：https://sxrmcbs.tmall.com　电话：0351－4922159
E—mail　：sxskcb@163.com　发行部
　　　　　sxskcb@126.com　总编室
网　　址：www.sxskcb.com

经 销 者：山西出版传媒集团·山西人民出版社
承 印 厂：山西万佳印业有限公司

开　　本：787mm×1092mm　1/16
印　　张：24.75
字　　数：260千字
版　　次：2022年11月　第1版
印　　次：2022年11月　第1次印刷
书　　号：ISBN 978-7-203-12099-5
定　　价：98.00元

如有印装质量问题请与本社联系调换

谨以此书献给

中国共产党成立100周年

《侯马市革命老区发展史》编纂委员会

名誉主任：王煦杰 黄晓君

主　　任：郝爱民

副 主 任：石永刚 康来平 王亚民 蒋建奎

委　　员：赵建国 郑　岐 靳能登 史临生 梁效杰
　　　　　郝小强 高先文 迟红霞 任喜康 王楠博
　　　　　李　健 郝红宇 王　浒 邱　军 马　越
　　　　　贾旭东 郝文盛 孙惠敏 房彦俊 张　凯
　　　　　赵建成 施向阳 乔新刚 赵晋红 董林胜
　　　　　董新胜 宫毅泽 高　松 周成才 李林红
　　　　　陶　健 常　青 武军杰 李向民 赵振泳

《侯马市革命老区发展史》编辑部

主　　　编：石永刚

副 主 编：康来平 王亚民 蒋建奎

执行副主编：王亚民

编　　审：康来平 蒋建奎

编　　辑：王书才 席晋峰 于海卫 杨大庆
　　　　　秦淑红 王　莎 李倩倩 王珊珊

历史图片

1961 年国务院公布的全国重点文物保护单位

新田广场的晋文公雕塑

侯马通济桥

侯马老街（20世纪70年代）

早期侯马火车站

1937年，山西民族革命大学四分校侯马旧校址

1937年9月,八路军在侯马乘火车北上抗日

晋冀鲁豫野战军第四纵队十一旅全体干部解放侯马后合影

郭村农会干部和土改工作队合影

晋冀鲁豫野战军第四纵队十一旅宣传队下乡宣传合影

晋冀鲁豫野战军第四纵队十一旅小战士崔孝恩（前排右一），山西沁源长乐村人，解放侯马时与战友留影

社会主议建设时期图片

20 世纪 70 年代，兴修水利

20 世纪 70 年代，担水抗旱场景

20世纪70年代，平田整地

20世纪80年代，大战汾河滩

20世纪70年代，浍河二库工地

20世纪70年代，收割小麦

今日侯马图片

从侯马方略物流园区发出的中欧货车

侯马海关

侯马商检局

侯马火车编组站

中国邮政集团有限公司山西省分公司侯马邮件处理中心

邮电部侯马电缆厂为京九铁路生产的光缆

旺旺集团侯马分公司

北方铜业股份有限公司侯马冶炼厂

山西汤荣机械制造有限公司为欧美名牌汽车生产的刹车毂

山西平阳重工机械有限责任公司生产的液压支架

中国移动通信集团山西有限公司侯马分公司10086客服中心

侯马市第一中学

侯马市人民医院

侯马市污水处理厂

宝鼎公园

山西方略保税物流园区

新田广场

侯马市远眺

侯马城市夜景

侯马城市新貌

美丽的香邑湖

侯马西站

侯马火车站鸟瞰图

侯马古玩城

入选《国家宝藏》的侯马金代董氏墓戏俑

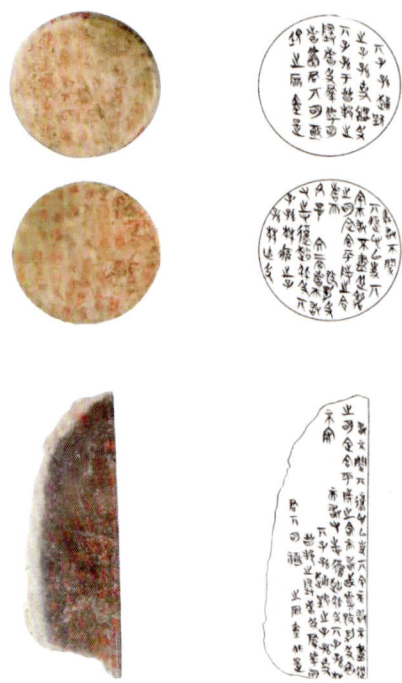

入选《国家宝藏》的侯马盟书

总　序

在举国欢庆中华人民共和国成立70周年前夕，中国老区建设促进会王健会长请我为《全国革命老区县发展史》丛书作序。作为一名在老区战斗过并得到老区人民生死相助的老兵，回首往事，心潮澎湃，感慨万千，深感义不容辞，欣然应允。

中国革命老区，是以毛泽东为代表的中国共产党人在领导人民推翻帝国主义、封建主义和官僚资本主义三座大山，争取民族独立和人民解放伟大斗争中建立的革命根据地。在这片红色的土地上，诞生了无数可歌可泣的革命英雄儿女，为后人树起了一座不朽的丰碑。她是新中国的摇篮，是党和军队的根。

在艰苦卓绝的战争年代，老区人民把自己的命运与中华民族的命运紧紧地联系在一起，与中国共产党和人民军队的命运紧紧地联系在一起，生死相依，患难与共。我曾亲历过战争年代，并得到过老区"红哥""红嫂"的救助，切身了解发生在身边的一幕幕撼天动地的革命故事。在极其艰难的条件下，老区人民倾其所有、破家支前，不怕艰难困苦，不怕流血牺牲。"最后一碗米送去做军粮，最后一尺布送去做军装，最后一件老棉袄盖在担架上，最后一个亲骨肉送去上战场"，这是当时伟大的老区人民为建立中华人民共和国做出巨大牺牲的真实写照，它将永远镌刻在中国共产党、中国人民解放军、中华人民共和国的历史丰碑上。他们的光辉业绩永载史册，他们的革命精神必将影响一代又一代的革命新人，造就一代又一代的民族脊梁。

在社会主义革命和建设时期，革命老区和老区人民响应党的号召，面对落后的面貌、脆弱的经济、恶劣的生态环境，他们本色不变，精神不丢，自力更生，艰苦奋斗，干一行爱一行。他们始终坚持"革命理想高于天"，自觉做共产主义远大理想的坚定信仰者和忠实实践者，勇于向恶劣的自然环境和贫穷落后宣战。他们在各条战线上为国家建功立业，用平凡的双手创造了一个又一个不平凡的奇迹，彰显了老区人民的崇高精神和人格力量。

在改革开放的伟大进程中，老区人民解放思想、勇于创新、发愤图强、攻坚克难，老区的经济社会建设取得了辉煌成就，特别是在改变中国的面貌、中华民族的面貌、中国人民的面貌、中国共产党的面貌的伟大实践中发挥了至关重要的作用。老区人民既是改革开放的参与者，也是改革开放的推动者。

艰苦练意志，危难见精神。老区人民在近百年的革命战争、社会主义建设和改革开放的伟大实践中，孕育形成了伟大的老区精神：爱党信党、坚定不移的理想信念；舍生忘死、无私奉献的博大胸怀；不屈不挠、敢于胜利的英雄气概；自强不息、艰苦奋斗的顽强斗志；求真务实、开拓创新的科学态度；鱼水情深、生死相依的光荣传统。这是党和人民宝贵的精神财富、丰厚的政治资源，是凝心聚力、振奋民族精神的重要法宝，也是社会主义核心价值观的重要内容。

中国老区建设促进会怀着强烈的政治责任感和历史使命

感,组织全国各地老促会人员克服困难,尽心竭力编纂《全国革命老区县发展史》丛书,记录老区的光荣历史和辉煌成就,传承红色基因,弘扬老区精神,是功在当代、利及千秋的一件大事。手捧这部丛书的部分书稿,读着书中的故事,倍感亲切,深感这部丛书具有资政、育人、存史的社会功能,有着重要的时代和历史价值。它是不忘初心、牢记使命的源头活水,是赞颂共产党、讴歌老区人民的一部精品力作,是弘扬老区精神、传承红色记忆的丰厚载体,是一项继承优秀传统文化、弘扬革命文化、发展社会主义先进文化、坚定"四个自信"的宏大文化工程。它必将成为一个文化品牌,为各界人士了解老区、宣传老区、支持老区提供有价值的研究史料。希望读者朋友们能从中了解并牢记这些为党和民族的利益不断奉献的老区人民,从中得到教益,汲取人生奋斗的精神动力。

新时代赋予新使命,新起点开启新征程。让我们更加紧密地团结在以习近平同志为核心的党中央周围,坚持以习近平新时代中国特色社会主义思想为指导,增强"四个意识",坚定"四个自信",做到"两个维护",弘扬老区精神,铭记苦难辉煌,为实现"两个一百年"奋斗目标,实现中华民族伟大复兴的中国梦作出新的更大的贡献!

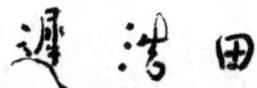

2019 年 4 月 11 日

序

中共侯马市委书记 王煦杰
侯马市人民政府市长 黄晓君

侯马地处晋南腹地,是临汾市的"南大门",区位优越、交通便利,自古有"旱码头"的美誉,是山西南部重要的交通枢纽和商贸物流中心城市,是全省对外开放的前沿城市,是全省县级综合改革的试点城市。

侯马市国土总面积220平方千米,辖3个乡、5个街道办事处,76个行政村,28个社区。城市建成区面积22平方千米,城市规划区面积30平方千米。全市总人口30万人,其中城市常住人口16.2万人,暂住人口5万人,农村人口8.8万人,是山西省城乡联系最为紧密、城乡人口唯一倒挂的非资源型县市。

历史悠久的文明古都。侯马,古称"新田"。公元前585年,春秋时代五霸之一的晋国,曾因"新田,土厚水深,居之不疾,有汾、浍以流其恶,且民从教,十世之利"而迁都于此,传十三世,历时209年。在此期间,晋国达到鼎盛,之后韩、赵、魏三家分晋,始有战国,史学家有"若无三家分晋,统一天下绝非秦国"的论断。200多年的建都史,给侯马这座城市留下了宝贵的历史文物资源,烙下了深深的晋文化印记。市内出土文物达10多万件，"侯马盟书""侯马金代董氏墓戏俑""晋侯鼎""空首布币"等文物在考古界享有盛名。其中"侯马盟书"和"侯马金代董氏墓戏俑"，2019年入选国家宝藏。

红色传承的革命老区。侯马是老一辈无产阶级革命家彭真同志的故乡。彭真故居纪念馆现已成为全省爱国主义教育基地、临汾市党性教育基地和4A级红色旅游景点。1937年9月，八路军三个师从侯马乘火车北上开赴抗日前线。在战火纷飞的革命年代，侯马人民在中国共产党的领导下，参军支前，与敌斗争，前赴后继，不怕牺牲，共计一百七十九名烈士为中华人民共和国的成立英勇献身。

通联八方的物流重镇。侯马因明代设官驿而得名，素有"南来北往商埠地，千车百货旱码头"的美誉。如今地处太原、西安、郑州"大三角"和临汾、运城、晋城"小三角"的中心，区位优越，交通便利，物流发达。境内铁路、公路、航空"三位一体"的立体交通体系完善，国道、省道、高速公路和铁路呈三个双十字交会，距离运城和临汾两个机场都不到1小时的路程，是一座交通便利、通衢八方的枢纽城市。设有华北南部最大的铁路编组站、山西南部邮件分拣中心和山西汽运集团三皇侯运集团公司。现代物流业发展迅速，全市共有大小物流企业260余家，初步形成了辐射国际国内两个市场的"五园区、一中心"大物流格局，是中西部地区重要的国内日用消费品和国际大宗货物集散地，被评为全国五大物流重镇之一。

闻名遐迩的商贸名城。侯马，以商贸服务业为主导的第三产业优势突出，占 GDP 的比重达到 70% 左右。全市现有服装、鞋帽、布匹、家电、家具、建材、古玩、汽车、花卉等大型综合或专业批发市场 25 座，经营户 1.3 万余户，从业人员 6 万余人，市场年成交额上百亿元，商品辐射全国 10 多个省市的 100 多个县市。在互联网发展的影响下，侯马的市场营销模式快速转型，电子商务领跑全省。全市网上营销的商户超过 3000 家，拥有自主平台的电商品牌企业 8 家，并在全省首家建成全覆盖的农村淘宝工程，被评为全国电商百佳县、全国大众网购消费最活跃前 50 强，被商务部和阿里巴巴确定为电商进农村示范市。

开放多元的兴业旺埠。侯马，设有海关、商检、口岸、省级经济开发区和方略保税物流中心、移动呼叫中心，具有"旱码头"和"内陆港"的叠加优势，是名副其实的淘金宝地。尤其是在山西省和临汾市两级政府的支持推动下，侯马正在全力申报、打造功能更全、政策更优、通关更便利的综合保税区，被确定为临汾市发展加工贸易产业的试点。侯马政策优势突出，是国家新型城镇化、服务业综合改革、返乡农民工创业、健康城市四个国家级试点城市，还是全省城乡统筹、综改试验、扩权强县的试点市和全省"多规合一"、中小微企业创业创新示范基地。

绿色文明的宜居宝地。侯马，地势平坦，四季分明，气候温和，环境优美，年平均气温 12.6℃。城市绿化率达 44.86%，森林覆盖率达 22.5%，集中供热和天然气普及率均超过 90%，全年大气环境质量二级以上天数超过 280 天，被评为国家卫生城市、国家园林城市、国家级生态示范区、全国生态文明先进市、中国绿色名市、山西省环境保护模范城市和山西省综合型宜居城市。2019年全市城镇居民人均收入达到32014元，农村居民人均纯收入达到15148元，在山西省位居前列。侯马还连续7次荣获全国双拥模范城，4次获得省级文明城市，是全国土地节约集约利用示范市，人均综合经济实力、小康建设水平和可持续发展能力，在山西省均位居前列。

  前景美好的三晋明珠。进入中国特色社会主义新时代，在党的十八大、十九大精神指引下，侯马的时代列车驶入发展的快车道。"十三五"期间，侯马确立了实施产业集聚、城乡共建、文化崛起、环境提升、民生改善的"五大兴市"战略，着力打造新型产业基地、现代物流高地和文化游购休闲目的地。相信《侯马市革命老区发展史》一书的出版，对更好地利用红色资源、传承红色基因、弘扬老区精神，对凝聚全市人民的智慧，激励全市人民的斗志，都是一本很好的教材。一个绿色、宜居、开放、文明的新侯马定将在晋南大地迅速崛起。

2020年6月

编写说明

2017年6月，中国老区建设促进会组织全国各地老促会启动编纂《全国革命老区县发展史》丛书，按照"建立中国共产党、成立中华人民共和国、推进改革开放和中国特色社会主义事业"三大里程碑的历史脉络，系统书写革命老区百年历史，深入挖掘革命老区红色文化资源，这对于充实丰富中国革命史籍宝库、在新时代传承红色基因、弘扬革命精神、强固根本，对于激励人们在新的历史条件下夺取中国特色社会主义伟大胜利，实现中华民族伟大复兴的中国梦具有重要意义。

丛书编纂以习近平新时代中国特色社会主义思想为指导，以《中国共产党历史》《中国共产党的九十年》等重要文献为基本依据，以党的领导为核心，以老区人民为主体，以老区发展为主线，体现历史进程特征，突出时代发展特色，坚持辩证唯物主义和历史唯物主义相统一、历史真实性与内容可读性相统一的原则，书写革命老区从站起来、富起来到强起来的光辉革命史、不懈奋斗史、辉煌成就史，把老区人民的伟大贡献、伟大创造、伟大成就、伟大精神充分展示出来，形成一部具有厚重历史特征和鲜明时代特色的精品力作。这是一部培根铸魂、守正创新，既为历史立言，又为时代服务，字里行间流淌着红色血脉、催生着革命激情的传世之作。丛书的编纂出版将成为讴歌党讴歌人民讴歌时代、传播红色文化、为革命老区和老区人民树碑立传的重要载体。

丛书按照编年体与纪事本末体相结合、以编年体为主的编写体例确定框架结构；运用时经事纬、点面结合的方式记述史实；坚持人事结合、以事带人的原则处理人与事的关系；采取夹叙夹议、叙论结合、以叙为主的方法展开内容。做到了史料与史论、历史与现实、政治与学术统一，文献性、学术性、知识性相兼容。

为编纂好《全国革命老区县发展史》丛书，打造红色文化品牌，中国老区建设促进会认真组织积极协调，提出政治立场鲜明、史料真实准确、思想论述深刻、历史维度厚重、时代特色突出、编写体例规范、篇目布局合理、审读把关严格、出版制作精良的编纂出版总要求，力求达到革命史籍精品的精神高度、思想深度、知识广度、语言力度，增强丛书的权威性和社会影响力。各省（区、市）、市（州、盟）、县（市、区、旗）老促会的同志，以强烈的使命感、责任感和紧迫感，勇于担当，积极作为，认真实施，组织由老促会成员、专家学者等参加的十余万人编纂队伍。编纂工作主体责任在县，省、市组织协调、有力指导、审读把关。各方面人员以高度负责的精神和科学严谨的态度，满腔热情地投入工作，为丛书编纂出版做出了重要贡献。丛书编纂工作还得到了党和国家有关部委、地方各级党委政府及有关部门的大力支持和积极参与，社会各界也给予了热情帮助。中共中央政治局原委员、中央军委原副主席、原国务委员兼国防部长迟浩田上将，对老区人民怀有深厚感情，对革命老区建设发展十分关注,欣然为《全国革命老区县发展史》丛书作总序。

丛书由总册和1599部分册(每个革命老区县编纂1部分册)组成,共1600册。鉴于丛书所记述的史实内容多、时间跨度长和编纂时间紧,不妥之处,敬请批评指正。

中国老区建设促进会

目 录

第一编 侯马早期革命活动

第一章 抗日战争时期的革命斗争 2
  第一节 早期中共党组织在侯马的活动 2
  第二节 点燃抗日烽火 成立抗日团体 11
  第三节 日军侵占侯马 制造上马惨案 19
  第四节 发动各界民众 开展地下工作 19
  第五节 三区人民群众坚持抗日斗争纪实 22
  第六节 抗日战争时期侯马革命老区大事记略 24

第二章 解放战争时期的革命活动 35
  第一节 重组侯马党组织 成立西线工作队 35
  第二节 第一次解放侯马 36
  第三节 三区分委带领农会干部民兵家属转移东山解放区 .40
  第四节 太岳区民兵三大队的成立及活动 40
  第五节 第二次解放侯马 42
  第六节 组织干部、民兵支援前线作战 43
  第七节 减租减息和土地改革 44
  第八节 解放战争时期侯马革命老区大事记 47
  第九节 革命烈士碑及纪念碑文抄录 67

第三章 侯马进步人士、革命英烈选录 71
  第一节 进步人士选录 71
  第二节 英烈事迹选录 79

第三节 革命烈士英名录 81

第四节 劳动模范、先进工作者选介 91

第五节 名人志士 96

第二编 社会主义革命和建设时期

第一章 三次建市 108
　第一节 第一次建市（1956.11—1957.12） 108
　第二节 第二次建市（1958.10—1963.05） 108
　第三节 第三次建市（1971.8 至今） 110

第二章 经济发展 110
　第一节 农业生产 110
　第二节 水利建设 117
　第三节 林业 119
　第四节 畜牧渔业 120
　第五节 工业生产 121
　第六节 商贸 135
　第七节 饮食服务业 151
　第八节 外贸 155
　第九节 金融 156
　第十节 交通运输 160
　第十一节 邮电 174

第三章 城乡建设 182
　第一节 城市规划 182
　第二节 城区建设 183

第三节　园林绿化 192
　　第四节　农村建设 193
　　第五节　文化建设 194

第三编　改革开放以来侯马的发展

第一章　城市经济体制改革 212
　　第一节　城市工业企业的改革 212
　　第二节　改革中的企业兴衰 214

第二章　农村经济体制改革 234
　　第一节　农村的变化 234
　　第二节　粮食作物生产 235
　　第三节　经济作物生产 237
　　第四节　乡镇企业的崛起 240

第三章　商业贸易的发展 242
　　第一节　商业企业 242
　　第二节　多种所有制形式的商贸企业 243

第四章　城市建设日新月异 245
　　第一节　城市基础设施建设 245

第五章　文教卫生事业蒸蒸日上 250
　　第一节　教育事业 250
　　第二节　文化事业 253
　　第三节　医疗卫生事业 254
　　第四节　群众体育 257
　　第五节　科学技术 258

第六章 轰轰烈烈的"四市"建设 ... 258
第一节 工贸市建设 ... 258
第二节 开放市建设 ... 268
第三节 省强市建设 ... 273
第四节 生态园林城市建设 ... 276

第七章 新时代铸就新辉煌 ... 281

第八章 侯马的明天更美好 ... 291
第一节 全力推进五大发展 ... 291
第二节 战略定位精准客观 ... 293
第三节 发展目标扎实可行 ... 294
第四节 宏伟蓝图前景诱人 ... 297

附录一 奋进中的乡、街道办事处 ... 319
一、新田乡 ... 319
二、凤城乡 ... 322
三、高村乡 ... 323
四、张村街道办事处 ... 326
五、上马街道办事处 ... 331
六、路东街道办事处 ... 333
七、路西街道办事处 ... 335
八、浍滨街道办事处 ... 338

附录二 侯马镇及十个革命老区村简介 ... 341
（一）侯马镇：红军东征经过活动地 ... 341
（二）程村：党组织建立最早之一村 ... 344
（三）张少村：党组织建立最早之一村 ... 345
（四）小里村：党组织建立最早之一村 ... 348

（五）垤上村：老一辈革命家彭真诞生工作过的村 350

（六）南上官：发生过重大战役、事件的村 352

（七）东高村：高村反击战所在地 354

（八）西高村：高村反击战所在地 356

（九）上马村：1938年上马惨案发生地 357

（十）褚村：战争年代作出重大贡献的村 358

（十一）大李村：马小宝烈士出生地 360

侯马市党委、人大、政府、政协四大班子名录 364

编后语 377

第一编 侯马早期革命活动

第一章 抗日战争时期的革命斗争

第一节 早期中共党组织在侯马的活动

一、五四运动为在侯马建党奠定了基础

1919年5月4日发生在北京的青年学生爱国运动,标志着新民主主义革命的开始,促进了革命知识分子对马克思主义的信仰,推动了反帝反封建革命斗争的开展,为中国共产党的成立在思想上和干部的准备上打下了基础,创造了条件,同时也为在侯马建立中共党组织打下了思想基础。

五四运动爆发后,在各阶层产生了极大反响。在曲沃二高小学(校址今路西小学)上学的彭真,在五四运动的影响下,萌生了反帝反封建的爱国思想,他开始阅读一些进步书籍,和要好的同学关嵩峰、刘殿元、王哲、李茂德等聚集一起,探讨救国救民的道理。他们自发组成宣传队,彭真任队长。其后,他们组织学生上街演讲,到侯马镇的郭村、秦村等附近农村,张贴标语,传播新思想、新文化,宣讲"打倒列强,倡用国货,振兴中华",进行爱国主义、反帝反封建宣传。1923年,彭真在太原参加中共党组织后,和同学张淑平、王瀛、纪廷梓等编写《铁血国报》,通过假期回乡和书信来往,向进步青年散发《铁血国报》,宣传马克思主义新思想,扩大党的影响,为在侯马建立中共党组织打下了思想基础。

二、1936年红军东征为在侯马建党创造了条件

1931年"九一八"事变后,日本帝国主义疯狂扩大侵华战争,妄图把中国变成他的殖民地,中华民族面临着亡国灭种的危险,民族矛盾上升为主要矛盾。在此生死存亡危急关头,中国共产党高举民族解放的大旗,号召全国人民开展抗日救亡的伟大斗争。1935年12月,党中央在瓦窑堡召开中央政治局会议,通过了毛泽东同志提出的关于建立抗日民族统一战线的正确主张。毛泽东指出:准备6个月后,打到山西去。击破阎锡山的主力,消灭其一部;开辟山西西部(靠黄河一带)5县以上地区,使之成为初期的苏区……1936年2月17日,毛泽东、朱德为中华苏维埃人民共和国中央政府和中国人民红军革命军事委员会签署了《东征宣言》,20日,中国人民红军抗日先锋军东渡黄河,开始了这一具有伟大历史意义的东征壮举,拉开了抗日救国的序幕,在中国革命斗争史上写下了光辉的篇章。

1936年1月下旬,毛泽东从瓦窑堡出发,经过延川,于31日到达延长县城红一方面军司令部,在这里主持召开了西北革命军事委员会会议,进一步讨论战略问题和东征战役问题。与会领导同意了毛泽东东征的战略部署和战役方针。2月中旬,毛泽东、彭德怀连续下发了有关东征的命令。20日20时,红军从清涧以东渡黄河,一举突破国民党晋绥军黄河防线。经石楼、关上村、兑九峪等战斗,打退晋绥军反击后,以少数兵力在石楼、中阳、隰县、孝义间牵制其主力,以两个军团主力分南北两线展开进攻,占领晋南和晋西北的

广大地区。进入山西的红军将士，不顾疲劳，组织宣传队，积极宣传抗日主张，让抗日的种子在群众中扎根。当时，红军装备很差，体质很弱，医疗设备也不好，困难很多。但是红军将士纪律严明，所到之处，秋毫无犯，群众交口称赞："从来没见过这样好的队伍。"

进占侯马的红军部队是红一军团二师由张振山任团长、林龙发任政委的五团所属的四个连。1936年4月13日，该部进占侯马。侯马是阎锡山统治了二十多年的白区，群众多年来受阎锡山的反动宣传和土匪、兵痞的遭害，红军刚到侯马，群众不敢接近，不少人躲进紫金山中。因此，红军一到侯马，就组织宣传队，深入街头小巷，刷写抗日标语，宣讲抗日救国的道理。红军战士严格执行"三大纪律、八项注意"，纪律严明，说话和气，买卖公平，对工商业主秋毫无犯，商店货栈纷纷开门，市场秩序井然。侯马镇东街"义兴成"掌柜刘存义携家眷逃到了闻喜东镇，店里伙计照常营业，他回来后非常感动；张少村贫苦老汉贾义坤，到街上卖萝卜，红军战士将他的萝卜买下后付给他一块银圆，还给他吃了饭；程村贫农庞六子生活困难，红军开仓济贫送给他一袋白面；东呈王村贫农薛五好拿到红军分给自己的东西，主动给红军挑水、劈柴、做饭；宋郭村朱希圣的老母亲，看到红军平易近人，立即上紫金山叫回躲避的乡亲。侯马镇和曲沃县城附近的群众纷纷看望红军，问长问短，军民融洽，亲如一家。

红军驻扎后，放手发动群众，打土豪、斗地主，筹集军饷，扩大红军，帮助地方建立人民当家做主的新政权。据不完全统计，短短八天，红军筹集3400多块银圆，扩充马匹80多匹。

红军在垤上、程村、张少、秦村、郭村、呈王、西侯马、城小、张王等村,发动群众,分粮济贫。群众高兴地说:"见红军,爱红军,红军与我们心连心,打倒地主和土豪,贫苦百姓得翻身。"秦村的王克俭、常合子等带头参加红军,南西庄村周四明,卫家庄村杨务云,驿桥村苏克俭,西新城村詹新安,以及在侯马谋生的外地热血青年、小学教员,纷纷报名参加红军,短短几天,仅侯马镇就有30多名青年加入红军行列,成为抗日救国的坚强战士。

红军东征在侯马打了胜仗,唤起了民众,扩大了红军,筹备了物资,壮大了自己,在军事上和政治上取得了辉煌成绩。更为重要的是在侯马播下了抗日革命火种,为建党打下了基础,巩固和扩大了陕甘苏区,为抗日根据地的建立和抗日民族统一战线的形成,创造了条件,在中国革命现代史上也书写了浓墨重彩的一笔。

三、八路军主力北上抗日途经侯马扩大了党的影响

1937年7月7日,日本侵略军对卢沟桥大举进攻,中国军民奋起抵抗,抗日战争全面爆发。中国共产党从大局出发,号召国共两党亲密合作,共同抗日,并制定了全面抗战路线和争取抗日战争胜利的基本方针政策。8月25日,中国工农红军改编为国民革命军第八路军(9月11日又改称国民革命军第十八集团军),由陕西东渡黄河,途经侯马,开赴山西抗日前线。

(一)八路军第一一五师北上抗日途经侯马。遵照八路军总部命令,一一五师三四四旅和师直属部队,于1937年

9月4日，从陕西韩城渡过黄河，9月8日抵达侯马，曲沃三区（侯马）牺盟会分会负责人徐力之等在火车站设"劳军站"慰问抗日将士。当时正下大雨，战士们冒着风雨迎风高歌："工农兵学商，一起来救亡，拿起我们的铁锤刀枪，走上民族解放的战场。"在停留期间，八路军组成宣传队宣传抗日救国。

（二）八路军第一二〇师北上抗日途经侯马。遵照八路军总部命令，一二〇师在贺龙、关向应等同志的带领下，于1937年9月11日从韩城芝川镇一带渡过黄河，13日到达侯马，受到当地群众的热烈欢迎。16日主力部队离开侯马进入晋西北地区，第三五九旅民运科科长曾涤留下在侯马扩军，扩军工作团办事处设在西侯马村，半个月就扩军千余人，其中新绛纱厂工人参军的就有500多人。

（三）朱德率八路军总部北上抗日途经侯马。1937年9月6日，八路军总部从陕西云阳镇出发向山西境内进发，9月15日，朱德、任弼时、左权率八路军总部（此时改称第十八集团军总部）由韩城芝川镇渡过黄河，16日抵达万荣，19日途经侯马。时值中秋节，三区人民群众拿出红枣、月饼、鸡蛋等热情慰劳八路军，朱德总司令在车站发表了重要讲话，宣传党的抗日救国方针，扩大了党在人民群众中的影响。

（四）八路军一二九师北上抗日途经侯马。在师长刘伯承等同志的率领下，一二九师于1937年10月6日由韩城芝川镇渡过黄河，9日抵达侯马北上抗日，沿途受到群众的热烈欢迎。10日，先头部队到达太原，18日，师主力部队开赴正太路两侧平定一带开展抗日游击战争。八路军主力北上抗日途经侯马，宣传党的全面抗战主张，发动群众广泛开展抗日斗争，对在侯马建立中共党组织和抗日武装力量产生了巨大影响，起到了极大的推动作用。

四、侯马最早的中共党员彭真

彭真，学名傅懋恭，乳名蓝儿。1902年10月12日（清光绪二十八年九月十一日）出生于山西省曲沃县侯马镇（今侯马市）垤上村一个贫苦农民家庭，其祖籍是山东省桓台县玉皇阁村。在学生时代立字敬之，别号温卿。参加革命后，曾用傅茂公、傅春雷、春雷、炜实、老魏、老沈等化名。1937年春，取名为彭真。

1916年，进入本家傅英海在垤上村办的私塾学习。

1918年秋，在曲沃县立第二高等国民小学校一年级第五班学习。

1919年，五四运动爆发，学生自发组织起宣传队，大家推选彭真为宣传队队长。其后，他组织学生上街演讲，到侯马镇的郭村、秦村等地向农民和市民进行宣讲。

1920年春，彭真被同学们推举为二高学生会书记（相当于后来的学生会主席）。这段时间，彭真还写了论述禁烟、禁赌、禁缠足等文章，抨击社会丑恶现象，宣传反帝反封建的思想。

1922年，考入省立一中，编入旧制中等科第三十四班，参加由太原团地委组织发动的反对省立一中校长魏日靖的斗争，在斗争中结识了校友贺昌等青年团员和进步同学。

1923年5月5日，在省立一中由太原团地委负责人张育麟、李毓棠介绍加入中国社会主义青年团。同年冬，由高君宇和太原团地委书记李毓棠介绍加入中国共产党，组织关系隶属中共北京区委。彭真为原曲沃县侯马镇（今侯马市）最早的共产党员。

1924年，山西省第一个共产党组织中共太原支部在省立一中成立，张叔平任支部书记，彭真任组织委员，李毓棠任宣传委员。同年5月，彭真参加太原团地委领导工作，并被选为新成立的平民教育运动委员会委员长。同年9月，彭真被选为省立一中学生会主席。同年12月，彭真任太原国民会议促成会秘书主任。

1925年3月，任中共太原支部书记。1926年，彭真率正太铁路总工会代表团出席在天津召开的第三次全国铁路工人代表大会。他先后组织领导了石家庄和天津纱厂工人斗争。

大革命失败后，彭真先后任中共天津市委代理书记、书记，中共顺直省委（当时领导北平、河北、山西、山东、察哈尔等省市党的工作）常委、组织部部长、代理书记。彭真是中国共产党在北方的主要领导人之一。

1929年6月，由于叛徒出卖，彭真在天津被捕，遭受酷刑摧残，坚贞不屈，组织被捕同志与叛徒、敌特进行斗争，减少了党的损失。在狱中秘密组织党支部，任支部书记，组织学习宣传共产主义，开展各种形式的斗争。

1935年秋，刑满出狱后，任中共中央北方局天津工作组负责人，组织领导天津各界群众开展抗日救亡运动。

1936年，任中共北方局代表兼组织部部长。

1937年5月，彭真作为白区代表团主席，参加在延安召开地党的全国代表大会，任大会主席团成员。

抗日战争全面爆发后，彭真同志参与部署党在北方地区开展游击战争、创建抗日根据地的工作。

1937年7月下旬至8月，彭真作为中共中央北方局负责人之一，根据中共中央关于把平津的党组织和进步学生、进步人士接出来到敌后去的决定，从陕西云阳经西安、侯马到保定。经过侯马时，回到垤上村，看望父母和亲友，住了一夜。告诉家人自己在一家报馆工作，让家人放心。在垤上村和群众座谈，并接见了本村小学教师孙礼（在解放战争时期任曲沃县民主政府县长），送给他《打倒日本帝国主义》和《全民动员起来救国救民》两本小册子。

1941年5月，赴延安，担任中央党校教务长、副校长、中央组织部代部长、中央城市工作部部长。

1945年4月23日至6月11日，在延安杨家岭出席党的七大。6月9日，在七大第十九次全体会议上当选为中央委员。6月19日，在七届一中全会上当选为中央政治局委员。8月23日，在政治局扩大会议上被增补为中央书记处候补书记。同年9月，赴东北，任中共中央东北局书记、东北民主联军政治委员。

1947年7月回中央，以政治局委员身份指导晋察冀工作。

1948年5月，任中央组织部部长、中央政策研究室主任。同年12月，兼任中共北平市委书记。

1949年9月21日至30日，彭真作为中国共产党的正式代表，参加中国人民政治协商会议第一次全体会议，当选为全国政协委员、中央人民政府委员。

1951年2月，在北京市三届一次各界人民代表会议上当选为北京市市长。

1954年9月，当选为第一届全国人民代表大会常务委员会副委员长兼秘书长。同年12月，当选为全国政协副主席。

1956年9月，在中共八大上当选为中央委员，在八届一中全会上当选为中央政治局委员、中央书记处书记。

1966年5月，在中央政治局扩大会议上受到错误的批判，被撤销党内外一切职务。

1979年2月，中共中央为彭真平反，任全国人大常委会法制委员会主任。同年6月18日至7月1日，被补选为全国人大常委会副委员长。9月，在党的十一届四中全会上增补为中央委员，当选为中央政治局委员。

1980年1月，任中央政法委书记。

1983年6月，在第六届全国人民代表大会第一次全体会议上当选为全国人民代表大会常务委员会委员长。

1988年，退出党和国家领导岗位。

1997年4月26日23时40分，伟大的无产阶级革命家、政治家、杰出的国务活动家，坚定的马克思主义者，我国社会主义法制的主要奠基人，党和国家的卓越领导人彭真，因病医治无效，在北京逝世，享年95岁。

五、第一个中共党支部成立

抗日战争爆发后，八路军主力北上抗日途经侯马，组织工作队，发动群众，宣传抗日，撒下了革命火种，为侯马建党创造了条件。1937年秋，中共曲沃特委书记李哲人来侯马开展建党工作，经过培养考验，发展了同蒲铁路工人庞养太、三区（侯马）牺盟会特派员徐力之（郭村人）及程村的马福安、李春荣、三区工作人员史景峨（后改名李顺天）等加入中国共产党，11月成立了侯马第一个中共党组织程村党支部，庞养太为支部书记，李春荣、马福安为支委。

六、中共区分委（曲沃三区）成立

1937年11月，中共程村党支部成立后不久，李哲人、庞养太又在三区（侯马）张少、小里等村发展了一批中共党员，成立了张少、小里党支部，垤上、大李、褚村成立了党小组，党员发展到16名。随着三区中共党组织的壮大和革命形势需要，1937年12月底，中共曲沃特委书记李哲人在侯马南门外石桥（通济桥）下宣布成立中共曲沃三区（侯马）分委会，庞养太任三区分委书记，徐力之任区分委委员。三区分委的成立加强了三区中共党组织的建设，推动了三区抗日救亡运动的开展。

第二节 点燃抗日烽火 成立抗日团体

一、侯马牺盟分会成立

"山西牺牲救国同盟会"（简称牺盟会）是在中国共产党领导下与阎锡山建立的一种特殊的抗日民族统一战线组织，名义上是阎锡山的官办团体，实际上是在中国共产党领导下的一个抗日民族统一战线的抗日群众组织。1937年1月，山西省牺盟总会向全省各县派遣了牺盟特派员，中共党员刘裕民、武之城以曲沃县牺盟特派员的身份来到曲沃，成立了曲沃县牺盟会。1937年8月徐力之从太原回到曲沃，被曲沃县牺盟会任命为三区（侯马）牺盟分会特派员，史景峨（原名李顺天）为工作员。同年11月，由李哲人介绍二人加入中国共产党。三区牺盟分会成立后，配合区分委，秘密开展党的工作，利用各种形式，宣传中共《抗日救国十大纲领》，讲解牺盟会纲领，在各村成立牺盟会组织，发展牺盟会员1220多人，动员男女老幼教唱抗日救亡革命歌曲，团结开明人士，改造旧政权，打击豪绅恶霸，实行减租减息，合理负担，在三区秦村、张少、程村等村，成立青年抗日救国自卫队，调动了农民抗日救国积极性，掀起了抗日救亡热潮。八路军主力北上抗日途经侯马时，三区牺盟分会发动群众，缝棉衣、做军鞋，设立"劳军站"，慰问北上抗日的八路军将士。1938年3月，日本侵占侯马，三区分会转入地下活动，1939年12月，阎锡山发动十二月事变后，三区牺盟分会停止活动。

二、中共同蒲铁路工委成立

1937年7月卢沟桥事变后，太原吃紧，10月，同蒲铁路局由介休迁到侯马。11月，根据中共山西省委负责人林枫的指示、杨维（即王祖尧）来侯马组建中共同蒲铁路工作委员会，主要任务是秘密发展中共党员，团结教育工人，开展抗日救亡工作。铁工委书记杨维，组织委员朱玉书（后由李泮溪接任），宣传委员杨珏，秘书李撷英。工委办公地址设在垤上彭真同志家的窑洞里。

三、同蒲铁路总工会成立

在中共同蒲铁路工委的领导下，铁路工人为抗日救国做了大量工作。为进一步发挥和调动铁路工人抗日积极性，1937年11月16日，在侯马成立了同蒲铁路总工会，秘书杨珏，宣传委员李新民，组织委员朱玉书，办公地址设在侯马北街商会。总工会成立后，出板报、办刊物，大力开展抗日救亡工作，同时组织铁路工人向阎锡山铁路局进行反对扣发工人工资等斗争，使工会会员发展到500多人。

四、同蒲铁路工人自卫队成立

1937年12月5日，在中共同蒲铁路工委的领导下，成立了同蒲铁路工人自卫队，队长马茨青，政治主任袁致和，军事教官郑长锁，分4个队，队员共400余名。自卫队成立后，在南同蒲铁路沿线和中条山一带站岗放哨，抓捕汉奸40余人，为抗日传递情报，掩护干部，运送物资，开展抗日游击活动，后自卫队大部编入山西青年抗敌决死三纵队游击十团。

五、民族革命大学四分校成立

1937年卢沟桥事变后，抗日战争全面爆发。北平失陷后，聚集在曲沃的抗日爱国青年太原平民中学师生，绛垣中学师生和曲沃、翼城高小的一部分师生，二百余人，积极要求参加抗日斗争。决死三纵队将这一部分青年学生组成"学生抗日大队"。杨献珍（共产党员）任大队指导员，阎锡山的旧军官酒和同任大队长，高治国（共产党员）任大队政治指导员。"学生抗日大队"在曲沃成立后就搬迁到凤城大营盘（现侯马市农机科研所），扩大招生时，改名为随营三分校。校长由决死三纵队政治委员戎伍胜（又名戎子和，共产党员）兼任，决死三纵队政治主任董天智（共产党员）兼任校政治主任，杨献珍任教务主任（实际是学校负责人），高治国负责党的工作。

随营三分校是按战斗部队编制的，校部下辖四个队。一队队长刘明（共产党员、红军战士），政治指导员崔斗辰（共产党员）；二队队长赖林之（共产党员、红军战士），政治指导员高治国；三队队长贾定基（共产党员、红军战士），政治指导员曲文达；四队队长张汉杰（共产党员），政治指导员宋净明（共产党员）。当时二队发展共产党员最多。

随后，中国共产党和进步人士倡议，在临汾成立了"民族革命大学"，阎锡山任校长，梁化之任政治处处长，杜心源（共产党员）任政治处主任。教授中有许多民主进步人士和全国有名望的学者，如江隆基、李公朴、何思敬、陈唯实、施复亮、侯外庐等。

"民大"从全国各地招收学生。其成员：在学历方面，有小学、大学、外国留学生。在社会出身上，有工人、农民、军人、小学教师、小商小贩及其他自由职业者；在政党、社团方面，有共产党员、国民党员、三青团员，也有无党派民主人士和各种宗教信仰者。学员招得太多，临汾学校放不下，给随营三分校拨来一千多人，其中西安高工（工业学院）

三百多人，四川成都约七百人，陕西三原县安吴堡战时青训班七十余人，随营三分校随之改为民族革命大学四分校。杨献珍任民大四分校主任（实际是校长），王合成任总务主任。随营三分校四个队合编成民大四分校的第六队，这是配有武器的唯一一个队，赖林之任队长，高治国任指导员，刘文化是地下党的负责人。

校址仍在凤城村北大营盘，学校有几十孔砖窑，可容纳一个团（一千多人），但设备很简陋，生活很艰苦，师生每天只能吃一点咸菜和馒头。没有教室，只能在院子里上课。

民大四分校的教学内容，主要是抗日进步理论和军事知识。其主要课程：抗日统一战线、抗日游击战争、日本帝国主义侵华史、政治经济学、辩证唯物主义、历史唯物主义、抗日军队政治工作、群众工作，也有阎锡山的物产证券与按劳分配等。

当时学校主要有八大教官：杨献珍代论帝国主义、李哲人（中共曲沃特委书记）代抗日统一战线、秦淮（进步分子）讲中国社会问题分析、梁明（共产党员）讲民运、张立森（梁明的爱人、共产党员）讲政治经济学、雷震（共产党员、红军）讲军人纪律条例及游击战争、耿誓讲物产证券、按劳分配。

当时民大四分校绝大多数教师、学生，积极要求参加抗战。但是，混进民大的国民党特务、三青团负责人王哲为了制造矛盾，利用一部分受国民党反动势力影响较深、对共产党和进步力量抱有偏见的师生，暗中进行分裂、破坏和反共活动。为了揭露王哲的罪恶阴谋，教育师生团结抗日，学校组织了几次大的辩论会。内容是："工人阶级阵线与人民的阵线""民主共和国的将来"等。1937年11月，王哲又与一些托派分子，互相勾结，以极"左"的面目，煽动学生离校。当时分校的口号是：在广大的农村建立抗日根据地，开展群众性的游击战争，坚持山西抗战，坚决不过黄河。后来发现王哲带有电台，搞特务活动，于是组织学生驱逐王哲。学生把王哲包围起来，向他提出质问、谴责，并高呼："打倒汉奸特务！""反对分裂倒退！""反对投降！""维护抗日民族统一战线！"在铁的事实面前，在群众愤怒地斥责下，王哲理屈词穷，灰溜溜地逃跑了，一小撮混进来的托派也夹着尾巴溜走了，一部分动摇的学生离校过了黄河跑到西安，六队的学生没有一个离校的。为了武装抗日，学校派郭子俊、文怀等六人到临汾向阎锡山政权领了四百支冲锋枪、一百支步枪及一部分子弹。学校安定团结，师生情绪高涨。

1938年2月底，临汾失陷。为了适应抗战的形势，根据中共曲沃特委的安排，民大四分校学生由杨献珍及校部领导率领转移到翼城县曹公村，一面继续上课、训练，一面向群众宣传抗日救国道理。蒋介石国民党的杂牌部队，石友三、张人杰、万福麟部就驻扎沁水县中村，距曹公村咫尺，石、张、万企图收编民大四分校学生。杨献珍、雷震、高治国等校部领导及时揭穿了石、张、万的阴谋，巧妙地带领学生转移到浮山三交村，跟决死三纵队合在一起。这时民大四分校分为两部分：大部分学生由杨献珍带领继续上课，四分校的第六队全部和其他队的部分学生共三百多人组成了民大四分校游击第一支队，支队长雷震，下辖两个中队：第一中队队长赖林之、指导员高治国，第二中队队长贾定基、指导员曲文达。支队成立后，立即由雷震率领进入翼城、曲沃、闻喜、夏县、新绛一带敌占区开展游击活动。

1938年3月，民大游击支队和同蒲铁路工人自卫队，合编成决死三纵队第一支队，雷震任队长，李哲人兼政治主任，高治国负责党的工作。

1938年5月底，以民大四分校在三交学习的部分学生和决死三纵队模范队为基础，共二百多人，组织"民大"四分校游击第四支队。支队长胡正平、政治主任张维翰。下属两个中队，一中队队长赵选仁（后来投靠了阎锡山），指导员宋净明；二中队队长纪兴、指导员李思源。支队成立后，由雷震统一指挥，在夏县、安邑（运城）、虞乡、解县、芮城一带敌占区开展游击活动。在虞乡地区，开展统战工作，取得了各阶层爱国人士的支持，刘才超等数十人带枪参加了四支队，继而分化瓦解了当地汉奸土匪杜银娃（杜文玉）部三百人。经过教育，挑选了百余人参加支队，部队得到迅速发展，由原来的两个中队扩大为三个中队。在麦收季节，四支队连续几天在运城外围打击外出骚扰的日军，保护群众麦收。在日军向风陵渡进犯时，四支队在沿途进行阻击，迟滞其行动，掩护群众转移。四支队又转移到猗氏、万泉和稷王山地区活动，多次破坏日军铁路运输。

1938年七八月份，决死三纵队将"民大"游击一支队、四支队和在夏县一带活动的游击十一支队合编在一起，报阎锡山政权，获"青年抗敌决死三纵队游击十团"的番号。团长雷震、政治主任张维翰。下辖三个营，一营营长刘明、教导员戴云程；二营营长胡正平、政治工作员曹振邦；三营营长王学林,教导员宋净明。后宋净明调到纵队政治部任组织科长,教导员由张向善担任。

十团成立时,全团所有连部都已建立了中共党组织,连队建党的支部,营有分支,团有总支。总支书记高治国,公开身份是组织干事,总支委员雷震、王汉雨同志,全团有党员一百多名,都是连、排骨干。

民大四分校是中国共产党利用合法身份培养抗日革命力量的新型学校,也是在抗日民族统一战线旗帜下,培养干部的一所特殊学校。在四分校,中共党组织利用合法身份,从思想上、军事上训练学生,宣传抗日救国,为抗日救亡培养了一批骨干。

在抗日战争、解放战争中,民大四分校的这部分师生,出生入死,冲锋陷阵,为革命、为人民立下了不朽的功勋,他们用鲜血和生命在中国革命史册上写下了光辉的一页。

六、抗日游击队党支部成立

1938年3月,曲沃抗日游击队党支部成立,侯马(曲沃三区)同时成立了抗日游击队,庞养太为游击队队长,共有队员20余名。游击队成立后,扒铁轨、割电线、送情报、惩汉奸,坚持敌后抗日救亡斗争。

七、同蒲铁路侯马段党支部成立

1940年11月,侯马(三区)区分委派中共党员董蔼民打入日伪同蒲铁路侯马段食堂,与火车司机石建民、汽车司机毕天才、张少村中共党员周景辰成立了中共同蒲铁路侯马段党支部，董蔼民任党支部书记。铁路侯马段党支部的成立不仅方便了从事地下革命工作的中共党员来往联系和就餐休息，而且加强了同张少、程村、小里、里村等地下党组织联络站的联系，搜集了大量情报，为根据地建设和侯马抗日救亡做了许多工作。

第三节 日军侵占侯马 制造上马惨案

1938年3月2日（农历二月初一），日本侵略军七八架飞机疯狂轰炸侯马南门外铁路桥（当地人称"洋桥"），日军陆军一部则顺太茅公路推进侵占侯马。

侯马沦陷后，日军在侯马烧杀掠抢、奸淫妇女，惨无人道，无恶不作。在垤上、南堡、上平望、白店、上马等村，烧毁房屋无数，残杀手无寸铁的无辜群众。仅在垤上村，日军就残杀村民40余人，174户农户的房屋全被烧光。1938年5月12日（农历二月十一日），日军侵占上马村，见人就杀，见房就烧。村民未及逃躲的13人全被日军用机枪射杀。日军先后枪杀无辜村民48名，烧毁房屋300余间。此后多年村中无人居住，全村残垣断壁，一片凄凉景象。

第四节 发动各界民众 开展地下工作

一、建立情报站和通信网络

为了加强党的地下革命工作，开展抗日救亡活动，1940年，侯马区分委根据中共曲沃县委的指示，在三区建立了小里、里村、张少、程村、贺村和北陵纱厂等地下秘密联络情报站和通信网。三区分委依靠这些情报联络站，传递情报、发展党员、运送食盐、药品、纱线等战略物资，护送干部、青年学生到根据地，坚持斗争，壮大抗日力量，使位于侯马南门外的石桥（通济桥）成为通往中共中央北方局的联络总站，为抗日救亡做了大量的工作。

二、组织铁路工人开展抗日斗争

侯马区分委在建立联络站、发展党组织、壮大抗日力量的同时，十分注意组织和武装铁路工人，开展抗日斗争。1940年10月，区分委派中共党员董蔼民打入日伪同蒲铁路侯马站食堂，与毕天才、周景辰等组成铁路党支部，组织铁路工人传递情报、运送食盐、药品、电线、汽油等紧缺物资，接送中共党员干部，并领导铁路工人进行罢工斗争。同时，决定由王凯打入曲沃警备队，樊逸民打入小韩自卫队，瓦解日伪军开展地下革命工作。1941年，区分委又决定派中共党员段国相、贾思让等打入日伪张少警察分所，李建中打入日伪曲沃警察局，邱雨亭打入曲沃皇都医院。这些同志在日伪组织内部，利用合法身份和工作条件，为抗日根据地购买药品，运送物资，散发传单，传递情报，进行革命活动。

三、领导贫苦农民进行抗粮抗差反"清乡"斗争

侯马人民在日、蒋、阎反动政权统治下，暗无天日，民不聊生，白天日军警备队到各村抢粮要款，祸害百姓，夜晚蒋、阎二战区又到村里摊派粮饷，搜刮民财。为坚持和日伪

政权作斗争，区分委根据中共曲沃县委的指示，发动群众，采取拖延、少交、缓交等办法，进行抗粮、抗差、抗捐斗争。1941年，日军在曲沃全县及三区侯马遍设岗卡，四处"扫荡"，对抗日根据地实行"经济封锁、强化治安"等"清乡"政策。三区分委采取应急措施，组织各村18岁以上男女青年，成立农民自卫队，发动群众，空舍清野，抗粮抗差和抗捐，在斗争中发展新党员，壮大党组织，开展反"清乡"斗争。在这一阶段，根据斗争需要，成立了马南、马北两个区委，使三区中共党组织发展到8个党支部、7个党小组，壮大了党的力量，打击了敌人，鼓舞了群众，推动了抗日救亡工作的开展。在区分委的领导下，张少村党支部发动群众使民愤极大的日伪村长王思聪落选，程村党支部揭发了日伪村长文喜恩贪污财款的问题，经过斗争，由中共党员马福安担任程村村长，掌握了村政权，利用"村长"合法身份，给日伪政权送假情报，组织群众抗粮、抗捐，开展革命斗争。

四、组织营救被捕的中共党员

1943年，由于叛徒石修家出卖，中共三区分委书记杨金钟，曲沃县委宣传部部长何桦、副部长贾亮和中共党员庞养太、焦枫山、王益民、贾思让等相继被捕。这些同志被捕后，在日伪监狱受到严刑拷打和酷刑折磨，但他们坚贞不屈，没有暴露党的机密和出卖同志，表现出了共产党员的英雄气概和坚贞气节。

中共曲沃县委一面及时调整三区分委领导人，决定由唐华民兼任三区分委书记，领导群众坚持抗日斗争；一面积极组织营救工作。三区分委经多方努力，组织营教，终使这些同志出狱，保存了革命力量，减少了党的损失。

第五节 三区人民群众坚持抗日斗争纪实

抗日战争全面爆发后，日本侵略军不断推行以对付中国共产党的抗日根据地为主要目标的反动方针，继续对抗日根据地实行"治安强化"，不断进行"扫荡"和惨无人道的烧光、杀光、抢光的"三光政策"。蒋介石、阎锡山政权中的顽固派则消极抗战，积极反共，制造事端，祸害群众，加上当地连续数年发生了严重的自然灾害，三区人民群众处于水深火热之中。

在此严重困难的形势之下，三区分委遵照中共太岳区党委和曲沃县委的指示，发动群众，培养骨干，克服重重困难，建立抗日武装，抓住有利时机，开展游击战争，粉碎了日军的"扫荡"，打击了蒋、阎政权中顽固派的气焰，保护了根据地和人民群众的生命、财产，鼓舞了群众抗战信心，为争取抗日战争的最后胜利作出了一定的贡献。

一、破袭日军铁路运输线

为切断日军铁路运输，阻击日军入侵，从1938年3月始，三区抗日游击队20余人在中共曲沃抗日游击队党支部和三区分委的领导下，在程村党支部的配合下，队长庞养太带领李春荣、马振河、张思源等20多名游击队员，在南同蒲铁路侯马至史店、礼元一带，扒铁轨、拆枕木、割电线，破袭被日军占领的侯马车站及半山庙铁路一段，使日军一列火车脱轨翻车，铁路交通一度中断。之后，部分游击队员又南下到风陵渡火车站进行破袭，日本侵略军占领南同蒲铁路后，游击队又开赴中条山一带开展抗日游击战争。

二、金沙伏击战

1938年5月5日，山西青年抗敌决死三纵队八总队一营二连三排排长刘德山奉命带领三排战士来到金沙村，隐蔽休息，准备当晚炸毁侯马南门外铁路桥，切断日军铁路运输线。午饭时，接到日军要来偷袭金沙村的情报，刘排长立即召集开会，商议对策，决定利用金沙村的有利地形，对来犯日军打伏击战。随即，刘排长通知村长，动员组织群众向南山转移，命令四班战士在村西马皮沟阻击来犯日军，五班、六班战士埋伏在村北富家沟口的高地上，居高临下控制整个河谷，伏击从香邑方向来犯之日伪军。各班按照部署，进入指定阵地，利用地形刚刚隐蔽好，日军中队长大野已带着300多名日伪军顺河滩向金沙村扑来。当日伪军进入伏击圈时，遭到五班、六班战士的沉重打击，死的死，伤的伤，连滚带爬，乱跑乱喊。日军中队长大野多次组织进攻，均被击退。此时，日军骑兵和日伪自行车警备队赶来增援，四班战士利用有利地形顽强阻击，日本骑兵越沟追来时，四班机枪手韩长林端起机枪一阵猛射，打死打伤数名日军。激战中，四班长朱玉天身负重伤，机枪手韩长林不幸中弹牺牲。当日军又一次进攻时，战士张来福端起机枪又一阵猛烈扫射，打退了日军的进攻。

为了保存力量，刘排长命令各班互相掩护，边打边撤，隐蔽在紫金山中。此次伏击战，共打死打伤日伪军100多人，缴获大量武器。

三、区分委召开抗日救亡大会

日军侵占侯马后，区分委一方面组织领导各界民众成立抗日武装组织，组成抗日民族统一战线，同仇敌忾，坚持抗日斗争；另一方面做好抗日宣传发动工作，惩治汉奸，打击日伪反动势力，鼓舞人民群众树立抗战必胜信心。1938年1月，区分委在中共曲沃县委和同蒲铁路工委的组织领导下，在侯马镇召开万人抗日救亡群众大会。中共曲沃特委书记李哲人到会讲了话，宣传党的《抗日救国十大纲领》，动员民众掀起抗日救亡高潮，树立抗战必胜的信心，并于会后处决了作恶多端、民愤极大的日伪汉奸张玉祥、孙尚武、褚梦祥。这次大会及锄奸行动，打击了蒋、阎、日伪政权的反动气焰，震慑了敌人，轰动了晋南，鼓舞了民众抗日救亡的积极性。

第六节 抗日战争时期侯马革命老区大事记

1937年

7月

7日 日军向卢沟桥进攻，中国守军奋起抵抗，抗日战争全面爆发。

8日 中共中央发布《中国共产党为日军进攻卢沟桥通电》，号召国共两党合作抵抗日军进攻。

本月　曲沃县牺盟特派员指示王守仁在南杨村学校设立了以教师为主的浍川读书研究会，进行抗日宣传活动。

8月

6日　红军前敌总指挥部命令红军集中于陕西省三原、富平、泾阳地区，进行改编和开赴华北抗日前线的准备工作。

25日　中革军委发布《关于红军改编为国民革命军第八路军的命令》。

30日　八路军第一一五师三四三旅在陕西韩城芝川镇东渡黄河，进入山西境内。

本月　徐力之任曲沃县三区（侯马）牺盟分会特派员，在侯马发展牺盟会员一千多人。

9月

4日　八路军一一五师主力渡河进入侯马，8日从侯马乘火车北上抗日。八路军一二〇师9月8—9日由陕西韩城县芝川镇东渡黄河，13日到达侯马。9月16日，从侯马乘火车，于17日抵达榆次，后进入忻县以北地区。

15日　朱德总司令、任弼时、左权等亲率第十八集团军总部由韩城县芝川镇东渡黄河，16日抵万荣县，19日到达侯马，然后从侯马乘火车北上抗日，受到侯马镇人民的热烈欢迎。时值中秋节，曲沃县牺盟会负责人徐力之组织群众慰劳抗日战士。

10月

9月30日，八路军第一二九师主力由陕西省富平县庄里镇出发，10月6日在韩城东渡黄河，9日途经侯马北上抗日。

10日 第一二九师三八六旅到达侯马后,陈赓旅长亲自联系车运,牺盟会在火车站设立了"劳军站",发动群众给部队送棉衣、棉鞋、馒头、烙饼慰劳抗日将士,支援抗日前线。

自此,侯马成为我军历史上铁路大运兵首发站。史称"中共第一列军车从山西侯马发出"。

本月 中共曲沃特委委员、组织部部长李撷伯接到北方局书记刘少奇关于"在半月内,配合八路军完成扩军五千人的任务"的指示,来到侯马,成立了八路军扩军工作团办事处,在第一二〇师三五九旅政治部民运科长曾涤的协助下,深入新绛大义、永裕纱厂及曲沃、闻喜等地,动员青年参军参战,按期圆满地完成了任务。

本月 张少村成立了青年抗日先锋队,王希忠任队长。

本月 同蒲铁路局由介休南迁侯马。

11月

月初 根据中共山西省委负责人林枫指示、杨维(王祖尧)到侯马组建中共同蒲铁路工作委员会。书记杨维,秘书李刚(李撷英),宣传委员杨珏,组织委员朱玉书。铁工委主要任务是秘密发展中共党员,团结教育工人,坚持山西抗日斗争。

8日 太原沦陷。

16日 在同蒲铁路工委领导下,成立了同蒲铁路总工会,驻侯马镇北街商会,秘书杨珏,宣传委员李新民,组织委员朱玉书,发展会员五百多人。同时在临汾、风陵渡成立了分会。

本月 中共曲沃特委为培养抗日宣传骨干,在凤城大营盘举办教师训练班,特委书记李哲人亲自讲课,李长庚、崔斗辰（闻喜人，牺盟会干部，中华人民共和国成立后任省教育厅厅长）组织一百多名进步青年学习，时间为一个月。

本月　太原沦陷后，聚集在曲沃的抗日爱国青年太原平民中学、绛垣中学和曲沃一高的部分师生二百余人，积极要求抗日，决死三纵队将他们组织成学生抗日大队。杨献珍任指导员，酒和同任大队长，高治国任政治指导员，负责党的工作。不久学生抗日大队迁往凤城大营盘（现市农机科研所），更名随营三分校。校长由决死三纵队政委戎伍胜（戎子和）兼任，政治部主任由决死三纵队政治主任董天智兼任，杨献珍任教务主任。之后，随着抗日民族统一战线的建立，随营三分校又改名为民族革命大学四分校，杨献珍任校长，王合成任总务主任。学员发展到一千余人。

本月　侯马第一个中共党支部程村支部建立，支书庞养太，支委李春荣、马福安。

12月

5日　同蒲铁路工人自卫队（以下简称"铁工队"）在侯马成立。队长马茨青，政治主任袁致和。该队有四百多名队员。自卫队成立后，配合牺盟会进行了宣传抗日和维持治安等活动。

本月　中共侯马区委（当时称三区分委）建立，书记庞养太，委员徐力之。

月底　张少党支部建立，支部书记卫震，党员有唐化民、王凯等。

1938年

1月

1日　侯马镇召开抗日救亡群众大会，中共曲沃特委书记李哲人进行抗战动员，号召爱国青年积极参军。会后，铁工队抓捕汉奸四十二名。

13日　侯马镇召开万人公判大会，将张玉祥、孙尚武等十四名汉奸公审后枪决。事后，牺盟总会向铁路总工会、铁工队发了"锄奸先锋"锦旗两面。

2月

4—7日　同蒲铁路工人第一次代表大会在侯马同蒲铁路总工会住址内召开，各站到会工人代表四十多名，牺盟总会等抗日救亡团体代表多人参加，闭幕时通过了《拥蒋、阎抗战到底电》《慰问抗战将土电》及《致全国铁路工友书》等。

3月

1日　民大四分校、铁路工委和铁路总工会转移到翼城曹公十字河一带。

2日　日军侵占曲沃县城。

9日　日军七八架飞机轰炸侯马南门外铁路桥。侯马沦陷，铁路交通中断。

本月　铁工队队员霍得隆、刘三怀在高显至襄陵之间的铁路上，炸日军火车头两个。

本月　侯马区分委书记庞养太与党员仪虹在新绛县办起一个纱厂，秘密发展党员，建立支部，为八路军运送棉纱。

5月

4日　为将盘踞在晋南三角地带的日军第二十师团（司令部驻曲沃）和第一〇八师团逐出，从4日起，国民党部队逐渐增加十几个师集中在曲沃、侯马一带，破袭铁路桥梁，使日军对外交通完全中断，只能以飞机转运弹药给养，处境十分困难。

同日 国民党第八十三师、第八十五师攻打侯马，未克。

本月 日军进犯驻上平望村之国民党第十五军。

6月

10日 日军第一〇八师团第二十五旅团一个队由晋城向侯马方向进犯，我第一一五师两个团利用有利地形发起猛攻，毙伤日军近千人。

中旬 国民党、阎锡山部继续进攻并相继收复芮城、永济、风陵渡及荣河等要地。日军第二十师团残部退至闻喜、曲沃、侯马等地，闭门困守。

7月

本月 决死三纵队一大队二中队（又称一营二连）奔袭侯马，执行炸桥任务，被日军在金沙村包围。经英勇反击，击毙日军一百余人，我决死队分队长与十名战士英勇牺牲。

下旬 以民大四分校学生游击支队和同蒲铁路职工自卫队为骨干，又将夏县、闻喜、安邑一带组织的游击队等，组成决死三纵队游击第十团。雷震任团长，戴云程为教导员，张维翰为政治部主任。

秋 庞养太带领晋豫区十九分区游击队在金沙伏击日军，毙伤日军数十人。

8月

本月 中共翼城中心县委领导成立晋豫边游击支队，王凯任队长。侯马有十六名青年参军参战。

冬 政治保卫一支队（简称政卫一支队）在汾南地区组建。

1939 年

本年 政卫一支队改编为第二一二旅,旅长孙定国,政治部主任王成林。

本年 为了粉碎敌人的经济封锁,三区分委经常派人往东山根据地运送食盐、药品、棉线等物质。

1940 年

1 月

中条地委成立,李哲人任书记,侯马属中条地委领导。

2 月

7 日 第二一二旅向太岳区主力部队靠拢,实行新军大会合。第二一二旅七千余人从稷王山出发,途经日占区侯马、曲沃,与敌激战七昼夜,粉碎日军多次围追堵截,行军七百余里,到达太岳区沁源县。

春 党组织派唐华民回侯马任区分委书记,根据曲沃县委指示,唐华民回侯马后,以张少村为基地,对张少、小里支部进行了整顿,同时组建了白店、虒祁、驿桥、郭村等支部,发展了一批党员。

4 月

本月 根据曲沃县委指示,樊逸民打入日伪侯马警察所,王凯、段国相、耿步青、霍文杰、李建中、贾思让、周景辰、鲁国斌等相继打入日伪警备队、警察所、警察局、区公所等组织,掌握灰色武装,待机行动。

10 月

1日　中共曲沃县委指示董蔼民打入日伪同蒲铁路侯马站食堂，秘密建立铁路支部，搜集敌人情报，引导抗日武装炸毁日军车辆物资。

1941年

春　白店、驿桥、郭村等中共地下党支部相继成立。

本年　侯马区分委（三区）根据上级"隐蔽精干、长期潜伏、积蓄力量、以待时机"的十六字方针，秘密发展党员，整顿党的组织，坚持地下斗争。

本年　地下党组织领导侯马自动车营业所工人多次进行罢工斗争，取得胜利。

1942年

本年　根据曲沃县委指示，侯马区分委发动群众反奸、反贪污，通过合法斗争，由地下党掌握乡村政权。唐华民同志当了张少村自卫团团长，马福安当了程村村长。在他们的领导下，发动群众，掀起抗粮抗差、反迫害运动，保护了群众利益。

冬　张少村党支部为了牵制敌人对我东山根据地进行"扫荡"，以自卫团名义组织夜间打枪，使日军惊惶不安。

12月　为便于反"清乡"斗争，以侯禹公路为界线成立了马南、马北区委。马南区委书记马福安，委员王文庆、李春荣；马北区委书记邱雨亭，委员董顺江、吉春茂。

本年　久旱无雨，灾情严重。

1943年

6月

本月　唐华民任曲沃县委组织部部长，杨金钟接任侯马区分委书记工作。

夏　石修家被捕叛变，三区分委书记杨金钟，县委宣传部部长何桦、副部长贾亮等被捕。

7月

本月　贾思让、庞养太等被捕。敌人对杨金钟、庞养太、贾思让严刑拷打，他们坚强不屈，表现了共产党人的英雄气概。后经组织多方营救出狱。

夏　中共曲沃县委决定，唐华民兼任三区分委（侯马）书记。

夏　唐华民把三区的党员召集到张少村南龙王庙集中学习，进行革命气节教育，使党员坚定了夺取最后胜利的信心。

1944年

春　贾思让出狱后，打入日伪警备队当兵。

夏　贾思让回张少村担任村党支部书记，发动群众开展抗日斗争。

1945年

8月

10日　日本政府向苏、中、美、英四国发出照会，请求无条件投降。

15日　日本天皇裕仁宣布无条件投降。

17日 侵占侯马的日军彻底撤离侯马。

本月 蒋、阎军相继进入侯马。

9月

2日 日本政府正式签署投降书。中国人民取得抗日战争的彻底胜利。

10月

本月为了开辟南同蒲沿线翼城、曲沃、侯马、闻喜等一带工作，西线工作队成立，队长陆达。

附1：早期（1933—1941年）侯马中共党员及第一个党支部领导人名录

早期侯马部分中共党员名单

姓名	入党时间	村籍、单位	姓名	入党时间	村籍、单位
孙光烈	1933年	小里	孙先余	1934年	小里
庞养太	1937年	程村	徐力之	1937年	郭村
马福安	1937年	程村	李春荣	1937年	程村
李顺天	1937年	侯马	卫震	1937年	张少
彭兆祜	1937年	垤上	马廷秀	1937年	程村
徐文林	1937年	程村	马仰龙	1937年	程村
白文海	1938年	教员	王凯	1938年	张少
唐化民	1938年	张少	王希忠	1938年	张少
王德发	1938年	程村	傅茂惠	1938年	垤上
马福林	1938年	程村	陈继昌	1938年	程村
白文治	1938年	程村	邱雨亭	1939年	小里
黄顺江	1939年	小里	李启才	1939年	小里
宋麦成	1939年	小里	绍林河	1939年	小里
秦元英	1939年	小里	孙海波	1939年	小里
吴振国	1939年	小里	卫志利	1939年	小里
单久田	1939年	小里	王西亮	1939年	小里
耿步青	1940年	张少	周景辰	1940年	张少

(续表)

姓名	入党时间	村籍、单位	姓名	入党时间	村籍、单位
梁喜成	1940年	张少	段国相	1940年	张少
贾思让	1940年	张少	李建中	1940年	郭村
李冬爱	1940年	张少	吉春茂	1940年	小里
贾芝祥	1940年	白店	刘福海	1940年	白店
朱全福	1940年	白店	李洪辰	1940年	虒祁
王文庆	1940年	虒祁	李聚会	1940年	虒祁
马国保	1940年	郭村	董蔼民	1940年	张少
张安家	1940年	纱厂	倪奎元	1940年	纱厂
霍文杰	1941年	张少			

附2：侯马第一个中共党支部程村党支部领导名录

成立时间	姓名	职务
1937.11	庞养太	支部书记
1937.11	李春荣	支部委员
1937.11	马福安	支部委员

附3：最早成立的中共曲沃三区（侯马）分委领导名录

成立时间	姓名	职务
1937.12	庞养太	区分委委员
1937.12	徐力之	区分委委员

附4：本时期中共曲沃三区（侯马）分委领导名录

机构名称	姓名	职务	任职时间
中共曲沃三区分委会	庞养太	书记	1937.12—1939.06
中共曲沃三区分委会	樊逸民	书记	1939.06—1940.05
中共曲沃三区分委会	唐华民	书记	1940.05—1942.05
中共曲沃三区分委会	杨金钟	书记	1942.05—1943.06
中共曲沃三区分委会	唐华民	书记	1943.06—1945.08
中共曲沃三区分委会	徐力之	委员	1937.12—1938.07
中共曲沃三区分委会	马青山	委员	1938.07—1940.03
中共曲沃三区分委会	邱雨亭	委员	1940.03—1944.08
中共曲沃三区分委会	白文治	委员	1940.03—1945.08

第二章 解放战争时期的革命活动

第一节 重组侯马党组织　成立西线工作队

1945年8月，日本宣布无条件投降，中国人民经过十四年艰苦卓绝的浴血奋战，取得了抗日战争的最后胜利。

日本投降后，国内形势发生了重大变化。以蒋介石为代表的国民党政府，坚持内战、独裁、卖国的政策，在美帝国主义的支持下，抢夺抗战胜利果实，抢占战略要地，向解放区发动频繁进攻。1946年6月，蒋介石不顾全国人民的反对和中国共产党的忠告，撕毁停战协定，向解放区大举进攻，新的全国内战全面爆发，中国人民进入了全国解放战争时期。

一、重新调整区分委领导班子

内战爆发后，三区侯马人民在中共曲沃县委和三区分委的领导下，在极其困难的条件下，和国民党蒋介石、阎锡山政权进行了艰苦卓绝的斗争。当时，三区侯马还盘踞着蒋介石、阎锡山的军队，人民仍然处于水深火热之中。根据斗争形势的需要，1946年，中共曲沃县委重新组建和调整三区党、政领导机构，成立三区人民武装委员会，决定由宋力担任区分委书记，杨文学担任三区区长、区分委副书记，由王凯担任区武委会主任，三区领导班子的调整，壮大了党的力量，加强了党对地下革命工作的领导。

二、西线工作队成立

1945年10月,为了开辟南同蒲沿线翼城、曲沃、侯马、闻喜一带党的工作,保卫抗战胜利果实,中共太岳区四地委决定,成立太岳第四军分区西线工作队,队长陆达,成员有李顺天、杨鹤翔、杨文学、卫长龙等10余人,由陆达兼任中共曲沃县委书记,李顺天为县委副书记,并在翼城县委的帮助下,成立了有100余人的游击队,在蒋、阎占领区开展游击战及武装斗争,宣传党的政策。

西线工作队成立后,第一,开辟曲沃县五区、二区工作,相继开辟三区(侯马)、四区工作,深入农村调查研究,宣传党的政策,建立区、村民主政权,恢复党的组织,迎接和支援人民解放军主力部队围攻曲沃,解放晋南重镇侯马;第二,在侯马召开欢迎北平军调处执行部侯马小组大会,发动群众,控诉蒋、阎军队破坏停战协定,勾结汉奸残害人民的罪行;第三,发动群众开展反奸清算和土地改革,在侯马镇召开万人大会,处决了破坏土改、打死贫农杨金花、杨春成姐弟二人的乔山底恶霸地主韩凤鸣、郭鸿雁、刘铁蛋;第四,恢复党的基层组织,加强党的领导,建立健全区、村党、政、群领导机构。

第二节 第一次解放侯马

侯马处于晋南腹心地区,北连临汾,南通河南,西接陕西,扼晋豫陕三省之咽喉,是铁路、公路交通枢纽,战略地位十分重要。据此,1946年1月1日,中共中央军委电令晋冀鲁豫野战军第四纵队和太岳军区主力部队,迅速攻占曲沃、侯马,控制侯马南北交通,以保持太岳部队已得阵地的有利局势。1月6日,四纵队从翼城出发,以远距离奔袭,直扑曲沃、侯马。兵力部署,由四纵队的十一旅攻占侯马,十旅、十三旅主力直奔曲沃蒙城。1月8日,十一旅各团到达指定位置做好战斗准备,8日晚发起总攻,9日经过激烈战斗,基本控制了侯马,歼灭和俘获驻侯马的阎军地方部队保十团谢子明部和"晋南剿共自卫军"王万顺部共1500余人。10日侯马全部解放。在解放侯马战斗中,三区分委通过程村、张少、小里、虒祁、白店等村党支部,组织民兵配合部队侦察地形,筹粮筹款,动员了60多副担架支援部队作战。侯马解放后,人民解放军控制了侯马到水头镇110余公里的地带,切断了国民党军队南北之联系,阻止了国民党胡宗南部沿同蒲路北上的计划。

一、三区人民欢庆侯马解放

侯马解放后,曲沃县民主政府和三区分委、区民主政府在侯马镇召开了庆祝大会。据《新华日报》(太行版)报道:"一月十四日,侯马镇市场繁荣,物价下降,民主政府出小麦三十余担,赈济贫苦工人、农民,侯马镇商民及侯马的东、西两堡,张少、南西庄、上马、隘口等四十三个村的群众齐集在区政府门前广场上,热烈庆祝八路军解放侯马。一早,全镇的商人、学生、铁路工人、洋车夫及各村群众,大家手执各色旗帜,向侯马镇区政府走来,侯马镇显出解放的新气象。西里村的高跷队,垤上村的国术队,西侯马的狮子舞,西马庄的秧歌队都陆续而来……会议开始,四纵队十一旅政委刘有光首先登台讲话,接着曲沃县民主政府县长孙礼解释了人民政府的政策、法令,最后曲沃人民复仇委员会副主任郑海讲了话。大会一直开到黄昏,晚上侯马镇还唱大戏庆祝。"

二、区分委组织民兵配合部队作战

1946年5月,三区分委和区武装委员会对各村民兵组织进行了整编,将全区300多名民兵编为五个轮战队。张少、程村、单家营、崖上等村60余名民兵为第一轮战队;褚村、上平望、下平望等村50余名民兵编为第二轮战队;乔村、郭村、秦村、香邑等村50余名民兵编为第三轮战队;张王、褚祁、东高、西高等村50余名民兵编为第四轮战队;垤上、宋郭、白店、汾上村50余名民兵编为第五轮战队。五个轮战队分别驻扎在小里、高村、台神、西高、褚村。民兵轮战队成立后,一手拿镰、一手拿枪。一边进行军事训练,巡逻放哨,提高军事素质,培养独立作战能力;一边保护群众,保卫家乡,在区分委和武委会的领导下,发动贫苦农民,成立农会组织,斗争地主恶霸,开展反奸清算和护粮斗争,组织民兵从阎军手中夺回被抢走的牲畜、小麦、枪支、弹药,为部队筹集军粮。1946年7月,蒋、阎军队7万余人从运城向侯马方向进犯,民兵轮战队配合四纵队多次进行自卫作战,击退蒋、阎军的进攻,保卫了解放区。1946年8月,蒋、阎军队侵占侯马，民兵轮战队武装保护三区农会干部、民兵家属300余人转移到翼城东山。

三、南上官进攻战

南上官进攻战，是在曲沃围城期间进行的一次战斗。战斗中晋冀鲁豫四纵队十一旅遵照毛泽东同志"在运动中歼灭敌人"的作战原则，做好战斗部署，采取堵截与追击结合的战术，发挥短兵相接、近距离作战的威力，迅速地歼灭了敌人。

1946年7月18日夜，曲沃城内阎军续继川带8个保安团，进占曲沃城西北6里处之南上官村，抢占地盘，抢粮抓丁。当夜，大部分阎军撤回曲沃城内，留保安十团、十三团共1300余人继续在南上官一带抢粮抓兵，祸害百姓。

为保卫胜利果实，保护群众生命财产，晋冀鲁豫四纵队十一旅决定歼灭进犯南上官之阎军。经过部署，由三十三团部分兵力继续围城监视曲沃阎军行动，抽出主力配合三十二团攻击南上官之阎军。7月20日12时，三十三团主力和三十二团进入指定位置，14时战斗打响，三十二团二营从北进攻，迅速登上城墙，占领了北门，阎军从东、西、南门仓皇逃跑。15时，续继川派一个团从曲沃城出西关救援南上官之阎军，遭到三十二团阻击，不敢前进。此时，南上官阎军已逃到东城之东南沙峪沟我军所设的口袋阵地，随即遭到三十二团一营伏击围歼。阎军在十一旅三十三团和三十二团前堵后追的夹击下，缴械投降。

此次战斗历时3个小时，共歼灭阎军300余人，俘虏

500 余人。

第三节 三区分委带领农会干部民兵家属转移东山解放区

1946 年 6 月，蒋介石悍然撕毁停战协定，挑起内战，对解放区发动了全面进攻。8 月 16 日，蒋军第三十八集团军董钊部从运城出发，向太岳解放区进犯。18 日占领了闻喜东镇，19 日侵占了侯马。为保存革命力量，坚持斗争，8 月 17 日下午，三区分委按照中共曲沃县委的指示，组织农会干部、民兵家属 300 多人，做好转移准备工作。18 日凌晨，在四纵队十一旅三十三团和三区民兵的掩护下，安全转移到翼城东山曹村龙庄一带，区分委书记宋力、区武装委员会主任王凯带领民兵到指定地点驻扎，开展武装斗争，区长王俊杰、副区长周天仓和马福安带领民兵家属建立生产办事处，在当地民主政府的帮助下，纺线、织布、做鞋和制衣，开展生产自救。在转移中，彭真同志的母亲、弟弟、弟媳等亲属也随队转移。到 1947 年 4 月侯马二次解放后，转移到东山的农会干部、民兵家属陆续返回。

第四节 太岳区民兵三大队的成立及活动

为了加强对民兵的领导，更好地开展武装斗争，根据中共曲沃县委的决定，1946 年 9 月，随三区分委转移至东山的侯马民兵 300 多人、240 余支枪，编为太岳区民兵七支队三大队，王凯任大队长，胡凯任政委，顾溪臣任特派员，李兆祥任供给主任，杨文任管理股长，大队设3个连，并在大队建立党委，连队建立党支部，班排建立党小组，以充分发挥党的领导和党员的先锋模范作用。在东山期间，大队党委十分重视发展新党员，先后发展了张彦、刘胜之、朱清发、关权法、卫全喜、邢保录、张德胜、袁致和等20余名党员。

民兵三大队从1946年9月成立到1947年4月晋南战役中侯马二次解放，在八个月的时间里，在三区分委和区武委会的领导下，克服重重困难，依靠群众，团结一致、艰苦奋斗、勇敢战斗，配合四纵野战军，参加了100多次大小战斗，打死打伤蒋、阎军队100余人，俘虏80余人，缴获机枪3挺、步枪80余支、粮食5万余斤及军用物资一批，解救了被蒋、阎政权编村关押的农会干部、民兵家属29人，为保卫解放区、保护人民群众生命财产作出了贡献。

1946年10月，为了打击蒋、阎军还乡团的反动气焰，在三区分委和武委会的领导下，民兵三大队开展一系列武装斗争。针对阎军编村、地主还乡团反攻倒算，恫吓、迫害、残杀甚至活埋农会干部、民兵家属的反动嚣张气焰，先后派孙光烈、庞养太、李新中、朱清发、卫永录、韩振中等民兵骨干下山到侯马侦察敌情、刷写标语、分化警告，并组织民兵小分队武装下山，处决地主还乡团罪大恶极分子十余人；在浮山县武委会主任秦延吉的协助下，夜袭东张寨，从阎军运粮队夺回粮食3万斤，解决了部队和群众吃粮问题；12月，配合太岳区警卫四团某连在蒙城公路伏击，缴获枪支30余支，粮食2万斤，香烟无数；同月，在浮山麦沟、塔儿山一带实施突围，打死阎军数名，抓回俘虏5人；1947年1月，火烧阎军杨谈编村，包抄下坞编村，解救了关押在编村区公所的18名农会干部及民兵家属；2月，万户遭遇战，俘虏阎军14名，缴获机枪步枪15支、军用物资一批……由于民兵三大队在配合部队作战中英勇战斗，圆满完成任务，受到太岳军区的嘉奖。1947年2月，小里民兵孙光烈、白店民兵关权法、褚村民兵朱清发等出席了太岳二分区召开的群英会，小里民兵连被授予"天罗地网，堵敌有功"锦旗一面，朱清发民兵连被授予"朱老虎民兵连"，任玉田、晁有功、赵全贵、关权法等还出席了太岳军区召开的英雄模范大会。

第五节 第二次解放侯马

1947年，为了实施战略反攻，晋冀鲁豫野战军四纵队和太岳部队共6个旅5万人，在134个民兵连和6万名参战群众的支援下，发动了晋南战役，晋南战役的第一仗就是二次解放侯马。

4月4日晚，晋鲁豫四纵队十一旅包围了侯马，兵力部署：三十二团位于程村、垤上，主攻侯马东南方向，三十一团位于西呈王、牛村、白店一带，主攻城内主街道及火车站，三十三团位于史店、厫祁、上马、斗龙沟一带，负责西南方向警戒，堵截溃逃之军。侯马守军是胡宗南部第三十八师十七旅四十九团团部并一个营和阎军二十七旅副旅长王书忱率领的2000名新兵，总兵力3000余人。

晚11时战斗打响，十一旅各团分头出击。三十一团攻下方城堡和火车站；三十二团肃清了外围据点，攻下垤上阎军大碉堡；三十三团占领侯马镇西南要地。5日两军对峙。下午4时，十一旅发起总攻，三十二团二营组成突击队，从东南角进攻，因炮火配合不力，未能突破，第一梯队受挫。该团一营继续进攻。与此同时，三十一团二营在炮火掩护下，架起云梯突入城内，三十二团突击队也从东南角突破，向纵深发展，歼灭了城内守军，并包围了西新城的新兵旅，少将副旅长王书忱被迫缴械投降。6日晨，南堡守军投降，侯马全部解放。这次战斗，共俘虏国民党胡宗南部和阎军2500余人，击毙500余人。

在这次解放侯马战斗中，侯马民兵三大队随四纵野战军返回本地，兵分两路，消灭了祸害群众的阎军编村"还乡团""复仇队"，并且配合四纵十一旅参加了解放侯马的战斗。战斗中，王凯带领民兵爬上云梯进城，抓获了躲在城内的阎军编村"还乡团""复仇队"40余人，缴获枪支29支。

第六节 组织干部、民兵支援前线作战

侯马二次解放后，三区分委、区民主政府，根据中共曲沃县委、县民主政府的安排，组织干部和民兵随军支前参战。

1947年6月初，三区武委会副主任段国相带领30多名民兵随四纵十一旅支援解放运城，路经闻喜东镇，抓获了在逃的张少村恶霸地主李东周。6月中旬，三区40余名民兵组成支前担架队，由区长高林清、队长刘仰霞带领，随军由侯马出发，经翼城、沁水等县向南翻越中条山，过黄河、进

洛阳、入潼关，最后经茅津渡返回侯马，随军支前3个月，圆满完成任务。支前中，队长刘仰霞身体力行，担架不够时，独自背送伤员，队员王太成把自己的衬衣撕烂，为受伤战士包扎伤口，队员曹治发、马克俭为抢救重伤员，一口气跑5里路，经紧急抢救，使伤员转危为安。1948年3月，三区武委会副主任段国相、工作队队长郭绍斌带领300多名民兵，1000余名民工参加支援临汾攻坚战。其间，出动担架62副，大车516辆，牲畜1133头，为部队运送粮食7.12万公斤，门板6830块，椽60余根，口袋2万余条。1949年1月，三区农会主席刘通政和邓溪臣带领民兵100余人组成远征支前队，奔赴陕、甘、绥三省，支援解放大西北。1949年4月解放太原时，三区组织了民兵200多名，牛车100辆，筹粮8万余斤，由段国相带领，披星戴月、餐风饮露，历时20多天，准时把粮食运送到前线。至中华人民共和国成立时，三区民兵支前3039人，组织担架662副，牲口1133头，门板6870块，粮食14.24万斤，有355名民兵参加了人民解放军，25名干部支援外地。

第七节 减租减息和土地改革

一、反奸清算，减租减息

1946年1月，侯马解放后，在中共曲沃县委、县民主政府和三区分委的领导下，开展反奸清算和减租减息斗争。并成立了"诉苦复仇工作委员会"，具体组织领导反奸清算和减租减息工作，太岳军区还派出了40名干部组成工作组，到侯马帮助开展工作，33个行政村大部分村都派驻工作组，深入贫苦农民家庭，访贫问寒，宣传政策，清产摸底，并依靠贫雇农建立农会、武委会、妇联会、青年团、儿童团等组织。全区建立了51个农会、43个武委会、40多个妇救会，依托这些组织，发动群众，培训骨干，开展反奸清算和减租减息斗争。为打消群众顾虑，鼓舞斗志，1946年1月29日还召开全区动员大会，请太岳军区司令员孙定国、四纵队十一旅旅长李成芳、政委刘有光等到会讲话，表明要用枪杆子为农民撑腰做主的决心。大会上不少贫雇农申冤诉苦，还当场处决了商会头子姚大山等几个恶霸地主，鼓舞了群众斗志。会后，各村反奸清算、减租减息运动普遍开展起来，程村、张少、白店、秦村等农会，通过斗争地主，清算账目，分配果实，从地主富农手中收回了多余的土地、粮食和生产资料，分给缺吃少穿的贫雇农，改善了他们的生产、生活条件。香邑、上平望、单家营农会，还用斗争果实换回部分枪支弹药，武装了民兵组织。

1946年8月，由于蒋、阎发动内战，三区农会干部、民兵和家属转移到翼城东山区，历时8个月的反奸清算、减租减息斗争告一段落。

二、三区土地改革

1946年5月4日，中共中央发出了《关于土地问题》的指示，指出要放手发动群众，采取各种方式，变更土地关系，消灭封建制度，完成土地改革这一历史任务。由于侯马二次解放支前参战任务艰巨，直到1947年6月初，三区的土地改革才随着曲沃全县统一部署全面开展，6月上旬，组织土改工作队进驻各村。

土改工作队进村后，首先，宣传土地改革政策，发动群众整顿农会改选村长，斗争和处决反攻倒算的恶霸地主。其次，扎根串连，访贫问寒，培养土改积极分子，发展党员，壮大党组织。再次，根据当地实际、政策规定、人口多少、土地房屋占有、生产资料占有、是否参加劳动、有无剥削及剥削比率多少等，重新进行土地分配，划定阶级成分。在划定成分时，按照三等六级（一等贫农、下中农、二等中农、富裕中农、三等富农、地主）标准，各户自报，群众公议，张榜公布，即"自报公议，三榜定案"。最后，总结经验，纠正"左"的错误，1947年7月15日，三区分委召开了全区21个行政村村长、农会主席和土改工作队全体队员参加的土改工作会议。会议强调，要注意山区边沿村贫雇农的发动，坚决清除坏分子，从思想上反对命令主义、包办代替。要依靠贫雇农，团结中农，纠正"左"的错误，使土改运动健康发展。

在土改工作中，由于受宁"左"毋右思想的影响，个别村农会和工作队一度出现"左"的错误，造成一些中农被误斗，工商业者财产被没收的现象，其中，三区有168户中农被误斗。为了贯彻太岳区党委纠偏指示，1948年5月，三区土改工作队、农会主席参加了曲沃县委召开的土改工作会议，部署土改纠偏工作，学习了纠偏文件，掌握了政策，统一了思想，坚定了信心。会后，纠偏工作全面开始，通过纠偏重新划定了阶级成分，公平合理地分配了果实，确定了地权，颁发了土地证。经过土改，全区共有 9030 户 47861 人，土地 141144 亩，其阶级成分是：雇农 673 户 2343 人，贫农 4176 户 22300 人，中农 3507 户 18371 人，富农 378 户 1952 人，地主 251 户 1708 人，其他 59 户 259 人。土改后，广大农民群众和工商业者人心安定，他们以极大的热情，团结一致，齐心协力搞生产。

第八节 解放战争时期侯马革命老区大事记

1945 年

8 月

17 日 日伪曲沃县长郭连庆将阎锡山政权曲沃县长侯嘉藩迎入城中。

蒋、阎部队进占侯马。

10 月

10 日 国共双方签订《双十协定》。

12 日 晋冀鲁豫野战军取得上党战役的胜利，歼敌 3.5 万余人。

11 月

8 日 曲沃阎锡山政权将日伪武装警备队收编为山西省防军十二师。

16 日 阎锡山收编的汉奸部队、晋南剿共自卫军王万顺部进驻侯马。

本月 阎锡山省防军十二师一中队二排排长李新中在地下工作者的引导下，率领 20 余名士兵在南上官村起义，参加了太岳三分区汾南游击队。

18日 长治爱乡团在西高村南门外被游击队截击，俘虏20余名，打死7名，伤6名。

12月

2日 为切断敌人的铁路运输线，汾南游击队配合太岳区工兵连炸断侯马南门外铁路桥。

5日 阎政权县长侯嘉藩到侯马白店、南西庄等村检阅"国民兵"。

15日 蒋介石第六十一军军长梁培璜抵侯马侦察，命令在两天内将侯马铁路桥南至隘口二十余里的铁轨枕木完全移入侯马。

29日 晋冀鲁豫野战军攻克翼城。

年底

以西线工作队为骨干，组建中共曲沃县委，书记陆达，副书记兼组织部部长李顺天，组织部副部长唐华民（兼三区区委书记），宣传部部长李琦。

1946年

1月

1日 阎锡山政权西高村秘书王锦章被我汾南游击队处决于张王村河滩。

6日 晋冀鲁豫四纵十一旅奉命从翼城出发奔袭解放侯马。旅长李成芳、政委刘有光、参谋长王砚泉。

太岳二地委命西线工作队（曲沃县委前身）配合部队行动。地委副书记杨蔚屏、侯马区委（三区）副书记兼区长杨文学随军出发，武工队队长庞养太带领武工队同行。

7日 太岳二地委副书记杨蔚屏、侯马区委副书记兼区长杨文学与曲沃县委组织部部长唐华民接上头，与程村、张少、虒祁、白店等地下党支部联系，筹借粮款，动员了六七十副担架支援解放侯马作战部队。

驻守侯马的守军是保十团谢子明部和"晋南剿共自卫军"王万顺部，共约1000余人，侯马周围设有土围工事、地雷、铁丝网等。

8日 十一旅做好战斗准备，兵力部署：三十二团担任主攻，三十一团从北面、西南发起进攻，三十三团配合十旅攻打曲沃。晚10时左右，发起进攻。

9日 我四纵队十一旅基本控制侯马，唯南堡守军顽抗。旅长李成芳、参谋长王砚泉、三十二团团长王长有亲临前线督战。

10日 凌晨，南堡攻破，侯马全部解放。我十一旅三十一团二营占领隘口。

11日 侯马（三区）民主政府到镇上张贴布告，安定民心，恢复秩序。

12日 侯马镇商民复业。太岳行署派出工作队来侯马恢复秩序，开辟南同蒲铁路沿线工作。队长任明道，队员武锐、韩刚、王泽民、邓奚臣、刘通政、郑维玉等。

同日 国共两党代表在重庆签订了《停战协定》。

13日 太岳军区首长致电毛主席与党中央，命令太岳区部队于13日22点执行停战令，停止军事冲突，固守原防。

十一旅奉命就地驻防，三十二团团部和一营驻南西庄，二营驻北西庄，三营驻秦村，三营七连到褚村一带担任警戒。

14日 中共侯马三区区委成立，书记：宋力；副书记：杨文学；区长：王俊杰；副区长：周天仓。

万人集会庆祝侯马解放。侯马镇商民及附近四十三个村的群众一万余人汇集在区政府门前广场，十一旅政委刘有光、曲沃民主县长孙礼、诉苦复仇委员会副主任郑海等先后讲话，庆祝侯马解放。晚上还唱大戏庆祝。

15日 区民主政府召开工商界人士座谈会，号召他们以实际行动支持新政权。

武工队队长庞养太带领队员将日本宪兵队队长李尚和处决于上马村北门外。

16日 太岳行署二地委派出侯马工作队来到侯马，队长任明道，成员有武锐、韩刚、王泽民、邓奚臣、张毅、刘通政、郑维玉等。

曲沃人民诉苦复仇委员会成立，主任任明道，副主任郑海，委员：孙礼、唐华民、杨文学及十一旅负责同志。

陈赓将军向《新华日报》（太行版）记者发表谈话，说明我军坚决执行停战命令及国民党违约进攻情形。

17日 《新华日报》（太行版）登载《周恩来报告，停止军事冲突商谈经过》。

同日 国民党六十一军七十三师、三十四军四十四师、四十五师、省防军十二师向侯马进犯。

19日 阎锡山命令其第三十四军军长高卓之率3个师由临汾出发，沿同蒲路南犯。

21日 据《新华日报》（太行版）报道：

国民党蒋、阎七十二师、四十二师、六十八师、六十九师由王靖国指挥进攻蒙城，四十六师、省防十师及二战区特务团由新绛县向侯马进犯。侵占侯马以西的东、西高村，马庄等地。当日晚以3个团的兵力对牛村、白店我军阵地发起进攻，我军奋起还击。

22日　战斗彻夜进行，蒋、阎军一度突入我西侯马三十三团防地，被我军所阻。三十一团2个连在团长徐其孝指挥下反冲锋，消灭了突入之敌，为我军反攻赢得了时间。

23日　在纵队首长的周密部署下，坚守阵地的十一旅与友邻部队十旅、二十四旅协同转入反攻，敌军仓皇溃逃，绰号"长跑将军"的高卓之率残部于黄昏时分渡汾河逃遁。

24日　拂晓，敌军被全部击退，历时三天三夜的高村反击战胜利结束。此次战斗共俘虏和歼敌5000余人。

高村反击战稳定了侯马形势，使周围的敌军不敢来犯。

26日　太岳军区副司令员孙定国、十一旅首长李成芳、刘有光在侯马财神庙召开万人大会，号召群众建立武装，开展诉苦复仇、反奸清算运动。

在诉苦复仇委员会和区委的领导下，各村开展反奸清算斗争。

29日　国民党军自13日至本日，向我解放区大规模进攻5次，小部队袭击22次。

同日　太岳行署拨救济粮1000石，救济侯马灾民。

同日　诉苦复仇委员会在财神庙召开万人大会，斗争恶霸、商会头子姚大山，大会由镇长王风璋主持，受害群众进行了血泪控诉，当场用砖头砸死了姚大山。

本月　侯马区委健全、充实了领导班子，成立了区人民武装委员会，主任王凯，副主任段国相。

本月　十一旅宣传科宣传队，民运科民运队的同志换上便衣，深入各村宣传、组织群众开展工作。

各村成立农会、武装委员会，建立民兵组织，全区共有民兵400余人，枪200余支。

侯马成立武工队，队长庞养太，队员韩顺义、刘春山、张安甲等20多人，配合太岳区部队在侯马、闻喜一带剿匪。

2月

3日　北平军事调处执行部第十四小组（即侯马小组）由国民党代表沈国辅上校、美国代表伯尔上校、中共代表熊汉奎上校组成。本日下午5时乘汽车至侯马，陈赓将军等赴车站迎接，并为执行小组设宴洗尘，特邀太岳行署主任牛佩琮作陪。

同日　《解放日报》发表社论《恢复交通》。

四日　侯马民主政府（三区）在财神庙舞台召开万人大会迎接执行小组，到会者有曲沃、翼城、新绛、绛县、闻喜等县群众及侯马军政民各界，群众要求续继川等部从曲沃、侯马、绛县等地撤出，群众代表控诉了谢子明、侯嘉藩、续继川勾结汉奸王万顺残害人民的罪行。

会后，军事调处执行部侯马小组乘车赴临汾，途经蒙城，有群众5000余人拦车请愿要求惩办谢子明、续继川、侯嘉藩等内战祸首。

6日　侯马执行小组已开始正式工作，首次会议在临汾举行。参加会议者有国民党代表沈国辅，美方代表伯尔，中共代表熊汉奎，八路军野战军代表陈赓、韩钧，晋绥军代表王靖国、梁培璜。伯尔要求双方重申停战命令，杜绝军事冲突。会后2小时，陈赓将军即传令所属部队坚守原防。

8日 执行小组会议继续举行，中共代表提出的解决问题的两套方案均被拒绝，中共敦请执行组赴战地勘察以明真相。

10日 晋绥军放下武器的军官17人上书侯马执行小组，陈述11项意见。要求解除日军武装，严惩汉奸。

同日，国民党方面不承认汾南解放区，侯马小组未达成协议。

11日 侯马镇市面繁荣，物价下降，商人高兴，杂货店生意过去一天卖不到1000元，现在一天卖3000元。过去一斤面卖300元（法币），侯马解放后每斤面卖24元（法币），人们都高兴地说："这才是真正恢复市场呢！"商会会长王林森先生也说："今天的侯马镇才真正地显出解放的新气象。"

12日 同蒲路侯马段铁路职工会今日成立。各界踊跃捐款，共募捐到法币3.75万元。民主政府随军入城当即派人调查，拨出30石小麦赈济工人及其家属，工人每月发给19斤小米、5元菜金维持生活。

同蒲铁路侯马段原有工人109人。日军投降后即被谢子明部抓去50余人，工人高水福辛苦所得被抢劫一空，住房亦被烧毁，工人的生命财产毫无保障。续继川部拆除了铁路铁轨、枕木，无法通车。现职工会要求谢子明将抢去的430吨存粮如数退回，且赔偿因拆毁铁路失业期间的损失。

13日 陈赓将军与晋绥军代表王靖国根据北平执行部特字第二号命令,签订临汾停战会议临时协议。该协议后因阎军继续阻挠与破坏而撕毁。

同日 太岳区副司令员孙定国和四纵队司令员陈赓通令所属部队切实遵守停战通知。

17日

鸣谢启事

侯马解放后,深蒙民主政府及全街商人捐款救济,特此鸣谢。

侯马铁路职工会
中华民国三十五年二月十七日

21日 军事调处执行部侯马小组中共代表由韩钧将军接任。

24日 据《新华日报》(太行版)报道:

八路军太岳纵队与民主政府在侯马召开原供职于同蒲路南段之铁路职员工人代表大会,讨论迅速恢复铁路交通的问题,一致决议成立蒙城至水头段恢复交通委员会,选出宋志先为主任委员,周春之、马健、王砚泉为委员,分别负责车站工作。

27日 军事调处执行部临汾小组颁发第一号命令,双方部队严守原防,交通沿线工事一律拆除。

同月 张王村清算了恶霸村长王思聪,程村清算了伪村长文喜恩、财粮委员白贵荣欺压百姓、贪污群众粮食的罪行。

乔山底工作队因无经验,被阶级敌人趁机钻了空子,破落地主郭鸿雁窃取农会大权,伙同大地主韩凤鸣、恶霸刘铁蛋打死贫农杨春成、杨金花姐弟2人。

秦村第一任农会主席杨永珍同曲沃完小教师王子英、校长畅纯一以曲沃县民主政府参议员身份，参加晋冀鲁豫边区政府在河北邯郸召开的第一届二次参议会，受到刘伯承、邓小平、杨秀峰等同志的亲切接见。

高海泉、李新中带领汾南游击队部分队员攻打狄庄爱乡团2个连，俘虏20余人，缴获重机枪1挺，骡子1头。

李新中带领汾南游击队曲沃支队在西高村与长治爱乡团相遇，击毙爱乡团50余人，俘虏副营长以下20多人，缴获机枪2挺、步枪60余支。

十一旅三十三团九连指导员袁明借鉴地方诉苦复仇运动的经验，在所在连队开展诉苦，激发了战士的战斗热情，政委胡荣贵（刘有光上调，胡接任）总结宣传九连经验，从而使诉苦成为新式整军的一项重要内容，在全军轰轰烈烈地展开。

3月

1日 晋南恢复交通委员会决定，成立同蒲铁路南段管理局。侯马地下中共党员庞养太亦参加管理局工作。

7日 侯马邮电代办所因战争停顿，经我民主政府扶助与交通局帮助，已恢复邮递工作。陈赓由临汾返回部队，临汾会议由于阎军无诚意和平，暂告一段落。

10日 太岳行署委任马健同志为同蒲铁路南段管理局局长，宋志先为政治主任，董蔼民、庞养太参加管理局工作。该局直接管辖已设立的6个车站。其中，侯马车站站长为周敏之。

13日　曲沃县委、县民主政府在侯马召开万人大会，公审乔山底恶霸地主韩凤鸣、郭鸿雁、刘铁蛋。诉苦复仇委员会主任任明道、副主任郑海和十一旅首长讲了话。会后处决了韩凤鸣、郭鸿雁、刘铁蛋。

4月

23日　为悼念叶挺、王若飞、秦邦宪（博古）、邓发等"四八"遇难烈士，曲沃县民主政府在侯马召开万人追悼大会。

24日　太岳二分区工作会议结束后，确定贯彻放手发动群众的方针，深入开展减租清债活动。

5月

4日　中共中央发出《关于清算减租及土地问题的指示》（《五四指示》）。

十九日　《新华日报》（太行版）登载曲沃县武装委员会主任曹胜功的文章《曲沃组织群众武装经验》。

同月　小里农会没收日伪县长郭连庆的财产分给贫苦农民，并用2匹骡子换回40多支步枪武装民兵。

6月

根据上级党委指示，三区区委紧急动员民兵一手拿镰、一手拿枪，劳武结合，保卫夏收。

同月　朱希圣由襄陵谍报站派往侯马谍报站担任副站长，工作人员有庞养太、邱雨亭、李奇才、任元瑞、窦水福、孙书桐、王寿等。

同月　褚村民兵朱清发、白春秀、赵晋明等夜渡汾河，到木赞村袭击阎伪侯马区公所。

同月 接县委命令，三区武委会带领民兵轮战队100余人到土地庙伏击伪绛县县长陈子文，陈带领着伪绛县大队，被我民兵活捉七八人，缴获枪支七八条和一些弹药、服装。

同月 褚村民兵轮战队、张少民兵轮战队堵截从木赞过来到观庄、西里抢夺牲口的阎军，夺回了十几头牲口和二十几大车小麦，打死6名阎军，缴获8支步枪，1门六〇小炮。

23日 据《新华日报》（太行版）报道：曲沃阎军3000人分三路向我进犯。

曲沃阎军十日以来，每天均以千人之武装，到我城外驻地抢麦，据不完全统计：抢去小麦300余石。6月14日，阎军百余人入侵城西南上官村。6月16日，又以3000余人兵分三路向我进攻，我军被迫自卫，各路均发生激战，进犯之阎军均被击退，但侵占南上官之阎军仍在积极修筑军事碉堡，企图逐步蚕食。

26日 蒋介石悍然撕毁停战协定，发动了对解放区的全面进攻。

7月

本月 中央军胡宗南部以七个旅（师）的兵力由运城向我侯马进犯。

18日 阎伪曲沃县守敌拼凑八个保安团进占我侯马南上官村，扩占地盘，骚扰抢粮。

20日 三区民兵配合十一旅部队在南上官伏击曲沃抢粮之军，击毙阎军团长1人，打死俘虏阎军800余人。

8月

16日 蒋介石军队胡宗南部以7个旅（师）的兵力由运

城向我侯马进犯。

17日 下午，侯马区委接曲沃县委指示，带领农会干部、民兵和家属300余人转移到东山。区委立即召开全体干部会议安排，分头下乡传达县委指示。

18日 凌晨，区委率领干部、民兵、家属300多人在十一旅三十二团掩护下，转移到翼城曹村、龙庄一带。

20日 侯马区委在上营里村对参战民兵进行形势教育、思想教育和组织整顿。

同月 褚村民兵轮战队在马庄活捉了阎伪复仇队副队长许剑，缴获1支手枪。

月底 国民党军1个团包围了侯马民兵的驻地老官庄，区委书记胡凯、武委会主任王凯带领民兵冲出包围，未伤一兵一卒，安全转移到鱼林头、龙王庙。

9月

本月 侯马民兵300余人编为太岳区民兵七支队三大队，大队长王凯，政委胡凯，特派员邓奚臣，供给主任李兆祥，管理股长杨文，部队共有240支枪及一部分手榴弹。

民兵三大队建立了党委，连队建立了支部，班排建立党小组，充分发挥党员的模范带头作用，党组织注意发展新党员，在驻东山期间陆续发展了张炎、刘胜之、朱清发、关权法、卫来喜、王汝良、吴德全、张德胜、惠学智、邢保禄、袁致和等20余名党员。

同月 蒋、阎军占领侯马。编村、还乡团、服务队举起血淋淋的屠刀向革命人民反攻倒算。

张少编村活埋了农会干部王水鸟，枪杀了民兵侯川文。

新绛县阎军杀害了张王村妇救会长李喜云和刘玲女。

褚村编村将农会干部褚克恭的母亲、李春元的妻子活活打死。

秦村农会主席杨日昌、民兵队长杨腊八父子被编村活埋。

10月

19日 被镇压的乔山底大地主韩凤鸣的妻小勾结阎军编村连长陈开友,在单家营北寺院内将农会干部牛明智、孟金平剖腹挖心,祭奠韩凤鸣的亡灵。

同月 转移东山的民兵家属积极纺花织布,开展生产自救,支援前线。

同月 为了打击敌人的嚣张气焰,民兵三大队先后派庞养太、孙光烈、李新中、朱清发、卫永禄、韩振中等下山,到侯马侦察敌情,刷写标语,镇压罪大恶极分子。

11月

民兵三大队在东山老区当地政府和家属们的支持下,顺利解决了换装问题。

同月 太岳区在翼城举办爆破训练班,民兵三大队段国相、周景辰参加了学习。

民兵三大队在浮山县武委会主任秦延吉的协助下夜袭东张,夺回粮食3万多斤,解决了部队吃饭问题。

12月

19日 据《新华日报》(太行版)报道:

侯马三区整训民兵,提高文化程度,编为读书、读报、识字三组学习文化,学习费用从菜金里节约,共节约4500元买书籍及纸笔,早晚读书,情绪很高。

同月 《新华日报》（太行版）报道：曲沃难民既生产又参战，男人前边打顽固，妇女后方做纺织。

侯马转移到解放区的翻身农民支援前线，热情很高。单家营妇女刘翠花动员丈夫、儿子参加民兵打顽固，自己和儿媳努力参加生产，不但生活自给有余，而且常常供给丈夫、儿子的费用。

24日 爆破队配合县保家队深入敌占区消灭阎军编村。

同月 民兵三大队配合部队在塔儿山下曲村一带经常割电线，破坏公路，开展对敌斗争。

同月 民兵三大队八连和太岳区景四团在蒙城公路伏击阎军汽车，打死打伤10余人，打坏汽车3辆，俘虏阎军10余人，缴获步枪30余支，粮食2万余斤和大批河南牌香烟。

同月 民兵三大队在丰润村袭击阎军五区区干队，活捉干警5人。

1947年

1月

1日 民兵三大队奉上级指示，拔掉了杨谈编村这颗钉子，缴获枪支弹药若干。

同日 下午，包抄下坞编村，俘虏19人。

2日 关权法带领民兵三大队八连到高显攻打阎军四区区公所，解救了被关押在区公所的18名农会干部及民兵家属，火烧了区公所。

2月

4日 民兵三大队路经万户与阎军保五团、保九团相遇。

民兵们奋勇作战，击败阎军，俘虏14人，缴获步枪14支、机枪1挺、大衣50多件，万户群众杀猪宰羊，慰劳子弟兵。

20日 太岳区谍报站派李春荣、白文治侦察侯马地形及军事设施。李春荣、白文治利用关系化装入城，画出侯马火力分布图，受到谍报站及太岳军区首长的表扬。

27日 太岳二分区召开群英会，小里民兵连孙光烈、白店关权法、褚村朱清发、任玉田、晁有功、赵金贵等出席了会议，受到二分区的表扬与奖励。小里民兵连获得"天罗地网、堵敌有功"的锦旗一面。

3月

19日 胡宗南部队进犯延安，毛主席、党中央转战陕北。为配合陕北战场，牵制胡部侧翼，晋冀鲁豫四纵受命发起晋南战役。收复侯马是晋南战役的第一仗，主攻任务仍由十一旅担任。其时，十一旅旅长李成芳，政委胡荣贵，参谋长王砚泉。

4月

2日 民兵三大队奇袭东下裴村，缴获5支卡宾枪、200多发子弹，镇压了1个叛徒和2个联村长。

由于曲沃、绛县、翼城、浮山、襄汾5县蒋、阎军"扫荡"我塔儿山根据地，晋南战役推迟一周打响。

4日 民兵三大队党委参与区委、区民主政府会议，研究决定了侯马33个行政村的村长、农会主席、武委会主任人选。

同日 解放侯马战斗打响，侯马守军系胡宗南部第三十八师四十九团团部并1个营，阎军二十七旅副旅长王书忱率 2000 名新兵，共约 3000 余人。

本日 下午，十一旅从翼城东下平向侯马急进，晚上 10 点逼近侯马，晚上 11 时战斗打响。

5 日 民兵三大队兵分两路直逼侯马各村，配合部队消灭编村还乡团、服务队及潜伏的阎伪军。

解放侯马战斗继续进行。二十七旅副旅长王书忱率部缴械投降。

6 日 南堡攻克，侯马解放。此次战斗共计俘虏 2000 余人，击毙 500 余人，侯马又回到人民手中。

7 日 十一旅离侯马南下，攻峨阳、打解县。

各行政村村长、农会主席、武装委员会主任到职，领导群众锄奸反霸进行反倒算斗争。

19 日 侯马军民在侯马镇召开追悼大会，纪念被敌人杀害的烈士，并将阎伪三区区长程天俭、恶霸地主褚梦样和倒算头子郭希贤 3 人枪毙。

20 日 侯马解放后，转移到东山的民兵家属、难民于此日始，陆续欢腾还乡。

同月 程村镇压了恶霸村长文喜恩。

张王镇压了倒算头子谷克良。

大南庄镇压了维持会长田世龙。

小里镇压了汉奸郭丙杰。

从 4 月 6 日至 5 月 10 日，全区镇压汉奸恶霸、反攻倒算头子 33 人。

同月 侯马掀起参军热潮，翻身青年、民兵纷纷报名参军。

30 日 侯马群众在区委、区政府领导下破袭铁路，阻止敌军运输，一夜拆掉铁轨 900 条。

5月

5日　曲沃县民主政府拨出杂粮 17.5 万斤，救济遭蒋阎军抢劫的群众，解决因战争受损失群众的生活困难。

上旬　县委组织土改工作队进村，根据党中央 1946 年《五四指示》，整顿恢复农会，发动群众，斗争地主恶霸，镇压在转战东山时期反攻倒算，杀害村干部、农会会员的罪大恶极分子。

10 日　晋南战役结束，人民解放军解放了晋南大部分地区。《解放日报》发表社论：《向太岳军民致敬》。十一旅在打下运城机场后，奉命撤回侯马一带休整、整军。

中旬　隘口行政村长段志明，被大地主赵德禄拉拢，煽动不明真相的群众关押殴打单家营行政村长刘德明、农会主席张炎、武委会主任王忠信。县、区委领导闻讯立即带领民兵平息这场骚乱。事后，区委在驿桥村召开公审大会，处决了段志明等 3 名罪魁。

大会之后，各村镇整顿农会，清除变质分子。

31 日　在解放侯马战斗中，被解放的蒋、阎军士兵 1000 人，自愿要求参加人民解放军，四纵十一旅召开了欢迎他们入伍的大会。同时入伍的还有侯马翻身农民数百人。

6月

上旬　侯马三区武装委员会副主任段国相带领民兵支援解放运城，路经闻喜东镇，抓获在逃的恶霸地主李东周，张少村农会召开诉苦复仇大会，在群众的一致要求下，民主政府批准处决了李东周。

中旬 张王、小韩、西贺行政村30余名民兵组织了支前担架队，随军南下。由区长高林清领队，刘仰霞任担架队队长。

7月

27日 《新华日报》（太行版）报道：

西赵村斗争地主恶霸，依靠雇贫农扭转局面，运动由冷冷清清变为轰轰烈烈。

本月 驿桥村在土改斗争中注意培养积极分子入党，一次发展党员14名。张王村土改工作队队长张炎注意培养知识分子入党，经过考验，吸收了学校教师刘景顺入党。

8月

太岳地委派陆达到侯马检查土改工作。

22日 四纵十一旅离侯，渡河南下，挺进中原。

同月 侯马参军参战355人，支援外地干部25人，民兵支前3039人，担架662副，牲口1133头，大车16辆，门板6870块，粮食14.24万斤。

9月

13日 中共中央在河北平山县西柏坡召开的全国土地会议结束，会议制定了《中国土地法大纲》。

10月

10日 中国人民解放军总部发出"打倒蒋介石，解放全中国"的命令。

同日 中共中央公布《中国土地法大纲》。

11月

5日 侯马召开全区村长、农会主席、民兵干部会议，总结半年来土改运动。会议指出："要注意山庄边沿村的整个雇贫农阶级的发动,坚决清洗坏分子,从思想上反对命令主义、包办代替、恩赐观点、尾巴主义四大敌人,依靠雇贫,团结中农,与地主恶霸作无情斗争。"

17日 侯马参战民兵崔胎,坚贞不屈,忍饥挨饿,掉队20余天,不但赶上队伍,而且捉到俘虏,受到上级嘉奖。

23日 区委布置动员青年应征入伍工作。

26日 全区翻身青年639人报名参军。

29日 经检验,侯马实际入伍战士558人。超计划68人。仅隘口村就超过计划28人,褚村在南下参战中立功的宋小儿又报名参军,他的门前挂了两块光荣牌,一块是参军功臣,另一块是光荣军属。三高学生陈来法、段富贵、吴长发等9人也踊跃参军。

1948年

1月

太岳地委开展以三查(查阶级、查立场、查观点)三整(整顿组织、整顿思想、整顿作风)为内容的整党运动。侯马党员分两批参加,第一批于1月在翼城上石村集中,时间两个多月;第二批于3月开始。

15日 《新华日报》(太行版)发表《中国土地法大纲》及《晋冀鲁豫边区政府颁布施行〈中国土地法大纲〉的补充办法》。

3月

区武装委员会副主任段国相、工作队员郭绍斌等带领民工支援解放临汾前线。

4月

22日 人民解放军收复延安。

本月 整党结束后,中央指示纠正土改中侵犯中农利益、斗争面过大的偏差,土改运动在曲沃侯马正式开展起来。

5月

26日 县委部署土改纠偏工作,侯马的纠偏工作全面开始,并逐日向县委汇报情况,纠偏工作于8月1日基本结束。

7月

17日 本日至23日,三区全体干部参加县委召开的干部扩大会议,解决土改纠偏以来干部中产生的思想混乱、情绪低落等问题。通过会议,使大家放下包袱,开动机器,更好地工作。

同月 侯马、曲沃统归中共中央晋绥分区吕梁十地委管辖。各村在工作队、农会的领导下斗地主、分田地、划定家庭成分。

10月

11日 太岳行署发出布告,宣布本区土改业已完成。

12月

23日 曲沃县委召开会议,总结土改工作,三区干部参加了会议。

冬 党组织经过整顿,在群众中公开。

1949年

1月

1日 毛主席为新华社写新年献词：《将革命进行到底》。

同月 区委派刘通政、邓奚臣率领民工远征参战，支援解放大西北。

5月

本月 为了保证南下、西进的大军顺利过境，区委成立支前委员会。

人民解放军第十八、第十九兵团途经侯马，沿途受到群众的热烈欢迎和盛情接待。

同月 动员干部南下、西进。

9月

侯马各级人民代表大会自下而上相继召开，各行政村开展了民主建立政权工作。

同月 侯马、曲沃重新划归太岳区二地委。

第九节 革命烈士碑及纪念碑文抄录

解放侯马烈士纪念碑记

陈赓将军部属四纵队十一旅，时在一九四六年至四七年，两度解放侯马，当年战斗激烈，死难烈士数以千万计。

十一旅是一支战无不胜、攻无不克的英雄部队。战绩显赫，踏遍祖国半壁河山，曾经是威震太岳，保卫延安，强渡黄河，挺进中原，转战豫鄂，决战淮海，打过长江，两广追歼，解放西南，驻守南疆，保卫祖国社会主义建设，实为功盖日月，世人楷模。革命先烈肩负解放民族之重任，胸怀共产主义理想，为他人幸福牺牲自我之精神，是战胜强敌之根源所在。看战斗打响，奋不顾身，面对强敌毫无畏惧，冲锋陷阵，前赴后继，视死如归，勇往直前，直到鲜血流干亦无半句怨言。可知否，烈士们为国为民英勇作战，甘洒热血，不计酬劳，来也空空，去也空空。一身军装和土长眠，可谓鞠躬尽瘁，死而后已。而今侯马解放世纪超半，炮声远去，硝烟散尽，人民生活幸福无限，建设发展日新月异，高楼大厦代替了昔日的林立碉堡，明媚花园代替了原野荒丘。然而烈士所得唯苍天知晓。幸存战友难忘旧情，侯马人民饮水思源，共建此碑，以示纪念。

南堡党支部 村委会

上马乡中学 一伙老兵

公元一九九八年清明 立石

马小宝烈士生平

马小宝同志，男，一九二八年生，侯马市张村办大李村人，祖籍山东，牺牲时任大李村农会主席。

马小宝同志出生在一个贫苦的农民家庭，祖父时携其父亲，从山东乞讨千里落户侯马。社会的黑暗不公，生活的饥寒交迫，在他幼小的心田里深深地埋下了向往光明、渴求解放的革命火种。风起云涌的抗日浪潮，父辈人的言传身教，磨炼了他钢铁般的意志。一九四五年十月，马小宝被选举为刚刚成立的红色政权大李村农会第一任主席，他的父母和哥哥都是农会或民兵骨干，马家成为名副其实的革命之家。

一九四六年初，内战风云笼罩着多灾多难的神州大地，蒋、阎反动势力更加猖獗，妄图掠夺抗日战争胜利果实，他们纠集地痞流氓、恶霸地主组成"复仇团"，与潜伏在解放区的反革命分子相互勾结，经常窜到侯马一带抢粮骚扰，残害革命干部。大李村与阎军"复仇团"隔汾河对峙，成为敌我斗争的最前线。马小宝在地下党的领导下，依靠广大群众，带领民兵与"复仇团"展开了殊死斗争，每次都出色地完成了任务。

一九四六年六月十八日深夜，"复仇团"八百余人趁我解放军主力外出之际，对大李村进行了疯狂反扑。因原定计划临时改变，正在村里带领民兵巡逻的马小宝没来得及转移遭到敌军伏击，不幸被捕。被捕后，"复仇团"对马小宝严刑拷打，威逼利诱，甚至灭绝人伦地把他年仅十一岁的妹妹重伤致残相要挟，但他坚贞不屈，始终没有供出组织和同志，表现了革命青年的崇高气节。七月二日，穷凶极恶的敌人黔驴技穷，在汾城永固镇召开万人大会，企图杀一儆百，马小宝被敌人残忍地砍下双臂后依然激情演说："再过十七年，我还要斗地主，还要分田分财！"最后英勇就义，时年十七岁。

马小宝烈士的浩然正气永荡汾河两岸！他的英名永垂不朽！

大李村 党支部 村委会

公元二〇〇四年清明 立

彭真座像题记

  彭真，原名傅懋恭。一九〇二年十月十二日生于侯马市垤上村。一九二三年加入中国共产党，是山西党组织的创建人之一，长期领导白区工作。参加领导了延安整风运动。建国后，历任北京市委书记、市长。中共第七、八、十一、十二届中央政治局委员，第七届中央委员会书记处候补书记，第八届中央委员会书记处书记，第一、二、三、五届全国人大常委会副委员长，第二、三、四届全国政协副主席。一九八三年至一九八八年担任全国人大常委会委员长。

  彭真同志是伟大的无产阶级革命家、政治家，杰出的国务活动家、坚定的马克思主义者、我国社会主义法制的主要奠基人、党和国家的主要领导人。他的一生，是革命的一生，光辉的一生。他为中国人民的解放和新中国的诞生，为社会主义革命和建设事业，为最终实现共产主义，顽强奋斗，建树了不可磨灭的历史功勋。

中共侯马市委

侯马市人民政府

公元二〇〇二年十月

附1：中共曲沃三区（侯马）分委领导名录

机构名称	姓 名	职 务	任职时间
三区分委会	唐华民	书 记	1945.8—1946.1
三区分委会	杨文学	书 记	1946.1—1946.5
三区分委会	宋 力	书 记	1946.5—1948.4
三区分委会	左力夫	书 记	1948.4—1949.6
三区分委会	刘通政	书 记	1949.6—1949.9
三区分委会	左力夫	书 记	1949.9—1950.2
三区分委会	杨文学	副书记	1946.5—1947.5

（续表）

机构名称	姓名	职务	任职时间
三区分委会	左力夫	副书记	1947.5—1949.1
三区分委会	耿步青	副书记	1949.1—1949.9

附2：曲沃三区（侯马）民主政府领导名录

机构名称	姓名	职务	任职时间
三区民主政府	杨文学	区长	1946.1—1946.3
三区民主政府	刘汉臣	区长	1946.3—1946.5
三区民主政府	王俊杰	区长	1946.5—1947.2
三区民主政府	高林清	区长	1947.3—1948.8
三区民主政府	梁甫	区长	1948.8—1949.9
三区民主政府	李平临	区长	1949.9—1950.9
三区民主政府	柴昂	副区长	1946.1—1946.2
三区民主政府	周天仓	副区长	1946.2—1947.1
三区民主政府	杨文	副区长	1947.2—1949.9

第三章 侯马进步人士、革命英烈选录

第一节 进步人士选录

乔漪艇

乔漪艇，字枫宸，上平望村人，1877年9月生。1906年考取秀才，1909年攻读于山西大学堂（今山西大学）文学系。毕业后先后在太原国民师范和临汾第六中学任教师、教务长。

乔漪艇刚直不阿，爱憎分明，勇于针砭时弊，一生崎岖坎坷，多次遇到险境。因痛恨封建专制，不满军阀割据，曾纂文斥骂军阀被捕入狱，判以极刑。千钧一发之际，才由知名人士景定成（字梅九）夫妇营救，幸免于难。

抗日战争爆发后，他目睹国民政府腐败，军事上又节节败退，而且继续执行"攘外必先安内"的反动政策，对抗日运动和爱国青年残酷镇压，人民饥寒交迫，灾荒遍野，民不聊生。在这令人窒息的环境中，他怀着满腔愤怒从临汾第六中学弃职回乡，闭门不出。国土沦陷，百姓遭劫，感怀国事，忧心如焚，从此隐居故里。家乡沦陷后，他誓不为日伪政府效力。

1940年，日伪山西省长苏体仁曾委任他为汾城县知事，他坚辞不就。不久又请他出任山西省教育厅厅长，他又严词拒绝。以屈事日伪为耻，欲奔走救亡，又感力不从心。后在家乡利用自己的声望营救了被捕的抗日村民刘德温、范计寿等多人。

驻侯马日军宪兵便衣队长赵九洲，对乔怀恨在心。1941年农历三月十五日傍晚，突然，五个持枪便衣将乔漪艇从家里架走。乔漪艇就这样被日军宪兵队杀害了，时年64岁。

庞养太

庞养太（1906—1977），原名赵仰泰，程村人。出身贫寒，1923年至1937年在临汾、平遥火车站当工人。1937年夏，中共曲沃特委书记李哲人来侯马开展建党工作，吸收庞养太加入中国共产党。历任曲沃县武工队长，同蒲铁路南段材料股股长，湖北省均县公安局股长，陕西省安康专区公安处第三科副科长、科长，汉中专区劳改队宝成县副大队长。1977年去世，终年71岁。

庞养太是侯马地区最早的党员之一，为党的事业做了不少的工作。

1937年7月，受上级党委的指示，他同王守仁等在曲沃县窑院村恢复建立曲沃县窑院党支部，王守仁任支部书记，他任组织委员，王发财任宣传委员。同年10月，在程村发展党员，成立了三区（侯马）第一个中共党支部程村党支部，担任支部书记之职。抗日战争全面爆发后，积极开展抗日救亡运动。他根据上级党委的指示，发动党员和群众挖地道，实行坚壁清野，党员同志在他的带领下，家家都挖地窖，使一草一木不为日本侵略军所利用。

1937年12月，在曲沃特委书记李哲人领导下，他又参与组建侯马区分委，并担任书记，三区分委的成立加强了党的建设，推动了抗日救亡运动的开展。他常常去东山根据地和李哲人取得联系，以指导侯马地区的抗日工作。

在抗日战争初期，他不顾艰难险阻，把一批热血青年送往根据地学习。为阻止日军的入侵他还领导党员和曲沃抗日游击队二十余人，在程村党组织的配合下，扒铁轨、割电线，破袭被日军占领的半山庙铁路一段，使日军铁路交通一度中断。

1939年，日军对抗日根据地实行经济封锁，根据地物资供应十分困难，庞养太一个人用自行车带了120斤棉纱送往宋家窑八路军兵站，敌人几度盘问，他机智勇敢地应对、终于脱离危险，完成任务。

庞养太同志在侯马地区从事抗日活动被日军发觉后，随时有被捕的危险，于是在党组织安排下于1940年前往河南省，在倪虹同志领导下参加了抗日游击队，在中条山一带和日本侵略军浴血奋战，奋勇杀敌。

他曾三次被日本宪兵队和国民党、阎锡山县政府抓捕，但从未暴露过组织和出卖过同志，保持了威武不屈的革命气节。

孙光烈

孙光烈（1905—1968），本市张村办事处小里村人。出生在一个农民家里。幼年在本村上小学时，受到进步教师刘殿元的影响，幼小的心灵埋下了革命的种子。1929年考入太原明原中学，在中学学习期间，与共产党员秦国华（褚村人）经常来往。1933年加入中国共产党，在中共地下党员关中廷的帮助下，到新绛天主教明道学院（实际是中学）任数学教师，关中廷任语文教师。在新绛教书时经常去新绛雍裕纱厂向工人宣传革命道理，秘密发展党员。1936年红军抗日北上途经侯马，他暗地组织工人将细纱支援给部队。

1937年，卢沟桥事变后，华北沦陷，18岁的孙光烈毅然报考牺盟会办的青年军官教导团，投身革命。他认真学习军事知识，刻苦参加军事训练，毕业后分配到决死三纵队。1938年，日本帝国主义的铁蹄踏进太原后，并州沦陷，他受组织派遣到新绛组织人民自卫队。人民自卫队刚刚组建起来还来不及军事训练，就被日军的进攻冲散。孙光烈突围后和崔斗臣到浮山县动员群众，组织抗日武装力量。为了掌握地方政权，他受组织安排担任区长，动员群众参加抗日斗争。

1939年12月，阎锡山发动十二月事变（即晋西事变），浮山县被国民党第九十三军包围，抗日民主县长武子成被国民党军队杀害。孙光烈率领区干警20余人转移到洪洞三区，后转移到太原军区，并担任军区情报站站长，负责临汾至运城的情报工作。为了搜集情报，他深入敌占区，一天往返百余里，及时将情报送到军区。1944年他和小里村共产党员张安家、徐志英发动群众斗倒恶霸村长李××、王××，夺取了小里村政权。

1946年1月，侯马第一次解放，他在村里组织民兵开展反奸清算，保卫夏收。1946年8月，胡宗南部队侵占侯马解放区，孙光烈带领民兵转移东山，任民兵中队长。后返回侯马领导群众开展轰轰烈烈的斗地主分田地的土地改革运动。

1958年，孙光烈同志担任晋南行署交通科科长。他经常深入一线指导工作。1962年，他担任侯马公路段段长，分管侯马以南16个县的交通工作。此时，孙光烈已患心脏病，他根本不把疾病当一回事，经常出现在筑路一线。1963年7月，侯马、曲沃遭水灾，他带领全段干部、职工抢险救灾。

孙光烈同志在数十年的工作中，表现了一个共产党员的优秀品德。他于1965年离休，1968年在小里村病逝。

唐华民

唐华民（1916—1991），又名唐树铭，张少村人。1926年在侯马完小读书，后因家境贫寒辍学在曲沃瓷器店当学徒。1938年加入中国共产党，到晋绥边区军政干校学习。结业后，在一二九师独立七团三连任政治指导员、营教导员。次年12月，晋西事变后到垣曲县蒋管区办事处任科长。1940年4月，任中共曲沃三区区分委书记、县委组织部部长，带领民兵支前参战，受到太岳区领导表扬。1949年任曲沃县委副书记。1951年5月8日带领张少村民兵活捉稷山县反革命武装暴乱头目杜启明，受上级嘉奖。1954年任襄汾县委书记。1957年任临汾钢铁公司党委书记。1959年调中条山有色金属公司任常务副书记。1969年调省交通厅秘书处任副主任。1970年下放忻州汽车运输公司任核心小组组长。1972年调省汽车运输公司，先后任革委会主任、副经理、经理等职。1982年调回省交通厅任顾问。1983年离休。1991年去世。

申鹤

申鹤（1923—1991），高村乡东台神村人，出身贫寒，6岁随父母从河南濮阳逃荒到东台神村。少时好学，在上小学、高小时各科成绩均优。1940年考入临汾师范。毕业后，经中共党员地下工作者朱希圣介绍到侯马警察所工作。其间，同中共曲沃县委组织部部长樊逸民频繁接触，受到进步思想的影响。1945年8月，参加八路军，编入太岳二分区政治部宣传队。1946年1月，加入中国共产党。同年3月调晋冀鲁豫野战军第四纵队十旅三十二团二营任文化干事，参加了晋南各大战役。1947年任十旅三十团四连指导员，参加了中原战役、淮海战役、渡江战役，获纪念章二枚。1949年，在解放两广和大西南战役中获纪念章三枚。

1950年1月，因进军西南中的功绩，获人民解放军某部奖励一次。2月在滇南战役中，立大功一次。1952年在云南剿匪中立功一次。同年出席了首届中国人民解放军第二野战军第十三军召开的英模代表大会，获英雄代表纪念章一枚。1952年11月3日，在云南清剿中获通令嘉奖一次。

1957年6月18日获中华人民共和国三级勋章一枚。1960年任昆明军区第三十七师政治部直属政治处副主任。1963年由部队转业到稷山县任商业局党委书记。1969年调运城地区扬水处工程管理委员会任副主任。1983年3月离休。1991年去世。

孙先余

孙先余（1911—1993），又名孙承烈，小里村人，出身农民家庭。1934年参加革命，同年8月加入中国共产党。抗日战争期间，先后担任中共山西省洪洞县委书记，洪赵地委委员，太岳地区二地委、一地委宣传部部长，晋西南工委委员，洪赵地委书记等职。解放战争中，担任中共晋绥四地委宣传部部长、晋绥九地委副书记、晋绥晋南中心地委宣传部部长。

中华人民共和国成立后，先后担任晋绥党校七部副主任，中共川北区党委委员，川北行署委员，南充地委书记，南充军分区政委，重庆市工业部副部长，重庆市委常委、市委书记处书记、市委书记，重庆市政协主席，重庆市人大常委会主任，中共重庆市顾问委员会主任，全国第三届人大代表。1985年12月离休。

离休后，仍然关心改革开放，关心党的建设和经济建设，关心群众的疾苦。经常向组织提出各种积极的、有价值的建议。在重病期间念念不忘党风和社会风气的好转，嘱咐家属转告组织，在他去世后丧事从简，不开追悼会，不送花圈，不举行遗体告别仪式，将骨灰撒到长江和嘉陵江中。1993年10月去世。

耿步青

耿步青（1924—1999），原名耿砚田，张少村人。出身于一个贫寒的农民家庭，12岁时随父亲给地主当雇工，青年时饱尝了受压迫、受剥削之苦。1940年加入中国共产党，从事地下工作，发展组织、散发传单、开展抗日宣传、抗日斗争。侯马解放后，领导三区人民积极开展土地改革。中华人民共和国成立后，历任区政府干事、区委组织委员、区委书记等职，后任临汾地区拖拉机站站长、党委书记，中共乡宁县县委副书记、县革委会主任，侯马市委副书记、市人大常委会主任等职。1952年为了学习苏联农业集体化的经验，中央决定在全国选派部分基层领导干部和农业劳动模范赴苏联参观学习，他是临汾专区选派出国的唯一代表。1986年离休，仍关心本市改革发展和经济建设，还积极筹建老年大学，并任校长。1999年12月去世。

朱希圣

朱希圣（1923—2001），新田乡宋郭村人。出身农民家庭，1939年考入临汾师范。1941年毕业后在本村任小学教师，结识中共曲沃县委组织部部长樊逸民，受到进步思想的影响，1942年1月参加八路军，编入太岳四纵队，受组织委派到襄陵县日伪合作社当职员，从事党的地下工作，化名李强。1945年8月加入中国共产党。日本投降后，返回太岳四纵十一旅。1946年6月任侯马谍报站副站长。1947年随军南下，任洛阳地区情报站站长。其间，多次获取有价值的情报，受到中国人民解放军河南省军区通令嘉奖。先后随军南下参加了淮海战役、渡江战役、解放华南等战役，荣获纪念章三枚。

1949年参加解放两广和大西南等重大战役，荣获解放西南胜利纪念章一枚。1950年，云南解放后，在昆明军区情报站任职，后又调云南保山情报站任站长。1954年，调北京总参情报部工作。1955年，由总参推荐到中国人民解放军南京军事学院情报系学习。1957年6月18日，荣获中华人民共和国三级勋章一枚。1958年，调原广州军区工作。1988年7月14日，中国人民解放军总参政治部授予他独立功勋章一枚。2001年5月病逝。

第二节 英烈事迹选录

马小宝

马小宝（1928—1946），张村办事处大李村人，牺牲时任大李村农会主席。

马小宝同志出生在一个贫苦农民的家庭，在黑暗的旧中国，因生活饥寒交迫，他爷爷带着一家人从山东省高密乞讨落户到大李村，在日本侵略者和国民党的统治下，马小宝一家住着一孔破窑洞，一家老小过着衣不遮体、食不果腹、牛马不如的生活。1946年1月，陈赓将军率领的晋冀鲁豫四纵十一旅解放了侯马。马小宝被选为大李村农会第一任主席。他的父母和哥哥都是农会和村民兵组织的骨干。人民翻身当家做了主人，他从内心感激党、热爱党、拥护党。他在地下党员孙光烈同志的影响下，积极投入土地改革运动中，勇敢地带领贫苦农民打土豪、斗地主、分田地，受到大家的拥护。

1946年4月，国民党蒋介石、阎锡山妄图抢夺抗战胜利果实挑起内战。1946年6月18日深夜，800余人的阎军复仇团对大李村进行了疯狂的反扑，正在村里带领民兵巡逻的马小宝，遭到复仇团的伏击不幸被捕。复仇团将马小宝押到汾城县永固镇，对马小宝严刑拷打，逼着交出党组织和其他农会干部下落。他坚贞不屈、临危不惧，在复仇团的屠刀面前大义凛然，表现了无产阶级的英雄气概和视死如归的崇高气节。7月2日，穷凶极恶的复仇团在汾城县永固镇召开大会残忍地用大刀砍下马小宝的双臂，还将他的头颅悬挂在永固镇西门外一棵大槐树上。马小宝壮烈地献出了宝贵的生命，时年17岁。

牛明智

牛明智（1912—1946），郭村人，出生在一个贫苦的农民家庭里。1946年1月，侯马第一次解放后，他积极参加本村土地改革运动。因工作出色，被中共曲沃县三区区分委派到驿桥村任村长。到任后，积极发动群众斗地主、分田地，进行土地改革运动。同年8月，境内农会干部、民兵主动撤离到翼城、浮山解放区，牛明智同志留下坚持工作，不幸被捕。国民党还乡团、复仇队将牛明智捆绑到单家营北寺院，将牛明智同志活活打死。

1947年8月26日，曲沃县民主政府追认他为革命烈士。

王水鸟

王水鸟（1909—1946），张少村人，家庭出身极为贫寒。1946年1月侯马第一次解放，她响应党的号召，积极投入到土地改革运动中，宣传党的政策，带领全村妇女斗地主、分田地，受到广大群众的拥护，被推选为张少村第一任妇救会主任。同年8月，张少村的民兵、农会干部、共产党员，根据党的指示，主动撤离到翼城、浮山解放区，王水鸟则留守本村坚持工作，不幸被捕，被还乡团、复仇队活埋而牺牲，年仅37岁。

1947年8月26日，曲沃县民主政府追认她为革命烈士。

第三节 革命烈士英名录

一、全国性抗日战争中（1937.7—1945.8）本籍阵亡烈士

军队干部战士16名：

张天德 男，大南庄人，1937年在大南庄战斗中牺牲。

刘根子 男，垤上村人，1937年失踪。

边龙章 男，南上官人，1938年参军后在战斗中失踪。

卫　震 男，张少村人，中共党员、公安局局长，1939年在十二月事变（晋西事变）中牺牲。

卫丕显 男，南堡村人，1938年在翼城病逝。

王延相 男，垤上村人，1939年在晋豫边区游击队与敌战斗中失踪。

白维仁 男，程村人，党员，1939年在翼城县宋家窑战斗中牺牲。

阎东海 男，垤上村人，1939年在晋豫边区游击队与敌战斗中失踪。

谭信铭 男，乔村人，1939年在反"扫荡"战斗中牺牲。

杨天寿 男，张少村人，副班长，1939年在对日战斗中牺牲。

卫存义 男，史店村人，指导员，1943年在沁水反"扫荡"战斗中牺牲。

贺学厚 男，驿桥村人，1945年3月在长治三贾村对日作战中牺牲。

张小斧 男，宋郭村人，1938年在对日战斗中失踪。

马连科 男，程村人，1937年在第一运输兵站病逝。

李来成 男，上院村人，1945年在对日战斗中失踪。

李春志 男，大李村人，1945年在对日作战中失踪。

二、全国解放战争中（1945.8—1949.9）本籍阵亡烈士

1. 军队系统 111 名

郭景汾 男，上马村人，副排长，1948年在甘肃战斗中失踪。

郜安邦 男，北堡人，排长，1947年在陕西省战斗中牺牲。

贾登云 男，北王村人，司务长，1948年在洛阳战斗中牺牲。

王长锁 男，东城村人，班长，1946年在方村战斗中牺牲。

张天佑 男，西台神村人，班长，1948年在太原战斗中牺牲。

周小六 男，西高村人，班长，1947年在陕西榆林战斗中牺牲。

王有德 男，隘口村人，班长，1948年在太原战斗中牺牲。

乔金旺 男，东高村人，班长，1949年在宜春县枫林桥战斗中牺牲。

贾玉林 男，北郭马村人，班长，1948年在宝鸡战斗中牺牲。

胡来成 男，虒祁村人，班长，1948年在甘肃宁县战斗中牺牲。

侯中全 男，西贺村人，班长。在川北军区五四三团一次战斗中失踪。

严庆温 男，柳沟坡村人，副班长，1949年在陕西礼泉战斗中牺牲。

张有理 男，虒祁村人，1948年在甘肃战斗中失踪。

柴均镜 男，西台神村人，1948年在甘肃战斗中牺牲。

张茂盛 男，上马村人，副班长，1948年在河南内乡县战斗中牺牲。

李耀文 男，东庄村人，通信员，1947年在闻喜战斗中牺牲。

李小狗 男，张少村人，卫生员，1948年在宝鸡战斗中牺牲。

张仁义 男，小里村人，1947年在曲沃蒙城战斗中牺牲。

毕永贵 男，东新城村人，1948年在甘肃战斗中牺牲。

张天义 男，隘口村人，1948年在宝鸡战斗中失踪。

祁守仁 男，上平望村人，1949年在兰州战斗中牺牲。

张云生 男，小韩村人，1946年在新绛马村桥战斗中牺牲。

史文明 男，西高村人，1948年在甘肃战斗中牺牲。

耿玉明 男，张村人，1948年在陕西宝鸡战斗中牺牲。

姚兆太 男，西侯马村人，1948年在甘肃战斗中牺牲。

王安邦 男，张村人，1946年在绛县战斗中牺牲。

奚法水 男，牛村人，1948年在灵丘县战斗中牺牲。

李春志 男，大李村人，1945年12月在战斗中失踪。

关银如 男，大南庄人，1946年在山东巨野战斗中牺牲。

张大娃 男，小韩村人，1946年在西高村战斗中牺牲。

王立志 男，太秦村人，1946年在闻喜战斗中牺牲。

任有功 男，西赵村人，1947年在河南陕州战斗中牺牲。

贾文焕 男，白店村人，1948年在河南南阳战斗中牺牲。

陈继善 男，程村人，1948年在甘肃战斗中牺牲。

徐呈祥 男，香邑村人，1948年在宝鸡战斗中牺牲。

宋兰义 男，小里村人，1948年在河北康庄战斗中牺牲。

卫正明 男，张少村人，1948年在甘肃战斗中牺牲。

郭连富 男，郭村人，1948年在洛阳战斗中牺牲。

彭善述 男，垤上村人，1948年在甘肃战斗中牺牲。

彭善周 男，垤上村人，1948年在甘肃战斗中牺牲。

王治奎 男，西侯马村人，1948年在甘肃战斗中牺牲。

董希信 男，南堡人，1948年在陕西遭敌机空袭牺牲。

裴宗信 男，大李村人，1948年在河北康庄战斗中牺牲。

杨马驹 男，宋郭村人，1948年在宝鸡战斗中牺牲。

李维新 男，大南庄村人，1948年在甘肃战斗中牺牲。

杨马驹 男，卫家庄人，1949年在河南洛阳战斗中牺牲。

杨清伟 男，张王村人，1948年在甘肃战斗中牺牲。

刘既成 男，东台神村人，1949年在宝鸡战斗中牺牲。

赵振武 男，上平望村人，1948年在甘肃战斗中牺牲。

米奎成 男，北堡村人，1948年在甘肃战斗中牺牲。

邱怀勤 男，河东村人，1948年在甘肃战斗中牺牲。

李天保 男，东阳呈村人，1947年在战斗中失踪。

朱路祥 男，东阳呈村人，1947年在战斗中失踪。

马衍侠 男，香邑村人，1948年在宝鸡战斗中牺牲。

蔡全秀 男，东阳呈村人，1947年在战斗中失踪。

于宗文 男，张王村人，1948年在甘肃战斗中牺牲。

范土岗 男，史店村人，1948年在宝鸡战斗中牺牲．

许遵少 男，虒祁村人，1948年在甘肃战斗中失踪。

褚水林 男，褚村人，1948年在甘肃战斗中牺牲。

褚其栋 男，褚村人，1948年在甘肃战斗中牺牲。

赵有信 男，褚村人，1948年在甘肃战斗中牺牲。

甄光才 男，大南庄人，1948年在甘肃战斗中牺牲。

褚立熬 男，褚村人，1948年在甘肃战斗中牺牲。

王布景 男，观庄人，1948年在陕西亭口战斗中牺牲。

单致祥 男，单家营村人，1948年在宝鸡战斗中牺牲。

杜新春 男，南上官村人，1948年在战斗中失踪。

张德镇 男，张少村人，1948年在河津黄村战斗中牺牲。

陈正保 男，东南张村人，1948年在宝鸡战斗中牺牲。

张世荣 男，西赵村人，1948年在甘肃战斗中牺牲。

周学德 男，南上官村人，1948年在甘肃酒泉战斗中牺牲。

庞少贵 男，大南庄村人，1948年在甘肃战斗中牺牲。

田华年 男，褚村人，1948年在甘肃战斗中牺牲。

李振元 男，褚村人，1948年在甘肃战斗中牺牲。

王循先 男，褚村人，1948年在甘肃战斗中牺牲。

王金海 男，卫家庄人，1948年在甘肃战斗中牺牲。

田庚礼 男，上平望村人，1948年在宝鸡战斗中失踪。

曹有恒 男，凤城村人，1947年在运城战斗中牺牲。

许春盛 男，乔村人，1947年在运城战役中失踪。

马　根 男，垤上村人，1948年在甘肃战斗中牺牲。

毕黑蛋 男，东新城村人，1948年在甘肃战斗中牺牲。

田子荣 男，白店村人，1948年在甘肃战斗中牺牲。

刘守文 男，大李村人，排长，1947年在中管驿战斗中牺牲。

李克价 男，东庄村人，1947年在运城战役中失踪。

马文辉 男，张王村人，1948年在甘肃宁县战斗中牺牲。

郭守义 男，小里村人，1948年在宝鸡战斗中牺牲。

卫全仁 男，南王村人，1949年在河南战斗中牺牲。

李维仁 男，虒祁村人，1948年在临汾战斗中牺牲。

常海全 男，程村人，1948年在临汾战斗中牺牲。

薛登云 男，下平望村人，1947年在运城战斗中失踪。

褚二小 男，褚村人，1948年在太原战斗中牺牲。

张淮子 男，南西庄村人，1947年在运城战斗中失踪。

黄有才 男，隘口村人，1948年在河北怀来战斗中牺牲。

王金山 男，西新城村人，1949年在战斗中失踪。

苏学仁 男，郭村人，1947年在运城战役中失踪。

李学有 男，白店村人，1947年在运城战役中失踪。

吴可贵 男，凤城村人，1948年在甘肃战斗中牺牲。

岳登武 男，辛店村人，1948年在陕西瓦子街战斗中牺牲。

卫天元 男，南上官村人，1948年在甘肃战斗中失踪。

宋长福 男，南上官村人，1947年在运城战役中失踪。

杨海清 男，南上官村人，1947年在运城战役中失踪。

李希赐 男，宋郭村人，1949年在战斗中失踪。

张俊山 男，白店村人，1950年在四川崇宁县战斗中牺牲。

张有理 男，虒祁村人，1945年在本村被杀害。

王安邦 男，张村人，1947年在绛县战斗中牺牲。

孙仁义 男，北郭马村人，1946年在新绛马村桥战斗中牺牲。

王发成 男，张王村人，1946年在新绛县万安战斗中牺牲。

张根全 男，西赵村人，1947年在安邑战斗中牺牲。

常海全 男，程村人，1948年在甘肃战斗中牺牲。

史文明 男，西高村人，1948年在甘肃战斗中牺牲。

邢恩焕 男，史店村人，1948年在四川邛崃县战斗中牺牲。

2. 村干部13人

张克勤 男，驿桥村人，农会主席，1946年被编村还乡团杀害。

牛明智 男，郭村人，驿桥村长，1946年被阎军编村还乡团杀害。

马小宝 男，大李村人，农会主席，1947年被还乡团杀害。

李喜云 女，张王村人，妇救会长，1946年被还乡团编村服务队杀害。

王水鸟 女，张少村人，妇救会主任，1946年在本村被编村还乡团活埋。

侯川文 男，张少村人，农会副主席，1946年在本村被编村还乡团杀害。

吴可九 男，凤城村人，农会秘书，1946年在曲沃县被编村还乡团杀害。

郑骡驹 男，驿桥村人，农会委员，1946年在虞乡县被编村还乡团杀害。

张学臣 男，虒祁村人，村委会主任，1946被蒋军胡宗南部在本村杀害。

孙发平 男，史店村人，村长，1947年在本村被编村还乡团杀害。

耿志忠 男，乔山底村人，农会主席，1946年被编村还乡团杀害。

杨日昌 男，秦村人，农会干部，1946年被编村还乡团活埋。

孟金平 男，郭村人，农会副主席，1946年被编村还乡团杀害。

3. 民兵和支前民工 9 人

关福祥 男，金沙村人，支前民兵，1946年在河南战斗中失踪。

高爱琴 男，凤城村人，支前民工，1946年在曲沃县战斗中牺牲。

许风鸣 男，凤城村人，支前民工，1947年在战斗中失踪。

薛仓娃 男，凤城村人，支前民工，1947年在运城战役中失踪。

韩六娃 男，凤城村人，支前民工，1947年在战斗中失踪。

郝安义 男，林城村人，支前民工，1948年在河南欧子镇战斗中失踪。

杨学业 男，褚村人，支前民兵，1946年在曲沃战斗中失踪。

李孝温 男，东庄村人，民建支队排长，1946年支前在浮山县太阳镇战斗中牺牲。

乔国上 男，褚村人，民兵班长，1946年支前在曲沃战斗中失踪。

三、抗美援朝战争（1950—1953）牺牲烈士14人

贾克勤 男，北郭马村人，1952年在朝鲜战斗中牺牲。

赵绍文 男，西赵村人，1952在朝鲜战斗中牺牲。

李维裾 男，西赵村人，1951年在朝鲜战斗中牺牲。

高银娃 男，西高村人，1951年在朝鲜战斗中牺牲。

贾永福 男，西城村人，1952年在朝鲜战斗中牺牲。

丁学成 男，观庄村人，1950在朝鲜战斗中牺牲。

张效俭 男，南王村人，1952年在朝鲜战斗中牺牲。

赵春福 男，西赵村人，1951年在朝鲜战斗中牺牲。

蒋士新 男，大南庄人，1953年在朝鲜战斗中牺牲。

王庭杰 男，太秦村人，1951年在朝鲜战斗中牺牲。

李增效 男，西赵村人，1953年在朝鲜战斗中牺牲。

刘金贵 男，大李村人，1953年在朝鲜金城战斗中牺牲。

李四保 男，小里村人，1951年在朝鲜过川战斗中牺牲。

郭士儒 男，东高村人，1953年在朝鲜黄海道战斗中牺牲。

四、中华人民共和国成立后在其他战斗中牺牲的烈士16人

韩星臣 男，小里村人，1951年在四川德格县剿匪战斗中牺牲。

王庭英 男，太秦村人，1950年在云南省滇南地区剿匪中牺牲。

郑希胜 男，金沙村人，1958年在甘肃甘南平叛战斗中牺牲。

王有镇 男，南西庄村人，共产党员，副团长，1969年在新疆吐鲁番抗洪抢险中牺牲。

侯中信 男，侯马镇人，共产党员，1969年在闻喜因公牺牲。

韩长有 男，侯马镇南街人，共产党员，1969年在北京顺义县抢险救灾中牺牲。

侯曾田 男，侯马镇人，共产党员，师副参谋长，1975年因公殉职。

李培森 男，大南庄人，共产党员，1955年在广东开会途中因车祸殉职。

张永祥 男，侯马镇人，共产党员，1975年在福建执行任务中牺牲。

关 芳 男，大南庄人，共产党员，1976年在唐山地震执行任务中不幸遇难。

张志圣 男，东庄人，共产党员，副团长，1977年因公积劳成疾，在徐州病逝。

王建新 男，平阳厂子弟，1979年在河北怀来执行任务时遇难。

周金贵 男，侯马镇人，共产党员，师副参谋长，1980年因公积劳成疾，在上海病逝。

李希胜 男，虒祁村人，共产党员，1980年在北京营建施工中遇难。

杨建设 男，侯马镇人，1993年在抢救落水儿童中牺牲。

卫旭阳 男，侯马镇人，共产党员，2002年在战备飞行训练中遇难。

第四节 劳动模范、先进工作者选介

一、优秀农民代表 孙惠民

孙惠民，男，1930年生，秦村人，中共党员。

孙惠民出生在一个贫苦农民的家里，从小就受到革命思想的熏陶，1947年侯马解放后他担任村农会委员，积极参加土改和支前。1949年10月中华人民共和国成立后，在村里当义教，义务开展扫盲教育。1953年和1956年担任农业社主任。1960年在联村社任支部书记。1986年任秦村党总支书记。自1974年以来，任侯马乡革命委员会副主任，乡党委委员，1987年9月任市科协名誉主席。

党的十一届三中全会后，他带领秦村的干部群众，大力发展集体经济，带动个体经济，农林牧副业齐发展，秦村先后兴建了铜版纸厂、水泥厂、砖厂、钻探队、卸煤队、运输队等十余个集体企业。1988年秦村社会总收入673万余元，纯收入214.5万元，比1978年增长一倍；集体公共积累500万元，比1978年翻了一番；人均纯收入1122元，比1978年增长4.2倍。1983年为村民购买了400台电视机，每户一台，秦村成为侯马第一个电视村。

1979年12月28日，孙惠民同志光荣地出席了全国农业财贸教育卫生科技战线先进单位代表会议，受到了党和国家领导人接见。

1981年9月1日，孙惠民同志当选为党的十二大代表，1982年9月出席了党的十二届全国代表大会，受到党和国家领导人胡耀邦、邓小平、叶剑英、陈云等的接见，并在中南海合影留念。

1991年2月12日，孙惠民同志因病去世，享年62岁。

二、全国三八红旗手　山西省劳模　袁雅玲

袁雅玲出生在北京西城区一个普通工人的家庭。1965年，16岁的袁雅玲中学毕业后，响应党的号召，与同学们来到了侯马市东庄村插队落户。

在农村，袁雅玲凭着坚韧的毅力，在劳动中严格要求自己，种地、锄地、播种，样样学着干，一点都不愿落后，多次被评为"劳动标兵""劳动模范"，村里的大叔、大婶和村干部都喜欢这个活泼的北京姑娘。

1969年，20岁的袁雅玲与本村一位诚实善良的农民高彦忠结了婚。短暂的幸福生活后，沉重的担子压在她的身上。

婚后第二年孩子降生，恰在这时，婆婆患脑血栓瘫在床上，年迈的公公也需要人照料。1972年，产后不久的袁雅玲，白天要带领群众劳动，晚上回来要烧火做饭，夜里还要陪着不能自理的婆婆，为老人端屎倒尿。在她六年的侍奉下，婆婆身体有所好转，公公又突然患恶性贫血。

为了给二老治病，袁雅玲欠下了不少债。为了还债她和丈夫拼命挣工分，省吃俭用。但好运并未垂青这对善良的夫妇，1997年，婆婆又患乳腺癌，这真是雪上加霜，无奈之下，袁雅玲卖了自行车、缝纫机，她背着婆婆到临汾地区医院动了手术，并日夜守护在婆婆床前，一住就是40天。

1978年，知青返城，和袁雅玲一起插队的24名知青都陆续返回北京，按条件袁雅玲也在返京之列，但她说："这里有我的家，又有公婆离不开我。"感动得公婆掉下眼泪。公婆病了十年，袁雅玲侍奉了十年。1983年，她的家庭荣获"全国五好家庭"称号。

改革开放后，袁雅玲第一个带头承包了4.5亩棉花地，她的承包地获得亩产皮棉83公斤的好收成，大大超过了合同承包上签订的每亩30公斤的产量。市、乡领导在袁雅玲的棉田里召开了全市棉花现场会。

1988年，袁雅玲在村里办起了养猪场，几年下来，由开始的几十头猪发展到上百头，1995年出栏200头。这期间她受了千辛万苦。遇到猪病，她蹲到猪圈里细心观察，对症下药；等到下小猪时，她像照顾婴儿一样寸步不离。养了10年猪，袁雅玲平均每年要在猪圈睡两三个月。

随着市场经济的迅速发展，袁雅玲的商品意识也逐渐增强,在办好养猪场的同时,她和丈夫创办了裕隆粮油加工厂,投资10万元买回专利设备,生产出五谷杂粮系列产品。她生产出的黑、白、红、黄、绿等裕隆源牌八彩面条,在全省农副产品展销会上作为侯马市唯一农副产品参加展销,受到广大消费者好评。

袁雅玲,这个普普通通的北京插队学生,40多年来,风风雨雨,茁壮成长,就像一棵深深植根于黄土高原的毛白杨,和侯马这个第二故乡结下了深深的感情。她向往生她养她的北京,但更离不开使她走向成熟、开拓未来的侯马。

三、人民的好交警 周宝贵

周宝贵同志是侯马市交警大队中心岗执勤班长,中共党员。1990年从警,2016年殉职。26年间在平凡的岗位上做出了不平凡的业绩。

周宝贵于1963年出生在临汾一个农民的家庭,他把一颗赤诚的心,把青春的光和热默默地奉献给了他热爱的事业。24年仅仅请过11天事假,包括两个儿子结婚,母亲去世。尤其二儿子结婚,他头天下午赶回临汾家中,第二天结婚典礼后,下午就乘车返回侯马,站到了执勤岗位上。

周宝贵同志在值勤中,正确处理严格执法与热情服务的关系,以理服人、以情动人,坚持以教育为主。执勤中,始终以严肃认真的态度,和蔼可亲的面孔,纠正着每一起违章,他一年纠正违章近万起,从未与群众发生过口舌和纠纷。在搞好本职工作的同时,他尽量为过往行人排忧解难,经常扶老携幼,搞好岗台周围的社会治安,化解民事纠纷,抓获违法犯罪分子。他执勤的中心岗是侯马市交通主干道新田路，车流量大。与新田路交叉的紫金山街一百多米处是一所小学，每到放学期间，人车混杂，交通拥挤，安全隐患极大。周宝贵仔细观察分析，提出了解决方案，一方面加强交通疏导警力和有序护送学生穿越马路，另一方面同学校商量错开年级放学时间，并多次到学校为学生们普及交通安全知识，有效解决了交通乱象，消除了安全隐患。他先后两次将上级奖给他的几千元人民币捐给"希望工程"和市光荣院的老人。1996年被评为全省"十佳民警"。

2016年4月16日，周宝贵同志积劳成疾倒在了工作岗位上，终年52岁。被侯马市人民政府追认为革命烈士。

四、全国三八红旗手　棉花高产能手　毕英姿

毕英姿，女，原驿桥大队党支部副书记。省劳动模范、优秀共产党员、临汾地区"棉花八仙"之一。

1973年以前，侯马市驿桥大队棉花亩产只有39斤。英姿心里想，国家建设和人民生活需要大量的棉花，我是棉区农民，棉花产量上不去，人民生活得不到改善，咋能对得起党，对得起人民？于是她开始钻研棉花种植技术。她经常向有着丰富植棉经验的吴吉昌、常修文、王德合等著名劳模请教，对如何灭虫、治病，怎样冷床育苗，怎样施肥、浇水等，她样样都学，事事都问。

一次棉苗得了黄枯萎病，她冒雨到闻喜去找吴吉昌。吴吉昌告诉她，"轮作倒茬"可以预防黄枯萎病的发作。可这仅仅是预防呀，现在怎么办呢？吴老又告诉她用"硫酸

铜""托布津"和柿子醋浇灌,对治黄枯萎病也有一定疗效。回来后,她便实验,果然产生了效果。

她和姐妹们害怕棉苗受冻,又怕苗床被毁,冒雨抢救苗床上的塑料棚。经过一夜的辛苦,苗床保住了,但她们都成了泥人儿,再回头一看草庵子,不知什么时候被风刮塌了,被褥也湿透了。

1975年,她们在市农业技术推广站农艺师的热情指导下,虚心学习,苦干实干,迎着寒风拉粪、整地,披星戴月浇水、治虫,顶着烈日整枝、打杈,整整干了六个月。到秋后,夺得亩产皮棉228斤的大丰收。

为了夺取棉花高产,英姿怀孕后主动做了流产。有时只顾下地搞棉花实验连自己的孩子骨折了也顾不上照顾。

1977年,她重点管理1.2亩试验田。她在这块地里施了2万斤农家底肥,下了150斤棉饼,浇足了底墒水,采用了每亩5000苗的宽行密植,育苗移栽后及时浇了棉苗"安家水",进行了深锄和人粪追肥。这一年,她重点管理的1.2亩地亩产达275斤皮棉。

为了表彰毕英姿的成绩,全国妇联授予她全国三八红旗手称号。

第五节 名人志士

一、难忘的岁月——记抗日革命老战士樊永宁

樊永宁,男,1919年生,侯马市凤城乡城小村人。十六岁在侯马当铁路工人,1937年参加革命,1938年加入

中国共产党，经历了抗日战争、解放战争，先后参加过大小战斗数十次，曾三次负伤。

1938年6月，晋南沦陷。樊永宁加入中共领导的铁路游击队，在党的领导下，炸火车、毁桥梁，破坏日军的铁路运输。1938年11月，游击队正式编入八路军部队，在翼城县磨里口一带与日军作战。

1939年，樊永宁又在平陆、芮城参加了四四（即四月四日）战役，日军动用飞机、大炮，大肆进犯平陆、芮城，十七师与日军进行了殊死较量，战斗打得很惨烈，樊永宁的班长韩登山在这次战斗中壮烈牺牲。6月6日，在平陆、芮城一带又与日军相遇，称"六六战役"。由于日军装备精良，飞机狂轰滥炸，在平陆小沟南一战，全连战士壮烈牺牲，他因被压在牺牲的战友身下，幸免于难。

樊永宁从平陆小南沟"六六战役"脱险后，经组织安排与陕西渭南的李子石、周发财同志到安邑县燕家卓村，开展地下工作。为掩护自己的身份，樊永宁假扮成周发财儿子，化名周忠江，与李子石、周发财一起给地主当长工，借机发动群众。

然而，由于汉奸告密，樊永宁最终被日军逮捕，并被关进安邑大牢，受尽牢狱酷刑。但不论怎样拷打折磨，樊永宁始终没有低下共产党员那颗高昂的头颅。在暗无天日的安邑大牢关了41天之后，樊永宁又被日军押送到运城、太原服劳役，最后被押送到寿阳煤矿下井挖煤。终日在黑暗的深井中劳动，超负荷的劳动量，以及浑身的伤痛时时刻刻都在摧残着樊永宁。然而他始终坚信，总有一天会逃出魔窟，重新加入革命队伍中。

1945年8月14日，日本无条件投降，抗日战争胜利，樊永宁终于重见天日。同年9月，樊永宁找到了自己的部队八路军决死三纵队。

1946年，樊永宁被编入太行山三中队任战士。

1947年，部队开往山东巨野与国民党军作战，在为期40多天的陇海战役中，樊永宁被子弹击中口部，他"轻伤不下火线"，顽强作战。战友们硬是从火线上把他送进医院，只治疗了几天的樊老很快又回到部队。战斗结束后，他被评为杀敌英雄，在召开的表彰大会上，陈毅首长亲自为他戴上了奖章。陇海战役结束后部队又开往河南剿匪，与大土匪孙大麻子作战，在此次战斗中樊永宁第三次负伤，腿部、胯部中弹，伤势严重，被送往河北省武安县白求恩医院进行治疗。

到1947年7月27日，樊永宁伤好出院，因身负三次重伤，从此留下残疾。部队安排地方各级人民政府一路护送，用毛驴车将樊永宁送回原籍城小村。

樊永宁回到侯马后，担任城小村武委会主任。接着，解放临汾战役开始，樊永宁又带领一区民兵参加了支前工作，在支前中樊老发挥了一个老军人的积极作用，受到了上级表扬奖励。战役结束后，樊永宁回城小村当村主任，主持农村土改工作。

1953年5月—1956年4月，樊永宁又担任了曲沃县东韩乡乡长，为建立新政权、巩固革命成果贡献了自己的力量。当人们问樊老苦不苦时，他说："比起那些牺牲了的战友们，我这点苦又算得了什么，我们流血牺牲，就是为了今天生活得更加美好。"

二、抗日老战士、革命老前辈张克坚

张克坚,男,汉族,1921年1月出生于山西省侯马市南杨村一个农民家庭。1937年9月入伍,1938年5月加入中国共产党。历任临汾八路军学兵队学员、第一二九师三八六旅补充团宣传员、分队长、文化教员,营教育干事,团政治处统计干事、副指导员、锄奸干事,太岳二地委整风学校组教科科长,第三八六旅二十八团政治处特派员、保卫科副科长,二野四纵随营学校保卫科长、二野军政大学保卫科长,西南军区后勤部政治部保卫部科长,南京军事学院学员、政治教员、保卫部副部长,内蒙古军区检察院检察长,包头军分区副政委,乌盟军分区副政委,1955年被授予中校军衔,1960年被授予上校军衔。1981年5月离职休养。

革命战争年代曾参加过神头战斗、香城古战斗、百团大战、上党战役、晋南战役、淮海战役、渡江战役、进军西南战役等。荣获中华人民共和国三级解放勋章、淮海战役奖章、渡江奖章、解放大西南奖章、全国人民慰问人民解放军代表团纪念章、中国人民解放军独立功勋荣誉章,内蒙古自治区党委、人民政府赠荣誉纪念章,中国人民抗日战争胜利60周年纪念章。

三、德艺双馨的老艺术家廉振华

廉振华,男,1924年生于侯马市虒祁村。他从小就酷爱民间艺术,1947年参加革命后,被分配到文工团,画布景、画幻灯、搞设计，在文学艺术的殿堂里，样样工作干得都很出色，显出超人的才华。1949年加入共青团，1958年加入中国共产党。曾任山西晋南文工团文美组组长，山西干部艺校队主任兼美术辅导员，《太原文艺》《山西日报》美编组长，成为一名出色的美术编辑。他酷爱皮影，爱好图案设计，擅长于工笔人物，他画的插图、连环画、国画等，把古老的皮影工笔与现代绘画艺术结合在一起。后任侯马市文化局副局长兼文化馆馆长及皮影研究室主任等职。

  1970年，廉振华被下放到原籍农村劳动，1973年恢复工作。当时极左思潮盛行，他甘冒风险，开拯救民族文化风气之先，擎起山西第一面皮影戏剧团的大旗，成立皮影剧团，活跃群众文化生活。建起实体后，行程几万里，把新绛、曲沃等地的皮影老艺人组织起来，自己编写剧本，自己搞设计绘画、雕刻皮影造型，建成了侯马市皮影剧团，传播皮影艺术。接着历时8年完成中国第一部《中国皮影图谱》15卷，并撰写专著论文等。1985年，文化部艺术局，在中国美术馆举办廉振华个人皮影艺术展览。1989年廉振华应邀赴西德讲学。1987年创办山西侯马皮影艺术研究室，1989年自筹资金建起中国皮影陈列馆——振华影屋，填补了中国戏剧史上的空白。

  廉振华先后被授予"共和国脊梁""爱国功臣""中华国粹民笔艺术家""全国首批文化和谐使者""德艺双馨艺术家""百名画圣""世界艺术大师""当代杰出共产党人"等称号。

  现已97岁高龄的廉振华先生，仍在孜孜不倦地耕耘在艺术的田野上。

四、剪纸能手董光辉

董光辉（1929—2001），张少村人，出生在一个农民家庭，从小热爱剪纸艺术。1945年考入曲沃县曲沃中学，1947年10月弃学从军，在晋绥补训团宣传队工作，次年2月调晋绥补训团参谋处任文书。1949年任曲沃县民主政府文教科督学，同年7月调曲沃新生蒲剧团任指导员、团长。1960年任侯马市艺术学校副校长，1963年任曲沃碗碗腔剧团团长，1972年7月加入中国共产党。1984年调回侯马市文化局，同年10月离休。

离休后，一心投入剪纸事业。历史悠久的中国传统民间剪纸艺术，已被联合国教科文组织列为世界文化遗产。侯马剪纸艺术源远流长，早已在全省盛行，并代代相传。1986年参加山西民间剪纸艺人大汇剪，他的《五福捧寿》《四时（柿）如意灯》《蝴蝶扑瓜》等26幅作品参展。1993年，他的作品《十果花》参加了中国"工贸杯"剪纸展，获优胜奖。同年被选入《中国民间名人录》。1995年6月带领徒弟李如意、李海涌与四川美术学院周琳教授联合创作《抗日烽火》系列作品10幅，用两个月时间剪出人物100余个，作品被中央电视台、山西电视台先后报道。多年来，在侯马职业中专、张少、四川美术学院讲学，授徒300余人。2001年4月25日去世，享年72岁。

五、中华环保第一"走"杨金贵

杨金贵（1963—2001）是褚村一位普通农民。1983年高中毕业后，参加了人民解放军。1985年加入中国共产党。1988年退伍返乡，从事个体摄影工作。

1994年发生的一件事成了改变杨金贵一生的转折点。因他爱好摄影艺术，就带着相机来到汾河岸边拍照，他被眼前的景象惊呆了！几年前还是清澈见底的汾河，已被咖啡色的污水代替，不见了鱼虾，不见了水鸟，不见了孩子们戏水的身影。他弯下腰用手掬起了汾河水，顿时一股恶臭味直入鼻孔。

第二天，杨金贵来到市环保局。在那里，他才知道，这些水之所以变成咖啡色，是因为汾河上游的洗煤厂、炼焦厂、炼铁厂和造纸厂大量排放污水流入汾河造成的。也就是在这里，他知道了全球每年有1200万公顷的森林消失，18000个物种灭绝，每年排放的污水达600亿吨。这些污染正在一步步地危害着人们的健康和生命。

环境污染危害如此之大，他再也坐不住了，他要宣传环保。一个大胆而奇特的念头，出现在他的脑海中："单骑自行车踏遍全中国，唤起世人忧患意识。"

1995年1月18日，杨金贵跨着一辆象征环保的草绿色飞鸽自行车，开始了他的"单骑中华，播绿人间"的自费公益活动。这天，市里的领导和数百名群众前来为他送行。当市里领导问他有什么要求时，他说："我只要一面国旗。"

1995年8月，杨金贵沿着109国道，踏上了青藏公路……

杨金贵的壮举引起了各级领导的重视，1997年5月，应山西环保局的邀请，他第一次回到了山西，领取了山西环保历史上的第一个"公众参与奖"。

从 1995 年 1 月 18 日到 1999 年 11 月，他已走遍了全国 31 个省的省会和沿线 720 个城市，行程 10.3 万千米，足迹踏遍了城市、乡村、草原、沙漠、雪地，他拍摄有关环保照片一万多张，写下文字资料 200 多万字。一路上，他面对面地向 5874 个党、政、军机关和宗教团体散发 12 万张环保宣传单，在 247 个城市举办了"环境保护纪实摄影巡回展"，在 68 所大中专院校和中小学校做了有关环保方面的报告，和 9800 余名环保基层干部及文化艺术界知名人士进行环保方面的交流。

1999 年 11 月，杨金贵开始了他的环保行文字整理工作，他要把自己五年来的经历和见闻写成书，让更多的人知道环保工作的重要性。从此，他每天坚持工作十几个小时，他的《中华环保第一走》《走近河北》《走近生命的沼泽地》等 100 多万字手稿已经完成。他要把自己的环保行写成书，送到设在肯尼亚首都内罗毕的联合国环境规划署。

然而，正当他为自己的环保事业勾画蓝图时，病魔也在一步步地把他推向了生命的边缘。

杨金贵曾患有咳嗽的毛病，但并没有引起他的注意。到了 2001 年的 5 月，这种"咳嗽病"急剧恶化，在家人和同志们的劝说下，他到临汾市人民医院检查，结果是肺癌晚期。

2001 年 8 月 3 日，年仅 38 岁的杨金贵留下诸多遗憾，离开了他无比热爱的世界。

六、皮影雕刻奇女赵翠莲

赵翠莲，侯马市西侯马村一位普通农家女。40 多年来专心钻研皮影雕刻，创造出万余件精美的皮影作品。她刻的人物形神兼备、刀法细腻、变化多端，不仅多次在国际上获奖，而且远销美、法、德、日等国，被有关专家学者誉为"当代皮影雕刻大师"。

赵翠莲于1958年出生，17岁时对皮影着了迷，拜师学艺。她为了掌握手上的功力，晚上回到家苦学苦练。她把十多斤重的砖块绑在手背上，四指斜立，推动皮陀练功。没有刀具，她自己打磨，没钱买牛皮，她把师父刻完的下脚料捡回来，夜晚自己学着刻。就这样，赵翠莲白天打杂，晚上学刻，有时为了刻好一个影人，她竟然熬到天亮。不到三个月她把刻好的影人给师父看，师父惊奇地夸她是奇才，因为别人三年学不到的手艺她却几个月就学会了。

近年来，她创作了大量的戏剧人物，如《封神榜》里的三教门人、兵伐西岐、十三路人马，《西游记》中的九妖十八洞，《水浒传》里的一百零八将等，都在她的一双巧手下刻得千奇百态，栩栩如生。她雕制的皮影被当作礼品送到日、美、法等国，法国、日本、澳大利亚的一些博物馆还收藏了她的作品。

她曾为法国小朋友刻制过一套神话皮影，还应邀为日本友人刻制了《三国演义》《西厢记》《白蛇传》等数十部戏剧人物。赵翠莲是中国木偶皮影艺术学会理事。

七、自学成才的画家杨苇

杨苇，职业画家。1971年出生在侯马市一个普通农民家庭。幼时对绘画产生了浓厚兴趣，课余他就描绘着现实和想象中各式各样的浪漫画面，令邻居们赞叹不已。

12岁那年，杨苇辍学从艺，每天就在家里跪在吃饭的小桌前临摹创作。16岁时出版《包公断伞》。17岁时，在省级刊物上首次发表第一篇连环画，被画坛誉为"神童画家"。19岁，他成为人民美术出版社、人民出版社、华夏出版社特约画家。21岁时，他在北京民族文化宫成功举办了个人画展，被中央电视台、《人民日报》《光明日报》等媒体报道。22岁时，3次应邀到中南海为中央首长现场作画，获首长们的好评。23岁时，参加庆祝中华人民共和国成立四十五周年、全国人大成立四十周年全国书画联展，荣获中国书画院金奖。26岁时，精心创作了山西省委宣传部重点推出的文化图书《三晋一百名人图》。29岁时，为侯马市绘制了新田广场巨型壁画。30岁时，为侯马市庙寝公园绘制了60幅春秋晋国系列故事，被公园精心雕刻在公园主体建筑的周围永久展示。31岁时，为洪洞县"大槐树寻根文化节"制作了巨幅国画长卷《大槐树移民图》，全面地展现了明朝时居民迁移的史实，展出后曾被多家媒体广为宣传。1996年，为山西省委宣传部创作《三晋一百名人图》，被做成烫金画，作为礼品赠送国内外友人。

八、全国优秀教师陈晶

陈晶，1970年出生。中共党员，紫金山小学校长。1989年临汾师范毕业，30多年来一直奋斗在教育岗位上。

1992年，陈晶父亲因突发心肌梗死住院治疗，而她身兼班主任，学生又面临毕业，没有请一天假。她白天上课，晚上去医院，硬是坚持了77天。

1994年冬天，陈晶离预产期仅一个星期，天下着大雪，连续几天路面结冰，难以行走。家人对她说："不行就请几天假吧。"可是她知道，学校缺教师，新课再有一周就要结束，她必须坚持。就这样她每天小心翼翼地去上班，一直到临产前一天。

作为一名班主任老师，她把爱奉献给了每一位孩子。学生刘嘉母亲因病早逝，父亲下岗后到北京打工，孩子跟随年迈的爷爷奶奶后，生活极为困难，学习成绩直线下降，身体也消瘦了许多。得知这些情况后，陈晶主动去关心她、帮助她，给她买日用品、学习用品等。刘嘉过生日，陈晶和全班同学为她庆祝；孩子病了，她亲自去探望，给孩子补习功课。在她的关爱下，孤僻的刘嘉变得开朗了，不仅自己刻苦学习，而且关心集体、乐于助人。2000年，刘嘉考取了北京邮电大学，她在一封来信中写道："老师：是您让我感受到世界充满了爱，是您让我鼓起了生活的勇气，扬起了学习的风帆！没有您，我不会有今天，真心说一声，谢谢您！"

尽管工作十分繁忙，但她一刻也没有忘记自己是一名党员教师，从来没有因为私事请过一天假，更没有误过学生一节课。在她的影响教育下，孩子们个个积极向上，各个方面都有很大收获。2003年她所代班被评为山西省模范班集体。

陈晶用自己的一腔热血继续谱写着人生闪光的篇章。30多年中先后荣获山西省教学能手、山西省学科带头人；临汾市教学能手、模范班主任。2000年参加了国家级骨干教师培训，2004年被评为全国优秀教师。

第二编

社会主义革命和建设时期

第一章 三次建市

第一节 第一次建市（1956.11—1957.12）

中华人民共和国成立后，侯马有三次建市经历。

中华人民共和国成立后至1956年社会主义过渡时期，侯马为曲沃县一个镇。

1956年11月，经国务院批准成立侯马市筹备处，为侯马第一次建市，属晋南专署。同月，中共侯马市工作委员会成立。侯马市筹备处辖侯马乡（37个村庄）和侯马镇。1957年4月，侯马乡划归曲沃县，筹备处辖侯马镇8个村2个农业社，共8470口人。同年12月，侯马市筹备处撤销，侯马镇归曲沃县管辖。

第二节 第二次建市（1958.10—1963.05）

1958年10月27日，经国务院批准，撤销曲沃县、新绛县建制，以原曲沃县、新绛县、襄汾县原汾城县区域、乡宁县关王庙区域合并成立侯马市，为侯马第二次建市。同月，撤乡镇，建人民公社。设建设、飞跃、幸福、东风、卫星、前进、五星、星火、红旗、跃进、战斗、灯塔、东方红、钢铁14个人民公社，耕地面积119689公顷，41.8万口人。

1959年3月，对原14个人民公社更名并增设5个人民公社，这19个人民公社是侯马、史店、曲沃、史村、曲村、北董、赵康、汾城、古城、泽掌、新绛、古交、阳王、横桥、关王庙、高显、南贾、泉掌、万安。现境内设侯马、史店两个人民公社。是年，全市共有660个自然村93466户428358人。其中农业人口89509户379202人。

1961年1月，侯马市增加吉许、杨谈、营里、里村、永固、丰盈、西贾、柴王、曹家庄、贾岗、南庄、店头、北张、三泉、支北庄、柳泉、符村17个人民公社后，共设36个人民公社（区域没变）。现境内设侯马、史店两个人民公社。同年5月，遵照中共山西省委、省人委指示精神，赵康、汾城、古城、南贾、永固、丰盈、西贾、贾岗、柴王、曹家庄10个人民公社划归襄汾县管辖，关王庙公社划归乡宁县管辖。同时将侯马人民公社划分成侯马、大李、高村3个人民公社，史店人民公社更名为上马人民公社。同年12月3日，营里人民公社更名为下裴庄人民公社。侯马市由36个人民公社减少到27个人民公社。现境内设侯马、大李、高村、上马4个人民公社。

1962年4月，新绛县恢复建制，泉掌、泽掌、阳王、古交、万安、横桥、新绛、柳泉、南庄、店头、三泉、北张、支北庄、符村14个人民公社划归新绛县。同年5月，增设凤城、安居人民公社。侯马市辖15个人民公社。现境内设侯马、凤城、大李、高村、上马5个人民公社。

1963年5月，根据国务院决定和山西省人委的通知，撤销侯马市建制，恢复曲沃县建制，县治侯马。现境内5个人民公社归曲沃县。

第三节 第三次建市（1971.8 至今）

1971年8月，国务院发文恢复侯马市，与曲沃县分设。辖侯马、凤城、大李、高村、上马5个人民公社。同年9月，成立城区人民公社，大李人民公社改称张村人民公社。1978年底，全市辖5个人民公社，全市总人口139408人，其中男726721人，女66736人；非农业人口52831人，农业人口86577人。

第二章 经济发展

第一节 农业生产

一、农业体制变革

土地改革

1947年4月，侯马第二次解放。4月6日至5月10日，境内镇压汉奸恶霸反攻倒算头子33人。5月上旬，中共曲沃县三区分委组织工作队整顿农会、培养骨干发动群众，开展第二次土地改革试点工作。5月底，中共三区分委区政府在驿桥村召开万人公审大会，将关押、殴打土改工作队干部的隘口行政村长段志明、恶霸地主赵德禄等处决。6月中旬，第二次土地改革工作全面展开，从群众迫切要求出发，从反编村、查反攻倒算入手，没收地主的土地、房屋、牲口和农具。7月15日，三区召开21个行政村村长、农会主席及土改工作人员会议，强调发动贫雇农，坚决清理坏分子，从思想上反对命令主义、包办代替、恩赐观点和尾巴主义，进一步依靠贫雇农、团结中农，与地主恶霸作斗争。1948年5月，三区民主政府开展土改纠偏工作，对土地改革中因"左"的思想造成部分中农被误斗、工商业者财产被没收的错误进行纠正。对被误斗的168户中农重新划定阶级成分，公平合理地分配果实，确定地权、颁发土地证，使中农和工商业者人心稳定安心生产。10月13日，土地改革结束。地主、富农家庭人均耕地由土改前3.22公顷减少为0.25公顷，中农、贫雇农家庭人均耕地由0.1公顷增加为0.37公顷。

互助组

1951年3月，宋郭村李福全同张登高、胥永和、贾步奎等4户农民，办起了境内第一个农业生产互助组。同年底，境内农业生产互助组发展到276个，入组的有1900余户，占总农户的21%，耕地3333.3公顷，占总耕地的23%。当年互助组各项收成都高于单干户。

1952年，互助组发展进入高潮，互助组的类型有常年性互助组、季节性互助组和临时性互助组三种。互助组成员采取自由结合、入组自愿、退组自由的原则。在互助组里实行集体劳动，耕地、牲畜、农具属私人所有，收入归己；成员之间采用以工换工、记工折工、计价结算、以粮补齐等办法开展互助生产，以劳力、牲畜、副业设施等入股分红的形式发展经济。

初级农业生产合作社

1953年2月，宋郭村李福全在原互助组基础上又吸收15户农民，办起境内第一个初级农业生产合作社，下设种植、油坊、运输3个组。1954年，《中共中央关于发展农业生产合作社的决议》颁布后，境内农业生产合作社迅速发展，实行入社自愿、退社自由的原则。社内生产用的大型工具统一租赁，其他劳动工具自己准备，按照统一生产计划，各小组实行定时、定活、定工的包工形式进行生产。包工类型有包工包产、长年包工、季节包工、临时包工。当年建立初级农业生产合作社25个。1955年9月，遵照毛泽东《关于农业合作化问题》的批示精神，掀起第二次建社高潮，建立农业合作社45个，实行常年包工的30个，季节性包工的9个，临时性包工的6个。入社农户7911户，占总农户的84.4%。

高级农业生产合作社

1955年，在全省大办高级农业生产合作社的高潮中，大南庄、小南庄、太秦、北庄4个村的初级社合并成立汾川一社，成为曲沃县第一个高级农业生产合作社。县委书记袁极平代表县委和县人委，奖给汾川一社从匈牙利进口的汽车一辆。该社以包产、包工、包投资、超产奖励的办法进行生产。当年，粮食亩产163公斤，总产43万公斤。宋郭村的2个初级社合并为1个高级社，后又同汾上、西侯马、白店、牛村合并成立先锋高级农业生产合作社。同年，境内5个初级社转为高级社。1956年6月30日，全国人民代表大会第一届会议颁发《高级农业生产合作社示范章程》。7月，山西省委农村工作部发出《关于农业生产合作社的劳动组织、劳动定额和劳动报酬的一些规定》《关于对农业生产合作社财务管理工作中的一些意见》，为整社工作提供了政策依据。年末，境内初级社全部转入高级社。

人民公社化

1958年10月，侯马市有14个人民公社。1959年，人民公社增至19个，现境内设侯马、史店2个人民公社。

1961年1月，全市人民公社进行调整，划小核算单位，将19个人民公社调整为36个人民公社，现境内设2个人民公社。1962年4月，原汾城县和原新绛县分别划出侯马市辖区。人民公社调整为27个，现境内调整为4个人民公社。1962年5月，全市人民公社调整为15个，现境内调整为5个。1963年5月，侯马市撤销，现境内5个人民公社归曲沃县。

二、人口耕地

1949年，侯马境内有人口42262人，其中农业人口39597人，有耕地14576.4公顷，其中水浇地340公顷，占总耕地的2.3%，农业人口人均耕地0.37公顷。随着国民经济的恢复和发展，1956年人口增加到56720人，其中农业人口49394人，耕地14800.6公顷，水浇地增加到1766.7公顷，占总耕地的11.9%，农业人口人均耕地0.30公顷。1958年10月，建侯马市时，全市总人口418302人，全市农业人口369608人。全市有耕地119689.5公顷，其中水浇地21090.2公顷，农业人口人均耕地0.32公顷。1963年5月，侯马市建制撤销后，年底侯马境内有人口71697人，其中农业人口

59749人，有耕地11913.3公顷，其中水浇地6213.3公顷，占总耕地的52.2%，农业人口人均耕地0.20公顷。

1970年，境内有人口117417人，其中非农业人口41812人，农业人口72905人。从1958—1969年中央、省、地在境内投资建厂，到1970年，耕地减少到11706.7公顷，较1963年减少206.6公顷。耕地中水田、水浇地有8716.7公顷，占总耕地的74.5%，农业人口人均耕地0.16公顷。1978年，全市有人口139408人，其中非农业人口52831人，农业人口86577人。由于城市建设和工业企业建厂占地逐年增多，到1978年底耕地减少到10866.7公顷，其中水田、水浇地9000公顷，占总耕地面积的82.8%，农业人口人均耕地0.13公顷。

三、农作物种植

本市地处晋南平原中部，山清水秀，土壤肥沃，气候温和。农作物种植以棉麦为主，其他为杂粮、蔬菜、水果、烟草等，其中烟草远销内蒙古自治区和蒙古国。1949年，侯马境内农作物总播种面积14870公顷。1957年，侯马境内总播种面积16310公顷。1963年，侯马境内总播种面积16010公顷，总产16370吨。1971年，全市粮食作物播种面积11710公顷，占总播种面积16200公顷的72.3%。

1978年，全市总播种面积16250公顷。其中粮食作物面积11350公顷，经济作物面积3690公顷，其他作物面积1210公顷。

四、农业技术推广

1952年前，境内小麦种植的品种有金裹银、四月黄、蚂蚱麦、白和尚、红和尚；玉米是百日黄；棉花是脱字棉和金字棉。这些传统农家品种和引进品种的长期种植，导致品种混杂退化，产量低。1953年，小麦开始引进推广碧蚂1号、4号、早洋麦、6028等优良品种；玉米推广金皇后、白马牙；1957年，全市推广优良品种面积小麦57845.6公顷，棉花392948公顷，玉米6822.3公顷。同期，开始贯彻"土、肥、水、种、密、保、管、工"农业"八字宪法"；推广使用山地犁、双轮双铧犁、拖拉机耕，耕地深度由15厘米增加到25厘米左右；推广硫酸铵化肥。20世纪60年代初，小麦引进推广石庄54，棉花引进推广徐州209和徐州1818，玉米引进双杂交种进行试验、示范推广。1963年，侯马境内化肥实物施用量达到300吨，每公顷耕地平均255公斤。

1971—1978年，为了探索棉花高产栽培技术，凤城公社、西韩大队采用棉麦套种26.7公顷棉田，每公顷产皮棉1486.5公斤，创全省大面积单产最高纪录，在全省推广。侯马市农科所、技术推广站盖金龙、市原农业局副局长陈云霞、上马公社驿桥大队毕英姿、侯马公社东庄大队叶铁玉等，分别采用塑料地膜覆盖冷床育苗移栽、高度密植、氮磷配合等栽培技术，探索棉花高产规律，每公顷单产皮棉2100公斤（折市制亩产280斤），并相继在全市推广。"晋南小麦十杆旗"之一的侯马公社宋郭大队，在省小麦研究所的帮助指导下，总结出"平田整地、合理用水、重施基肥、氮磷配合、合理密植"的小麦高产栽培技术，在全省水浇地区推广。

五、农业投资、产值和收入

1949年，侯马境内农业总产值571万元，人均纯收入35元。

1956年，国家对农业基本建设投资11万元，农业总产值1399万元，人均纯收入66元。1959年，国家对农业建设基本投资49万元，农业总产值1617万元，农业总收入865万元，其中纯收入589万元，人均纯收入提高到83元。1963年，国家对农业建设基本投资25万元，农业总产值1649万元，农业总收入888万元，其中纯收入637万元，人均纯收入79元。

1971年，全市农业总产值1623万元，总收入1219万元，其中纯收入835万元，农村人均纯收入83元。之后，农业的基本建设投资总产值和收入虽呈现出年年增长趋势，但增长速度缓慢，到1978年农业基本投资仅达到66万元，总产值2508万元，总收入1644万元，其中纯收入975万元，人均纯收入90元。

六、农业机具

1953年之前，境内主要依靠传统的犁、锹、木镂、石滚、扁担、手推木轮车、畜力车、镰刀等农具进行农业生产。1953年，境内引进苏联产的马拉收割机，并推广新式步犁。1954年，使用小平车。1955年使用解放式畜力水车。同年3月，在境内凤城村北组建当时晋南地区最大的拖拉机站，有波兰生产的拖拉机8台，开始机耕土地。1956年，开始使用锅驼机和煤气机。1958年，国有拖拉机站，大中型拖拉机增加到19台，与拖拉机配套的三铧犁、五铧犁、液压悬挂二铧犁、三铧犁、镇压器、41片圆盘耙开始使用。1960年，相继使用国产拖拉机，侯马境内农业机械总动力为1384千瓦，比1955年增长13倍多。之后，多引播种机、条播机、拖拉机牵引行间喷雾器、背负式机动喷雾器、机动脱粒机、饲料粉碎机、打柴机、离心泵等农机具进行推广使用。

1971年，有大、中型拖拉机36台、电动机1389台、柴油机17台，农用机械总动力8214千瓦。1972年，小四轮拖拉机有5台，与之相配套的旋耕耙、中耕机、播种机开始使用。同年，有东方红-18型背负式机动喷雾（粉）器58台。1978年，全市农业机械总动力31596千瓦，有大、中型拖拉机141台，小型拖拉机234台，农用水泵1661台，磨面机286台，机动脱粒机143台，电动机2932台，农用载重汽车9辆。

第二节 水利建设

一、基本情况

1950年，垤上村从西安购回16马力的煤气机1台，带动6英寸离心式水泵，提取浍河水，日浇地0.67公顷。是年，开始用解放式水车畜力提水。1956年冬，在大李村兴建大李机灌站，次年3月竣工，配套75马力的锅驼机2台，提汾河水，灌溉大李、西里、褚村、观庄等村耕地667公顷。1957年，宋郭机灌站动工兴建，配套75马力锅驼机2台，设计灌溉面积684公顷。1962年，侯马境内乔山底电灌站建成运行，同时，原有的机灌站陆续改装为电灌站。

二、兴建金沙水库

金沙水库位于上马乡金沙村南大水沟内，该水沟系浍河一级支流。1967年11月动工兴建，1971年3月竣工。该水库由市水利局设计并技术指导，金沙大队负责施工，总投资15万元，其中国补资金10万元。水库集水面积3.169平方千米，总库容12.5万立方米，兴利库容11万立方米，调洪库容1.5万立方米，工程由大坝、溢洪道、泄洪洞三部分组成。大坝为砌石重力坝，最大高度20米，顶长50米，顶宽2.65米。泄洪洞为拱形，洞径1.2米×1.7米，配平板闸门。溢洪道位于大坝右侧，为开敞式，最大泄洪量每秒3.86立方米，有效灌溉面积40公顷。1972年，市水利局组建侯马市凿井队，当年在东阳呈大队打深井4眼，配套深井泵提水。

三、建设浍河二库

1974年1月12日，浍河二库动工兴建。浍河二库工程由市水利局设计、水利施工队做技术指导，总用工71.55万个，动用土石方61.88万立方米，总投资434万元，其中国补资金134万元。全市干部群众一条心，掀起大干快上建设热潮。各突击队、战斗队争先恐后比赛打擂，工程进度飞速提升，建设质量严格保证，涌现出许多先进标兵和劳动模范。1975年8月基本建成，枢纽工程由大坝、溢洪道和泄洪洞组成。1975—1977年，继侯马公社南西庄大队建水塔、铺管道，在全市农村第一家用上自来水之后，张村公社的大南庄、大李大队，凤城公社的林城、西城大队等村社员先后吃上自来水。

四、打井提水灌溉

1977年1月，北庄电灌站工程动工兴建。1978年，全市打井315眼，打井提水灌溉在全省名列第三。但由于地下水位的下降和地下水的无序开采，到1979年累计157眼井报废，其中深井52眼。

第三节 林业

侯马群众素有在房前屋后、道路两旁、田间地头零星植树的习惯。1949年，汾河、浍河滩地栽植柳树、榆树、椿树5万余株。1950年，农民响应政府号召，利用空闲地、边角地育苗0.7公顷。1956年，农民、学生开展采集椿树、榆树、国槐等树的种子活动，当年采集种子1000余公斤。同年，市共青团组织共青团员1500余人，开始绿化紫金山，人工造林48.3公顷。1957年，侯马市筹备处在东庄村西南征地12公顷，组建国营苗圃，开始育刺槐、椿树、钻天杨、加拿大杨、箭杆杨等树种，年出苗木20万株。1958年，实行人民公社化后，大搞田成方、渠成网的农业生产活动，在侯马境内道路、渠道两旁植树50余万株。1959年，又在浍河干支渠和交通干线植树50余万株。1960—1963年，初步建成农田林网。

1971年，市国营苗圃引进桧柏、国槐、法桐等树种。1973年，全市育苗面积达100公顷，主要有毛白杨、加拿大杨、泡桐、国槐等树种，年产苗木83万株。同年，苹果引进秦冠、国光、红星、青香蕉等品种，桃引进五月鲜、水蜜桃等品种。

1974年，全市种植苹果树27公顷，年产46.7吨。市革命委员会与林业部门组织全市基层干部赴夏县参观学习园林绿化和林网建设经验。当年，在乔村、东庄、西赵、大南庄等村建立高标准林网示范点。1975年，全市植树192万株，各厂矿、机关职工及驻地陆、海、空三军在紫金山栽植刺槐、臭椿、榆树13.3公顷。同年，全市最大的上马公社单家营26.7公顷的苹果园建成，主要品种有：青香蕉、红香蕉、红星、金帅等。1977年，组织万名青年、军人在紫金山、浍河滩植树30万株。1978年，全市育苗119公顷，其中侯马公社17.7公顷，上马公社25.4公顷，高村公社14.5公顷，张村公社23.3公顷，凤城公社20公顷，国营苗圃10.9公顷，林场7.2公顷。经济林木中苹果发展到近100公顷。

第四节 畜牧渔业

境内家畜主要有牛、驴、马、骡、猪、羊、兔、狗等，家禽主要有鸡、鸭、鹅等。1949年，侯马境内家畜存栏3758头，家禽9743只。1951年，晋南地区家畜改良站侯马分站开始对侯马境内牛、马品种改良。用古粗马、俄罗斯马、重挽马与本地母马多代杂交，育成新品种"浍河马"。1954年，晋南地区兽医院侯马分院成立，加强畜禽治病防疫工作。1958年，全市畜禽（含曲沃、新绛、汾城县）发展到33524头，较1949年20271头提高65.4%。1963年，境内各公社成立兽医站。是年，侯马境内，家畜家禽存栏数分别为：牛4500余头、马1100余匹、骡1300余头、猪1200余头、羊

11700余只、鸡45000余只。

1971年,全市各社队饲养的大牲畜年末存栏9225头,其中牛5727头,驴1126头,马1334匹,骡1648头,主要为役畜。集体和社员家庭饲养的猪年末存栏19678头,羊7961只。1973年,全市多次发生猪丹毒病,经连续注射猪丹毒疫苗,基本得到控制。同年,在市食品公司收购猪场首次发现猪水疱病,检出病猪300头,省、市畜牧局立即组织专业人员封锁食品收购猪场疫点,对病猪全部扑杀,处理疫区,进行药物消毒,控制住了猪水疱病的传播。

1975年8月,浍河二库建成后,利用水库46.67公顷的水面,开始发展规模养鱼。同年,境内发现马鼻疽病畜11头,及时隔离扑杀、深埋、消毒,控制了疫病流行。1976年,全市21个村庄流行鸡瘟,发病率高达20%,市畜禽防疫人员立即组织全面检疫、封锁、消毒、治疗、注射新城疫弱毒疫苗进行防控,使鸡新城疫流行得到有效控制。1978年末,全市大牲畜存栏8395头,其中牛3753头,驴1025头,马1545匹,骡2072头,猪31983头,羊4098只。

第五节 工业生产

一、体制变革

手工业社会主义改造

1947年,曲沃县民主政府对手工业户进行登记,境内有铁匠炉、木匠、油坊、柴房、马车修理等7户。1953年,境内开始对手工业进行社会主义改造宣传。1954年,侯马镇手工业80户307人先后组织起侯马第一、第二铁业社，侯马印刷社，侯马服装社，侯马木制社等生产合作社。1955年，曲沃县手工业合作社成立，对境内各手工业社统一领导。1956年，境内完成手工业社会主义改造。1958年，个体手工业基本消失。

私营工商业社会主义改造

中华人民共和国成立后，根据《中国人民政治协商会议共同纲领》第二十八条关于"凡属有关国家经济命脉和足以操纵国民生计的事业，均由国家统一经营"的规定，1949年末，省供销社在侯马镇建立山西省棉麻公司侯马采购供应站，担负临汾、运城、晋城三个地区及周边11个县、市地棉花购销、调存业务。1950年，境内开始对工商业进行公私关系调整。1951年，国有花纱布公司与私营棉店签订合同，对境内棉花实行计划收购。同年，中国粮油公司侯马支公司在侯马镇设粮食交易所，形成国有公司、供销合作社和私商共同经营粮食市场。1952年，花纱布公司将棉花基层收购工作委托给供销合作社。1953年，国营商业扩大机构和经营范围，控制主要工农业产品，取代私营商业批发业务。

1954年，根据国家利用、限制和改造的政策，对私营工商业采取加工订货、经销代销、公私合营等形式的社会主义改造。1956年，境内私营翻砂业2户、砖瓦业9户分别组成公私合营晋生铁工厂、公私合营侯马砖瓦厂。同年，侯马镇被曲沃县确定为私营商业改造的试点。通过改造，百货、棉布、医药、饮食、服务等26个行业中，143户308人组建公私合营商店8个；61户81人组成经营小组2个；20户

21人从事经销、代销。年底，私营工商业社会主义改造基本完成。

1957年，境内有个体商贩95户，从业人员134人，主要经营油茶、丸子、凉粉、茶水、肉业、山果、醪糟、羊杂羹等。

1958年，个体商贩合并组成合作小组，个体私营工商业基本消失。

1966年，公私合营中的股息全部取消，公私合营工商业经济实体全部改成国有经济实体。

公有制为主体的多种所有制发展

1947—1949年，民主政府建立起统一管理、统一经营的专业性公司和机构3个，从业人员15人；供销合作集体商业企业51个，从业人员202人。1950—1979年，是公有制发展，个体与私营经济消失、停滞时期。通过社会主义改造和各级政府、厂矿、农村集体等投资建设，1979年底，公有制工业企业96个，从业人员20389人，其中国有企业33个，集体企业63个，工业总产值16394万元；公有制商业168个，其中，国有商业58个，从业人员1177人，供销合作集体商业110个，从业人员721人，社会消费品零售额2847万元。

公有制企业管理体制的改革

20世纪50年代初，是境内管理体制由调整、加强、完善、逐步走向集中统一的开创阶段。这一时期主要是运用经济手段来管理、调节经济活动。1954—1957年，是高度集中的计划经济管理体制确立和巩固阶段。经济管理体制按照上下对口的原则，自上而下地成立各个行业的行政管理机构，实行了集中统一的以行政为主的垂直管理体制。从工业管理体制来看，境内的国有平阳机械厂、国有风雷机械厂、侯马发电厂等大、中型厂矿由中央、省有关部门直接管理；境内地方国有和集体企业，由曲沃县工业局、手工业合作社、供销合作总社、商业局等主管部门管理。各个企业的人、财、物、产、供、销都由上级行政部门决定，重要的生产资料实行国家统一分配，财政和基本建设管理权限都集中于中央；从商业管理体制看，20世纪50年代后期，国有商业为稳定市场，对日用工业品实行统一经营、统一管理，形成一、二、三级批发网络，按计划分配商品。20世纪60年代，对火柴、手表、自行车、缝纫机等紧俏商品发放购货证，一直延续到20世纪70年代末。

二、工业行业

1938年，临汾人教瑶轩在侯马镇东门外创办晋生铁工厂，又名晋生炉园。主要设备有手摇车床1台和3.6千瓦的柴油机1台，生产农用水车（旧式带斗水车）、弹花机、轧花机、铁犁等农具，从业人员约20人。1949年，侯马镇工业门类主要有以木匠铺和砖瓦业为主的建筑材料工业；有以前店后铺糕点生产为主的食品工业；有以缝纫为主的缝纫工业；有以晋生炉园生产农业机具的机械工业。工业总产值11万元，占工农业总产值582万元的1.9%。工业门类产值比重，建筑材料工业占23.9%，食品工业占12.1%，缝纫工业占19.0%，机械工业占45.0%。1956年，境内手工业和私营工商业社会主义改造完成后，工业增加了家具制造业和印刷业，工业总产值达到158万元，占工农业总产值的10.1%。

企业建设概况

1954年冬，国务院委派国家计委1名司级领导干部带领20余名技术干部来侯马考察，晋南地区委派工业部干部郭绍斌陪同考察。经反复考察论证后，决定把侯马作为一个工业区来建设。在苏联援助中国的156项工程中，有2个工业项目安排在侯马。

20世纪50—60年代，中央、省先后相继在境内投资建起山西风雷机械厂、山西平阳机械厂、山西省侯马汽车修配厂、侯马发电厂、山西省侯马纺织厂、邮电部侯马电缆厂、山西省侯马中药厂、晋南地区通用机械厂、晋南地区农机大修厂、市煤灰砖厂等一批大中型企业。70年代，境内先后建起市糖业烟酒综合工厂、市粮食加工厂、侯马榨油厂、侯马市陶瓷厂等企业。侯马的工业建设进一步快速发展，同时平阳制药厂、省烤胶厂、省林业机械厂等又一批大中型企业及侯马中小型企业电线厂、纺织器材厂、磷肥厂、色织厂、刺绣厂、灯头厂等也相继开工建设。至此，工业门类主要有建筑材料工业、食品工业、缝纫工业、木材加工业、电力工业、机械工业、家具制造业、印刷业八大门类，初步形成工业门类基本框架。

三、生产概况

1971—1978年，工业体系基本形成，在原有的建材、缝纫、机械、食品、木材加工业、家具制造业、印刷业、电力工业基础上不仅增加了化学工业纺织业，而且生产规模扩大，产品数量上有了较大增长。1971年，工业总产值9150万元，占到工农业总产值的的84.9%。1978年，工业总产值17096万元，占到工农业总产值的87.2%，地方工业体系基本形成。1979年底，公有制工业企业96个，从业人员20389人，其中国有企业33个，集体企业63个，工业总产值16394万元。

电力

1954年，驻侯某部安装120千瓦的发电机4台，用柴油机驱动发电机发电，自发自用，为境内发电、用电之始。1955年，侯马镇汽车站用汽车发电机发电照明。1956年，侯马镇人民委员会购置100千瓦的发电机1台，用侯马榨油厂安装的147千瓦（200马力）蒸汽机做动力，白天蒸汽机带动榨油机榨油，晚上将皮带倒到发电机上发电，供全镇及火车站照明用电，年发电量18970千瓦时。1958年，中共侯马市委机关在原址（现中国移动通信第七研究所老家属区），用100千瓦（136马力）煤机带动100千瓦发电机发电，供侯马报社印刷厂生产和机关照明用电。1956—1959年，境内累计自备发电20.37万千瓦时。

1959年3月26日，由山西电力厅投资1500万元，在乔村兴建占地23.97公顷的侯马热电厂。同年5月23日，接山西省电力厅通知停工缓建。按通知精神，主厂房和基础建设继续施工，在建筑厂房设施基础上安装7×1500千瓦小机组工程，利用大机组的烟囱和水池等设施作为过渡性发电。1959年10月开始兴建，1960年2月14日小机组投入生产，供境内市政照明和工农业用电。1960年3月23

日，侯马热电厂进行复建。1961年1月，侯马热电厂下马停建。1964年，山西省电力厅请示水电部要求建侯马发电厂，1965年水电部批准，同年11月，在秦村选址开工建设。整个工程由西北电力设计院担负设计任务，建工部第七建筑公司负责土建工程，山西省电建二公司负责设备安装。1965年，侯马热电厂小机组发电699万千瓦时。1967年4月，热电厂小机组关机停产，累计发电4081万千瓦时。

1968年8月13日，新建的侯马发电厂2号机组投产；1970年8月9日，3号机组投产；1972年3月和9月，1号与4号机组相继投产。至此，国家总投资4685.39万元，建成拥有2.5万千瓦中温中压凝汽冲动式发电机4台，总装机容量10万千瓦，设有110千伏和35千伏出线各6回的中型火力发电厂。

1971年，国有风雷机械厂兴建35千伏自备变电站。同年，建成侯马电厂至平阳机械厂变电站35千伏线路，长度3.948千米。1972—1973年，35千伏的乔村变电站一期工程和市自来水公司35千伏自备变电站投入运行。1974年7月，侯马供电局成立，并负责本市电力调度。1975—1978年，先后建成35千伏侯乔线和自来水线，总长2.951千米；建成10千伏新田线，长度10.545千米。1978年底，全市大工业用电16户，非普工业用电198户，农业用电407户，居民生活用电1291户，总用电量9354.67万千瓦时。

电器

1969年，侯马农机大修厂漆包线车间投产。1971年，拥有生产漆包线的拉丝机2台、4头包漆炉1台，年产量96

吨。1972年，邮电部侯马电缆厂开始研制300kC、600kC、16MC、17MC系列电缆传输测试仪表和通信电缆，同时试制塑料电线。1973年，生产塑料电线120千米。1974年，生产电缆测试仪表47部。同年，研制中同轴电缆并建成生产线投产，年底为京—沪—杭国内第一条地下四管中同轴干线供货400千米。1975年，试制成功国内第一批八管中同轴电缆，为京—汉—广国内第二条地下长途干线提供1057千米新型产品。1977年，为毛主席纪念堂生产八管中同轴电缆。同年10月，工厂研制成功八管中同轴万路电缆，达到国际先进水平，获全国科技大会奖。1978年，邮电部侯马电缆厂八年中共研制仪器仪表、各种电缆13种。当年生产局配矿电缆16860对千米、中同轴电缆215千米、长途电缆3885组千米、市话电缆27526对千米、仪表160部。

冶炼铸造

1968年，境内山西风雷机械厂建成国内第一条离心铸管生产线，生产离心球墨铸铁管，1971年生产能力达到5000余吨。之后，晋南地区侯马农机大修厂，采用熔模精密铸造工艺，生产柴油机气门摇臂等铸钢配件。

1973年，市冶炼厂从事废铜、废铅等金属的回收和冶炼。1977—1978年，市第二汽车运输公司修理厂、侯马市精密铸造厂、高村五金厂、高村农机厂、市五金铸造厂，生产刹车毂、大齿轮、皮带转毂等铸铁件。

机械

1971年，山西省临汾地区侯马农机配件厂开始生产主轴瓦、连杆瓦、曲轴、凸轮轴、止推片等拖拉机配件。其中

S195凸轮轴采用铁型复砂新工艺，材质达到QT80-3，质量指标达到一等水平，年产量10万根。同年，山西省侯马汽车修配厂拥有铣、磨、钻等各类型先进机床设备177台，固定资产376万元，厂地面积7万多平方米，有职工600余人。该厂可对国内外各种车型进行大修，还可生产各种车型后半轴、凸轮轴、主动轮、刹车毂、离合器等50余种汽车配件。1975年，市农业机械修配厂拥有铸钢、铸铁、机加工、修理、漆包线等车床。农机具主要产品有气流清选脱粒机、推土铲、卷场机、变压器；农机配件主要产品有东方红–54拖拉机支重轮、驱动轮、柴油机精密铸件等铸钢配件，年产量971吨；修理的农机具主要有拖拉机、柴油机、电动机、变压器。1978年，全民所有制的市汽车修配厂建成投产，主要修理各种汽车。

化工

1971年，侯马鞋帽社试制出多种规格的塑料鞋底，年生产能力4万双。1973年，研制生产出与喷灌配套的各种规格聚氯乙烯塑料硬管，也可用于建筑工程，产品远销石家庄、太原、西安等地。同年，山西省林业厅中条山森林经营局，投资103万元建成的侯马烤胶厂正式投产，生产林化产品烤胶。1974年，侯马鞋帽社开始研究开发塑料薄膜，同年年底自制设备，生产出合格产品。同年，市橡胶厂不仅生产油封、密封圈，还增加了农机、工矿、汽车拖拉机橡胶配件，年产值由2万元提高到17万元。1975年，侯马鞋帽社又研制开发出塑料盆、桶、暖瓶壳等10余种民用产品。1975年，在紫金山南街9号建市磷肥厂，占地2.5公顷，建筑面积8000平方米，设计生产能力为年产磷肥1万吨，当年投入生产。1977年，市橡胶厂被山西省化工厅、机械厅定为农机、工矿配件橡胶制品定点生产厂。1978年，试制成功火补胶并投入生产，年产4.74万盒，填补了省内空白。

建材

1971年，大南庄大队集体沙场露天开采建筑用砂。同年底，侯马煤灰制品厂建成投产，开始生产煤灰砖。1973年，太原铁路分局史店采石场，市采石厂采石，为修筑铁路供应石料。市采石厂年采石11.6万立方米。1974年，全市各社队集体砖厂和侯马机制砖厂生产砖1379万块、瓦61万片。同期，华北基本建设工程公司混凝土预制厂采用标准化定型模板60余套，生产预应力空心楼板。同时学习外地经验，改制搅拌机，进行技术革新，使混凝土构件的生产步入标准化、正规化、机械化轨道。1976年11月20日，省电业局投资400万元，在侯马煤灰制品厂内建成一条粉煤灰砖生产线，利用电厂煤灰生产粉煤灰砖，设计能力年产3315万块。1977年，生产粉煤灰砖52万块，至1979年累计生产1480万块。

纺织

1967年，山西省轻工业厅投资800万元，筹建山西省侯马纺织厂。1971年建成并试产，1972年正式投产。主要产品有21s、16s、-10s等中低号纯纱和卡其布。设计能力为棉纱3600吨、棉布1600万米。1974年，市服装社当年生产服装6.21万件。1976年，市地方国有化学纤维纺织厂在利民巷2号筹建，1978年投产，当年生产化纤布1332.55

万米。

制药

山西省侯马中药厂于1970年建成投产。主要生产山楂丸、六味地黄丸、上清丸等20余种传统大蜜丸中成药，年产值4.6万元。1971—1975年，因生产条件制约，中成药产值徘徊在60万元左右。1976年，进行技术改造，扩建车间，添置设备，产品增加防风通圣丸、白带丸、脑立清、苓连片、豹骨酒等20余个新品种。1977年，根据外贸部门提供的国际市场急需滋补药品的信息，中药厂聘请郭逢瑞、杨嘉禄等医师，搜集众多治疗肾病的药方，进行筛选，广泛吸取老中医临床经验，运用现代科学技术，研制出壮阳补肾的紫金山牌男宝中成药，投入市场后，深受国内外患者好评。同年，山西平阳制药厂投资60万元，建成年产原料药庆大霉素8吨生产线，当年生产3吨，并研制生产硫酸庆大霉素注射液5000万支，销售收入85万元。1978—1979年，侯马中药厂生产的紫金山牌男宝、平阳制药厂生产的平阳牌庆大霉素原料药，先后获山西省优质产品称号。

陶瓷

境内陶瓷生产历史悠久。考古发现有多处烧陶作坊遗址，制品有盆、钵、杯、罐、壶等日常生活用品。1958年，在南门外南堡村东部建成侯马集体所有制陶瓷厂，有大小窑炉7座和与之相配套的原料处理、成型等生产设备，主要生产碗、盆、壶等。1962年，生产日用陶瓷18.67万件，产值3.78万元，从业人员79人。1967年，又增加陶瓷水管和耐火砖产品。是年，生产日用陶瓷4.91万件、陶瓷水管0.8万节、耐火砖65吨，总产值8.22万元，从业人员93人。20世纪70年代初，侯马陶瓷厂生产碗、盆、壶等生活日用品、陶瓷水管和耐火砖。1978年，生产日用陶瓷10.41万件，陶瓷水管255万节（每节一米），耐火砖219吨。同年，技术人员从当地民间获得祖传蝴蝶杯一樽，开发生产蝴蝶杯新产品。该产品为高脚玉色镶以金边，外壁彩绘二龙戏珠，内壁绘有几枝红、蓝相间花朵，光彩夺目，古色古香。杯空时不见蝶影，斟酒满杯时，蝴蝶栩栩如生翩然起飞，酒尽蝶隐。产品曾畅销全国20多个省市，部分远销朝鲜、中国香港等国家和地区。

食品、酿造、农产品加工及其他工业

食品　20世纪70年代，市糖业烟酒综合加工厂主要生产糕点、饼干、面包。城区公社挂面厂，日生产挂面200公斤。

白酒　1976年市地方国有酒厂建成，先后生产散白酒、春酒、台茵酒及其他瓶装白酒。产品不仅供应本市市场，还远销河北、东北等地。

肉类　1977年，中国粮油进出口公司山西侯马肉联厂正式投产，该厂占地2公顷，建筑面积3500平方米。主要进行出口冻兔肉加工及贮藏，年产值200余万元。

农产品加工

农村粮食加工　1956年前，境内各村庄用石碾将谷子、粟子碾成米，用石磨将小麦、玉米、绿豆等磨成面粉。每盘磨最多日加工粮食50公斤。1956—1959年，乔村、西赵、秦村、东庄等有条件的高级农业合作社先后用锅驼机做动力带动石磨供社员磨面，每盘磨日加工粮食300～500公斤。

1968年，侯马发电厂投产后，乔村、秦村等生产大队购买电动机、磨面机14台，加工面粉。此后，磨面机、碾米机逐年增加。1966年，境内有磨面机97台，平均每个自然村有1台。1978年，磨面机增加到286台，机型有小钢磨、对辊磨、锥形磨，每小时加工面粉70~100公斤。

城市商品粮加工 1958年秋，市粮食局开始在侯马粮站院内筹建市粮食加工厂。年底投产，设有用草席搭建的制粉车间和砖瓦搭建的简易动力车间。用75马力的锅驼机带动4台石磨、5马力的捷克柴油机带动2台小钢磨，日加工粮食3~5吨，供应城市居民。1960年春，市粮食加工厂征用垤上村0.33公顷土地建厂，迁往新址。同年，购置8台小钢磨，淘汰旧设备，使用电动机做动力加工面粉。1966年与1970年，市粮食加工厂分别添置3台钢辊磨和3台330链型碾米机加工面粉和小米。1972年，在平阳机械厂定做3台三节卧式碾米机，碾制高粱米，同时又添置2台钢磨加工面粉。1982年，与市榨油厂合并，原设备淘汰。

油料加工 1949年前后，境内小里、小贺、隘口、庨祁等村开设榨油坊，以棉花籽为原料，加工食用油。1954年，实行粮油统购统销后，城镇居民食用油大都来源于农村榨油坊。1956年，侯马榨油厂建成投产。设有榨油、精炼、动力、修理、原料、锅炉、肥皂等车间，时有干部职工92人。主要设备有3台151型榨油机和1台147千瓦（200马力）蒸汽机，主要生产棉籽油，兼有菜籽油，为晋南机械油料加工之始。当年生产食用油756吨，油饼合计2342吨，产值87.9万元。1957年，生产食用油563吨，油饼1528吨，产值68万元。1964年，安装、使用国家调拨的3台200型榨油机。1972年生产食用油1074吨。1975年生产食用油643吨。1977年，市粮食加工厂购置90型液压榨油机1台，以玉米胚为原料加工玉米油。

棉花加工 1949年前后，境内民间使用手摇和脚踏轧花机，人背弹花弓和脚踏弹花机加工棉花。1958年，市棉花加工厂建成投产，为集体所有制企业，隶属市供销社。位于市五一路中段南侧，占地5.4公顷。有轧花机2台，使用机械加工皮棉。1960年8月，进行扩建，新增轧花机2台，剥绒机3台，打包机2台，动力柴油机20马力、90马力各1台，主要加工生产皮棉和短绒。

造纸 1965年，西赵大队第5生产队办起造纸厂，后发展为大队造纸厂，迁址本村南门外。初时用旧布头、破鞋袜生产黑毛纸，后改用麦草生产草纸，从业人员10余人，1974年停产。

印刷 1954年，侯马集体印刷社建成投产。1969年10月，人民解放军某部印刷厂在境内建立，主要设备有胶印机、拷贝机、对开机、裁纸机、电脑排版机、相机、磨版机、晒版机、进口双印机、铅印机、烫金机等。主要印制大型志书、大型图册、人物画像。1977年，路西学校印刷社建立，主要设备有四开平台印刷机、圆盘印刷机、切纸机、铸字机、开封打眼机。主要生产学生作业本、各类表格、账册、稿纸、信纸、便笺等。

木器家具 境内木制业历史悠久。1949年，从事木制业的有10余家，从业人员21人。1954年8月，组建侯马木制社。

1976年，更名为市木制厂，为集体所有制，隶属市二轻工业局。位于南堡东部，占地0.9公顷，固定资产原值13.7万元，建有1514平方米的库房、办公楼和解料、加工、安装、油漆四个车间。主要设备有：跑车带锯、圆盘锯、压力刨床、开榫、截料机及红外线烤窑。主要加工各种木制家具、办公用具、农具等。1973年生产汽车"马槽"，当年生产各种家具9571件，为生产最高年。

金刚石工具

1954年，建立车辆修配社，为集体所有制。位于路西北街10号，占地0.12公顷，建筑面积963平方米。建厂之初，修理自行车，后又增加黑白铁皮加工。1974年，开始生产玻璃刀、硅片刀、圆镜机等金刚石工具，遂更名为市金刚石工具厂。1977年，有职工99人，生产各种刀具7.8万把，工业产值61万元，盈利21万元，为历史最高年。1990年停产。

第六节 商贸

一、商业形式

庙会

境内庙会主要有每年农历九月初一的关帝庙会。关帝庙位于侯马镇西街，会期半个月，除境内商家设摊外，运城、万泉、闻喜、绛县、临汾、隰县、绛州等地商人云集侯马，出售当地的土特产品。逢会期间，有戏剧演出助兴，戏资由商户赞助。庙会由侯马镇长和商界一些有声望的人主持。

集市

侯马镇集市历史悠久，每月一、四、七日为日集市。上市客流量大多在万人以上。"文化大革命"时一度关闭集市。1978年9月1日重新开放集市，逢集时间改为每月农历的初五、十五、二十五。

门店

20世纪30年代，侯马镇的商业有30多个行业、110多家店铺，主要分布在侯马镇南北两街。其中钱铺3户、粮行2户、当铺1户、古董铺1户、纸铺1户、棉花店2户、烟丝房1户、马车修理铺2户、银匠炉1户、铁匠炉5户、木匠铺4户、染房2户、酱菜园2户。以复元兴京货铺、田成裕钱铺、世兴当铺较为有名。20世纪40年代末，店铺发展到289户，从业人员630人，另有摊贩203户220人。较大的商店有祯祥合、祯祥同、义庆和、万盛春杂货铺、九花客栈、兴隆客栈、张娃古董铺、林茂全木匠铺、刘存义粉房等。20世纪50年代初期，刘鸣斌和刘俊德分别在侯马镇东街和南街经营棉花店，徐富贵、贺己旺、文王管在南街开"三盛和"杂货铺，柳杰山、吴建科在北街开杂货铺，李敬安开颜料店，任厚天在北街开药店，孙富道在西街开旅店和饭店，这些店铺都是当时较大的商店。随着私营工商业的改造，私营商业一度停止。

公私合营商店 1956年对私营工商业进行社会主义改造，组建了百货、综合、纺织品、烟酒、饮食、肉业、国新药7个总店；改造为经销代销商的81户，从业人员102人，其中经营小组61户，经销代销20户。1966年，根据中共中央批转国务院财贸办公室和国家经济委员会《关于财政贸易和手工业方面若干政策问题的报告》精神，取消私方人员定息，陆续将公私合营总店并入相应的国有商业公司，公私合营结束。

国有集体商店 1960年有商业商店44户，从业人员429人，其中国有29户152人，供销合作社15户277人。另有饮食业14户79人，服务业7户43人。1970年商业商店87户，从业人员441人，其中国有73户169人；供销合作社14户272人。另有饮食业10户72人，服务业13户32人。较大商店有东方红商店，位于侯马镇东街；纺织品商店，位于侯马镇西街；人民商场，位于火车站广场北侧；红卫百货商店，位于平阳机械厂厂区。集体商店较大的有侯马、大李、上马、高村、凤城5个供销社。1972年新增百货批发部、东风百货商店。

专业公司

国有商贸公司 1950年5月，境内有花纱布公司、百货公司。后相继建立酒类专卖公司、石油公司、煤炭公司、粮食公司和油脂公司。1958年建立侯马金属供应站，占地41000平方米，建筑面积2400平方米，有铁路专用线，担负山西省南部各大企业金属材料供应。1963年，市商业局下设百货、交电、糖业烟酒、蔬菜、食品、饮食服务、医药、煤建8个公司。同年5月，市商业局8个公司归属曲沃县商业局。1966年，晋南专区各专业分公司在侯马设二级批发站。

集体和股份合作制商贸公司 1975年，侯马市供销社组建了棉麻公司、生产资料公司、土产果品公司、日杂公司。

侯马百货公司 是侯马最早的国有商业公司，也是商业系统的一个骨干企业。1950年称侯马百货经营小组，1958年10月组建侯马市百货公司。1965年公司下属门店有东方红商场、纺织品商店、车站商场、红卫百货店、东风百货店。总人数173人。1972年购土地12亩，建仓库4栋，面积2400平方米。1975年新建五一路百货大楼。

侯马市五金交电化工公司 成立于1962年6月，主要经营由国家统一分配的自行车及各类五金交电商品，主要供给基层22个供销社和城镇居民、各大厂矿。经营方式以批发为主，公司按计划从二级批发站进货，然后再按计划分配给各基层供销社及各厂矿，每年召开两次（春、秋）订货会，每次订货会前由下而上地上报各类商品需求量，在会上签订合同，按合同组织调拨。1964年，综合总店下属的侯马五金商店划归五交化公司。1965年，晋南地区五交化分公司侯马五交化分站成立后，该公司只承担管辖的零售门市部的供货任务。1971年，从该公司中分离出部分人员与财产和晋南五交化分公司侯马分站（二级批发站）合并组建侯马市五交化公司，机关设在五交化分站院内（晋都路16号）。

侯马石油分公司 位于垤上街20号，成立于1966年，占地面积70亩，库容量5100立方米，年吞吐量6万余吨。

侯马市糖酒副食公司 成立于1958年，是从侯马市供销合作社副食经理部分离出来的，主要经营糖、名酒、卷烟、蔬菜、肉类、果品、土特产、水产等。1971年，蔬菜类从公司分离出去成立蔬菜公司。1973年1月，公司新增设五一路副食商场。

山西省棉麻公司侯马采购供应站 成立于1949年末，隶属省供销社直接领导，担负运城、临汾、晋城三个地区的十余个县市棉花、盐、肥料等供销物资的购、销、调、存业务，是山西省供销社系统的一个综合性的二级批发企业。

二、商业购销

粮油购销

征购 自由收购 中华人民共和国成立初期，粮食由私商收购。当时侯马镇较大的私营粮店有同吉粮店、德胜合粮店。小麦主要购自荣河、临晋、河津、运城、闻喜、夏县等地；玉米主要购自洪洞县；小米购自晋东南各县。1950年7月，侯马镇设粮食交易所，国有粮食公司、供销社和私商同时经营粮食，发动私商运棉花赴秦、豫两省换粮，银行贷款扶持私营粮店从太谷县、沁县收购小米、杂粮，年收购量100万公斤以上。1953年11月20日，国家实行粮食统购，停止私商收购。1962年开放部分粮食市场，允许农民在完成国家粮食征购任务后，可以进入粮油市场调剂余缺。1979年后，允许私人经营粮油。

统购 1953年11月20日，国家对粮食实行计划收购，当年统购粮食100万公斤。1954年贯彻山西省人民政府统购粮食暂行办法，当年统购粮食115万公斤。1955年实行定产定购到户三年不变，并规定统购后留粮量每人每月不得低于30公斤。1958年开始实行定产定购到户5年不变政策，5年内收购粮食分别为122万公斤、110万公斤、150万公斤、144万公斤、155万公斤。

销售 自由销售 中华人民共和国建立之初，沿用自由交易。1949年粮食销售量为202万公斤、油脂3.53万公斤。1951年粮油交易由侯马镇粮食交易所统一管理,当年粮食销售量为231.5万公斤,油脂为4.63万公斤。1952年底停止自由销售。1953年起,实行定量供应。

定量供应 1953年11月20日,贯彻执行国家粮食统销政策,规定机关、团体、学校的脱产干部,每人每月供应白面7.5公斤,杂粮不定量;城镇居民、工商业者、干部家属,每人每月供应粮15公斤,其中白面不超过3公斤。当年销售粮食275万公斤。1954年1月28日,实行油料统销,油脂供应不分年龄、性别、职业、工种,每人每月按0.25公斤供应。当年销售油脂5.63万公斤。1955年8月起,对国家工作人员和职工实行定量供应,定量标准实行6等22级,重体力劳动和特殊工种,月供应为16.5—22.5公斤;脑力劳动者、市民成人为15公斤;初中学生为16.5公斤;10岁以下儿童实行分等定量供应。当年销售粮食274万公斤、油脂6.56万公斤。960年成人供应标准降为每月12公斤,当年销售粮食329.5万公斤、油脂10.42万公斤。1964年成人供应标准调整为每月13.5公斤,并将议价收购的粮食实行议价销售。1965年定量供应总人口27500人,供应统销粮1121万公斤、议价粮2万公斤、油脂15万公斤。

储运仓储

仓储 1953年兴建侯马粮站,建有砖窑仓1栋,容量130万公斤;砖木结构简易仓5座,容量200万公斤;土圆仓6座,容量15万公斤,粮站仓库总容量345万公斤。1958年各生产大队均有粮仓,计有80座,总容量1200万公斤。主要用于储存口粮、种子和饲料。其中秦村大队有12间仓库，容量50万公斤；西贺大队有仓库5座，容量40万公斤；宋郭大队有仓库4座，容量30万公斤。1971年全市库存粮238万公斤。

调拨 1953年4月，中央人民政府粮食部制定粮食运输、计划制定、批准权限、运输责任、运输路线等规定。同年，山西省人民政府粮食厅又制定了粮油运输器材管理办法（草案），对粮油及包装器材的调拨、购置、运输等作了较详细的规定。1955年，为适应粮食调拨需要，晋南专区粮食局在侯马镇南同蒲铁路东侧（今晋都路桥南巷2号）建成粮食直属库，占地4万平方米，有仓库26栋，铁路专用线1条，是晋南区粮、油储藏、调运、中转的重点企业之一。1965年，境内调入粮食11660吨，其中调入小麦8120吨。在调入总数中，省外调入100吨，地区外、省内调入730吨，境外、地区内调入10830吨。

粮油管理

管理机构 1950年5月，境内设粮食公司，属临汾地区粮食公司直辖，负责当地粮食的收购和销售工作。同年设粮食交易所，负责粮食市场的管理工作。1959年3月组建侯马市粮食局。1971年10月，成立粮食办公室，1975年9月改称粮食局，下辖侯马粮站、油脂购销管理站、解放路粮店、五一路粮店、侯马市粮食加工厂和侯马榨油厂。

棉花购销

20世纪30年代，侯马镇有棉花店2户。1949年，刘鸣斌和刘俊德分别在侯马镇东街和南街开棉花店，收购当地棉花，进行批发和零售。年末，山西省供销社在侯马镇南同蒲铁路西建立山西省棉麻公司侯马采购供应站，担负运城、临汾、晋城等10余个县的棉花购销、调存业务。1950年5月，境内建花纱布公司，管棉花、棉纱、棉布经营工作。当年收购皮棉1550吨，销售20.6吨。1952年，花纱布公司将棉花基层收购工作委托给供销社，棉花纳入供销社经营范围。1954年9月，棉花列为国家统购物资，由供销社收购，按计划外调。当年收购2510吨，销售23.2吨。1959年收购2215吨，销售25.1吨。

1960年，国家三年经济困难时期，为保证人民群众御寒用棉最低要求，根据国务院决定，絮棉开始凭票限量供应，每年每人供应0.25公斤，并分配一定数量补助用棉（包括生育和死亡、劳动保护、服装加工用棉等），指标包干，全市平衡。当年全市收购棉花955吨，销售25.5吨。1965年收购1930吨，销售27.2吨。1969年收购2275吨，销售27.2吨。

1975年，市供销社成立棉麻公司，承担棉花收购、加工、调拨、储存业务。当年收购1035吨，销售26.8吨。1979年收购1455吨，销售26.6吨。

畜禽产品购销

肉蛋 中华人民共和国成立初期，境内肉食业由私商经营。1956年对私营商业进行社会主义改造，组建肉业总店。1957年，侯马镇有肉业店2户。1958年，市食品公司负责收购生猪、牛、家禽及禽蛋。

奖售

1961年开始,先后对棉花、生猪、鲜蛋的收购实行奖售。1961—1967年,凡完成国家棉花种植计划,人均口粮达不到190公斤的,由国家补供到统一标准。生猪收购,一等奖售粮食30公斤,奖布证6尺;二等奖售粮食25公斤,奖布证5尺;三等奖售粮食20公斤,奖布证4尺;等外奖售粮食15公斤,奖给布证3尺。同时对毛重超过60公斤的生猪,每超出0.5公斤,奖售粮食0.5公斤;对毛重超过100公斤的生猪,每超出0.5公斤,奖售粮食1公斤。

干鲜果购销

境内干鲜果品种有苹果、梨、桃、葡萄、红果、柿子、枣、核桃等。中华人民共和国成立前,干果为私人经营。1957年,侯马镇换证统计资料显示,当年侯马镇商业经营的山果业店铺有6户。1958年,成立侯马供销总店,负责经营干鲜果品。1975年,市供销社下设土产果品公司,以干鲜果、干鲜菜为主营业务,收购销售本地产品,同时收购南方香蕉、柑橘等果品供应本地市场。

(1)苹果

境内适宜苹果生产。1975年土产果品公司成立后,积极向苹果种植户提供技术服务和销售服务。1976年收购45.35吨。

(2)梨

1976年市土产果品公司从河北和当地收购梨10.8吨。1978年收购20.5吨。

（3）核桃

境内产量不大，主要从吕梁地区收购。1976年收购3.55吨。

（4）红枣

境内产量不大，主要从柳林县、安泽县、稷山县收购。1976年收购0.25吨。

蔬菜购销

中华人民共和国成立初期，境内蔬菜销售多以菜贩沿街摆摊或走街串巷叫卖为主。1956年对私营工商业改造时成立蔬菜合作小组，进行合作经营。1958年成立侯马市糖业烟酒公司，除经营糖酒副食外，同时经营蔬菜业务。1971年组建侯马市蔬菜公司，专门经营蔬菜购销业务。1975年后，市政府重视城镇居民蔬菜供应工作，市长亲自抓"菜篮子工程"，先后设立了12个蔬菜门市部，就近为居民供应蔬菜。同期在垤上大队购地10亩，建成1500平方米蔬菜储备库1座，主要储存大白菜、红萝卜、白萝卜，旺季收购、贮存，春季销售。

百货纺织品购销

百货 1956年，境内对私营商业进行社会主义改造，组建百货总店，私商经营结束。20世纪50年代后期，国有商业为稳定和繁荣市场，对日用工业品实行统一经营、统一管理，形成一、二、三级批发网络。境内商品购进主渠道是省一级批发站、地区二级批发站。60年代初期，商品供应出现紧张局势。1961年开始对火柴、手表、缝纫机等商品发放购货证，实行定量计划销售，对缝纫机、暖水瓶等商品实行高价销售，以期平衡供求矛盾，回笼货币。1975年5月，侯马市五一百货大楼建成开业，营业面积1800平方米，经营5000余种商品。1978年，日用百货类商品出现购销两旺繁荣局面，许多更新换代新产品投放市场。

五金交电购销

民国年间，侯马镇铁匠铺以"前店后厂"制售零星小五金商品。20世纪30年代境内有银匠炉1户，铁匠炉5户。

20世纪50年代初期，供销社经营五金交电。1956年对私商进行社会主义改造组建综合总店，在侯马镇西街设五交化商店。1962年6月，成立侯马市五金交电化工公司，经营上千种产品，公司按计划从临汾地区二级批发站进货后，再按计划分配给零售商店及各大厂矿。1964年综合总店下属的五金商店划归侯马五金交电化工公司。1965年晋南地区五交化分公司在侯马成立五交化分站。1971年，组建侯马市五交化公司，经营五金、电料、交通、家用电器的批发和零售业务。

主要品种销售量

自行车销售 1949年，境内销售自行车12辆。1952年销售68辆。1957年销售490辆。20世纪60年代初，市场需求量增加，货源紧缺，实行凭号或高价供应。1962年销售1597辆。20世纪70年代，天津产"飞鸽"、上海产"永久""凤凰"牌名车，供不应求，实行计划分配，凭票供应。1975年销售自行车3151辆。

家用电器商品起步晚，但产品更新换代快，发展变化大。1952年销售收音机11台，1957年销售35台，1965年销售165台，1975年销售658台。同年销售黑白电视机12台。

糖酒副食购销

食糖 1950年5月,由国有百货公司、供销社以及私营商店共同经营,当年销售食糖1925公斤。1956年由百货公司、公私合营百货总店、烟酒总店经营,当年销售食糖6170公斤。1959年糖源紧缺,全年销售食糖1557公斤。1960年开始对城乡居民实行定量供应。1961年实行高价供应,平价糖1公斤1.6元,高价糖1公斤6元。对配药用糖,病人和产妇用糖实行批供。经过三年调整,经济形势好转,食糖货源充足,高价糖先降价后转平价,仍实行定量供应。1964年食糖供应量增至7605公斤。1966年后,食糖供应量下降。1970年降至4895公斤。1971年组建侯马市糖酒副食公司。1973年新建五一路副食商场。1975年食糖销售量增至186795公斤。

酒 境内烧酒历史悠久,明清时期产春酒。民国时期,酒类由私商经营,市场畅销酒为襄陵、午城、和川所产。"西凤""汾酒""竹叶青"等高档酒年销量很少。1951年,酒被列为专卖商品。1956年,供销社设立烟酒专卖批发部,对个体商贩进行批发。同年组建公私合营烟酒总店,私商经营酒的历史基本结束。1957年2月取消烟酒专卖,当年销售酒1157.7吨。20世纪60年代,粮食紧张,波及酿酒业,原料不足,限量生产,货源减少,酒类供应紧张,实行凭票供应。

烟 民国时期境内有烟丝房1户。20世纪50年代初期有烟丝业2户均从曲沃县收购烟叶,加工成烟丝,除供应当地市场外,远销内蒙古和东北各地。1961—1962年,本市曲沃烟厂生产侯马牌卷烟。选用境内上等烤烟,配以蔻木林、糖、甘油、白酒、柠檬酸等辅料精制，20支精装盒，盒面为天蓝色、黄色钢铁工业图案，楷体红边空心"侯马"二字，国家商标局注册，属甲二级香烟。当时每包售价0.5元，销往临汾、运城一带。

药品购销

经营机构　1955年，运城药材分公司侯马转运站成立，地址设在现平阳路22号，人员3人，1956年2月，实行公私合营，天生久药店改为曲沃县国新药总店侯马门市部，人员3人，拥有资金4110元，经营中草药、西药、中成药400余种。同年10月，侯马市药材公司成立，曲沃县国新药总店侯马门市部划归市药材公司管理。1957年，运城药材分公司侯马转运站撤销，晋南药材分公司侯马转运站成立。下设财务业务2组，人员4人，经营中药材收购、调拨及西药、中成药的中转。

1970年，运城药材分公司侯马分站重新恢复以运城地区中药材、中成药调拨为主；晋南药材分公司侯马转运站更名为临汾地区药材转运站。1971年，市药材公司设1个批发部、1个零售门市部（北街门市部）。1972年，增设车站门市部。1976年，在车站门市部东侧设早晚服务部，主要为上下火车旅客服务。

三、工业生产资料供应

供应体制

1951年，境内所需工业设备、工业原料、交通器材、化工原料、燃料等由百货公司、煤建公司、供销社或私商经营。1952年，山西省木材公司在侯马设立木材经营处。1953年，大规模经济建设开始后，国家把生产资料划分为国家统一分配（统配物资）、中央各部统一分配（部管物资）和地方管理三类。当年国家计划分配物资227种。1955年增加为301种，1956年扩大为385种，1957年达到532种。统配物资种类由1953年的112种增到1957年的231种，部管物资由115种增加到301种，计划分配物资货源占到各类货源的70%~90%。

境内企业生产建设所需物资基本上依靠计划供应，1958年山西省金属材料公司在侯马设立分公司，担负着山西南部各大中型企业的金属物资供应任务。"二五"时期和"三年调整"时期，由于强调物资供应计划管理，工业生产资料通过商业部门流通数量减少，并且随着国家分配物资范围扩大和物资部门供销体系建立，物资计划供应体系形成。1976年组建市物资站，属市计划委员会管辖，负责第一、第二类统配物资和部管物资管理、供应、调拨任务。

主要生产资料供应

煤炭 中华人民共和国成立初期，煤炭为私营。1951年5月成立侯马煤建小组，归运城煤建支公司领导，煤场设在南同蒲铁路西侧原侯马镇东街。占地2.6公顷，职工6人，经营由国家按计划调拨的阳泉、霍县、灵石等地煤炭，销售对象为境内和新绛县的工矿企业和群众生活用煤，年销售煤炭10000吨。1952年6月，侯马煤建小组划归临汾煤建支公司领导。1956年改建为侯马煤建经营处。1958年8月，煤建、木材合并组建侯马煤建公司，当年销售原煤4000吨。

1961年3月，煤建公司单设。1963年4月，改称晋南煤建支公司侯马经营处，管辖侯马、曲沃、高显、新绛南关4个煤场，并负责稷山、翼城、绛县的煤炭中转业务，当年侯马煤厂销售3000吨。1966年10月，煤建、石油经营合并，组建侯马石油经营处，主营石油、煤炭，当年销售原煤2000吨，销售焦炭400吨。1967年之后，煤炭产量下降，市场供应用煤紧张，供应部门严格按规定供应范围供煤，并发动机关、企事业单位改炉改灶，烧煤矸石和电厂的粉煤灰，节约用煤。1971年8月，组建侯马市煤建公司，内设行政、业务、财会部门和煤场，共有职工250余人，当年销售煤炭11000吨。

金属材料 20世纪50年代，钢材、生铁、铜、铅等金属材料，由商业、供销部门供应。1958年，山西省金属材料公司在侯马设立分公司，位于现东风路12号，占地面积4100平方米，建筑面积24000平方米，其中仓库面积1800平方米，有铁路专用线1条，长582米，主要经营各种钢材、铝锭、有色金属，担负着山西南部各大中型企业的金属物资供应任务。20世纪60年代，由山西省金属材料公司对金属材料实行"统筹统支"，对统配、部管物资进一步加强管理，组织定点供应、直达供应和小额物资就地就近按计划供应。1963年，统配金属材料有50种，部管39种。1965年，统配材料增加到71种，部管物资减为33种。1966—1975年供应钢材6007吨。1978年后，物资工作得到全面恢复和发展。

木材 中华人民共和国成立初期，木材为私商经营。1952年山西省木材公司在侯马设立木材经营处。1953年木材被列为国家统配物资，实行计划供应。1958年供应本市木材1237立方米，其中原木857立方米，锯材380立方米。1970年供应本市木材384立方米。1977年改为临汾地区木材公司侯马供应站。当年供应本市木材745立方米，其中原木734立方米，锯材11立方米。

石油　境内石油销售由国家实行统一管理。1966年侯马市石油公司组建后，采取各种形式对汽油、柴油等进行计划供应。1975—1978年，累计销售汽油25335吨、柴油15195.3吨，年均分别为8445吨、5065.1吨。

物资储运　1946年，侯马火车站设露天仓库，储藏、发运煤炭、生铁等各种物资。1951年5月成立侯马煤建小组，煤场设在原侯马镇东街，露天仓库面积20000平方米。1952年，山西省木材公司在侯马设立木材经营处，主要负责侯马及周边13个县的木材储藏、调运任务，年吞吐量55000立方米。同年，建临汾外贸局侯马储运公司，仓库面积3000平方米，以储运木材为主。1956年，东街煤场迁至南同蒲铁路东侧（现晋都路东端），建有铁路专用线。1958年，山西省金属材料公司在侯马建分公司，位于东风路，占地面积41000平方米，建筑面积24000平方米，其中仓库面积1800平方米，建铁路专用线1条，担负着山西南部大中型企业的金属物资储藏供应任务。1966年，侯马石油分公司在垤上街建立石油库，有铁路专用线1条，库容量5100立方米。1968年，裕鑫农业生产资料公司建成化肥农药库，面积1000平方米，容量1000吨。

废旧物资回收　中华人民共和国成立初期，境内废旧物资由小商贩(俗称"收破烂的")收购。收购品种主要有废纸、破鞋、废玻璃、废金属等。1951年，境内成立侯马、褚村两个供销社，开始由集体收购废旧物资。1955年，侯马镇供销社设土畜产收购组，城镇由废品收购站、农村由代购代销店收废旧物资。1972年，建立市冶炼厂，回收冶炼废金属。1974年改称市金属回收公司。1975年，市供销社组建日杂公司，下设废品收购站，经营废旧物资回收业务。

第七节 饮食服务业

一、饮食业

饭店

1949年境内饮食业有馆、铺、摊、担62个，从业人员77人，其中供销合作社25个，从业人员25人；个体37个，从业人员52人。1953年有饮食业49户，从业人员116人，有固定资金6.97万元，流动资金4.653万元，年收入136.728万元，纯利润37.78万元。其中中餐馆及食堂12户，各种小食铺37户。另外有饮食业摊贩48户，从业人员70人，流动资金2.595万元，年收入40.935万元，纯利润4.471万元。1956年2月1日，对50户私营饮食业商家实行公私合营，组建侯马饮食总店，下设8个门市部，有职工130人（其中私方人员79人），资金总额3.59万元，其中流动资金4911元。1958年侯马市饮食服务公司在火车站南开办人民食堂，与公司合署办公，下设13个门店。当年新建工农兵饭店，可同时容纳千人用餐，是当时侯马最大的国有饭店。1964年，在侯马老街十字口新建红旗饭店，经营四川风味饭菜。

1971年，在侯马火车站广场北建侯马饭店。1974年在五一路中段新建侯马综合服务楼，设有餐厅。1975年全市有饮食业店铺12家，从业人员89人。1979年允许私人经营饮食业，当年有个体饭店5户，从业人员17人。

名吃

太后泡泡糕 清朝皇宫御厨专门为慈禧太后制作的一种营养食品。原制作者许德胜，自幼在清宫御膳房当差，学得一手好厨艺。八国联军攻占北京，随慈禧前往西安途经侯马时，身患重病，留居侯马，将制作泡泡糕的技术传授给屈子明，屈子明晚年将制糕技术传给徒弟黄静雅。泡泡糕是用人参、党参、黄芪等10种名贵中药材浸汁和面，以冰糖、玫瑰、青梅、樱桃、核桃仁为馅，先用1∶3的油水将面烫熟、烫透，用凉茶水将面和透，以无生面、手搓光滑、无筋有劲为原则，包馅下锅，油炸而成。泡泡糕颜色金黄，晶莹透亮，状如蘑菇，缕缕细丝，又似朵朵金菊，香甜酥脆，有滋阴补肾、延年益寿的功效。

葱花烙饼 具体做法是选用上好面粉和适当温度的水量和面，擀时左右手要来回旋擀，盘饼、提饼、拌油、下饼要用巧劲儿。除此之外，葱与香料的搭配尤为重要，这也是葱花烙饼成为饭店传统名吃的重要原因。

胡辣汤 1929年，孔庆銮从河南带全家到侯马落户，以卖饭谋生，凭多年经验自制出风味独特的胡辣汤。第二代传人孔繁珍以家传秘方为主，加之几十年烹调经验，结合现代技术配制，至今相传四代，已有百余年历史。孔记胡辣汤主要原料是面筋、粉条、油炸豆腐、海带等，主要调料以花椒、大料为主，另加十几种中草药配制而成。胡辣汤的特点是香辣可口，风味独特，有健脾开胃、祛风解寒的作用，是群众喜爱的小吃。

刀拨面 为本地传统面食。具体做法是上等精粉加水和成面团，经反复揉搓，放置20分钟后，再用擀面杖擀成薄片，叠好成折，使用专制双把拨面刀，拨成精美的面条，下锅煮熟捞出即可。羹汁：选用上好精肉，使用人参、红枣、枸杞等30多种天然药材佐料，配上猪排、鸡架、鸭骨经24小时熬制出来的汤汁，再加上用新鲜适量的蔬菜浇到煮好的面条上即可食用。该拨面面与汁相配，色泽鲜美，可谓一清（汤清）、二白（面白）、三红（油红）、四绿（菜绿）。

晋国宴 由秦峰厨师学校依据晋国典故，选用当地饮食原料，进行营养搭配，采用科学的烹调方法，精心制作而成。全宴由唐荐嘉禾（丰收鱿鱼卷）、晋公封侯（油焖猴头）、退避三舍（三舌拼盘）、董狐直笔（芦笋泡冬胡）、楚材晋用（连心红枣）、晋国风光、秋蟹映月七道凉菜，秦晋之好（鸡芹酿发菜）、景公迁都（龙车运宝）、火烧绵山（火焰石烹鹿腩）、八义救孤（香菇扒什锦）、高山流水（XO酱煎鳕鱼）、新田盟书（爽味淮山）、重耳称霸（双耳炖裙边）七道热菜，百年和好汤共15种组成，食客可根据需要点菜。曾获临汾市饮食业评比会金奖。

二、其他服务业

美容美发业 民国年间，理发业在镇上设有店铺，另有理发担子在乡村巡回服务，城乡人民理发都很方便。1949年，安有才在侯马镇北街开设理发店，从业人员3人。1956年，侯马服务总店组建后下设理发店1个。1958年，理发店增至4个。1971年，侯马饭店兼营理发业，城区理发从业人员有12人。1978年以前，以男性为主要服务对象，内容包括推头、剃头、刮脸、洗发等，以保洁为主要目的。

旅馆业　1938年，侯马镇有仪义、同恒、九花、兴隆等客栈。1949年有旅店6户，从业人员48人。1954年有旅馆、车马店29户，从业人员107人，共有资金13.38万元，其中固定资金10.14万元，流动资金3.24万元，年营业总额138.62万元。1956年，侯马服务总店下设工农兵旅社和两个车马店，从业人员23人。1958年，在侯马火车站南侧建人民旅社。同年，旅店总数增加到6个。1966年，在侯马火车站北侧建红旗旅社。1971年，红旗旅社改建成侯马饭店，占地面积12000平方米，三层楼房，有床位100张，其中高级客房15套。

侯马宾馆　始建于1956年，当时为中共晋南地委侯马市工作委员会、晋南专署侯马市筹备处办公处。占地27.6亩，有砖木结构瓦房14排，建筑面积3000平方米，其中有一排房屋作为接待客人使用，建筑面积约200平方米。1957年12月，侯马市筹备处撤销，改为招待所。1979年5月，沿新田路建成四层楼一栋，建筑面积6000余平方米，有房160套，325张床位。

照相业　1949年侯马镇有照相馆1户，从业人员3人。1954年有照相、画像6户，从业人员12人；1956年2月公私合营后，归服务总店管理。1958年在新田路建新颖照相馆。

1971年侯马饭店兼营照相业务。1974年新建综合服务楼设照相门市部。

沐浴业 1949年张小狗在侯马镇北街开设浴池,1956年公私合营后,归侯马服务总店管理。1958年浴池增至2个。1960年以后,平阳机械厂、侯马发电厂、侯马纺织厂等单位都建有职工澡堂。1971年以后,侯马饭店、侯马宾馆的高级客房,均设有单人浴池。

第八节 外贸

一、外贸机构

市外贸局 1961年侯马市供销社设外贸股。1975年9月组建市外贸局,位于程王路北侧,下设办公室、会计组、土畜产组、工业组。经营机械、五金矿产、医药、轻工、工艺品、纺织品、粮油、土产、畜产九大类产品收购出口业务。1978年更名为侯马市对外贸易公司。

临汾地区外贸侯马转运站 建自1952年,位于程王路北侧,担负着晋南的土畜产品储存、转运、调拨业务和棉布、棉纱、钢材、木材等进出口业务。该单位地处侯马火车站货场南端,占地40亩,有库房11栋,建筑面积3000平方米,是侯马较大的外贸单位。

运城地区外贸侯马转运站 1972年11月组建,担负着运城北部新绛、稷山、河津、闻喜、垣曲、绛县、万荣7个县的出口商品调拨转运任务,主要经营业务为土畜产品和轻工纺织品等。该公司位于程王路北侧,占地8.64亩,有库房4栋,建筑面积1470平方米,临街门市部20间。

二、出口商品

肉骨粉 1973年由侯马公社宋郭村肉骨粉厂生产,将骨头烘干、粉碎加工成骨粉、骨粒等。1974年开始向日本、马来西亚等国家出口,年均出口800吨,最高达1000吨。

紫金山牌男宝 1977年,侯马中药厂开始生产紫金山牌男宝,当年出口日本370余万粒,出口额56万元。

第九节 金融

一、金融机构

中国人民银行侯马市支行 1950年4月筹建侯马镇营业所。1956年11月筹建中国人民银行侯马市支行。次年12月侯马市筹备处撤销,该支行随之撤销。1958年10月,组建中国人民银行侯马市支行。下设3个办事处、1个分理处、13个营业所。1963年5月侯马市建制撤销,侯马市支行随之撤销,保留办事处。1971年8月,复置侯马市,再次组建中国人民银行侯马市支行。

中国建设银行侯马市支行 1954年1月,成立中国人民建设银行临汾支行侯马办事处,1958年撤销,1962年恢复。1970年9月,侯马办事处机构和业务并入中国人民银行曲沃县支行。1972年,中国建设银行临汾支行侯马办事处恢复。1976年10月,以办事处为基础组建中国人民建设银行侯马市支行。主要管理全市范围内基本建设投资、拨款和贷款以及部分更新改造资金。

信用合作社　1952年，境内组建褚村、大南庄、小里、驿桥、南西庄、下平望6个基层信用社，属农村集体金融机构。当时，每股3元（折新人民币），有些农民没钱，用小麦（每斤0.10元）入股，30斤小麦为一股。1955年统一账簿、凭证。1958年属人民公社领导。1962年，中国人民银行对农村信用社的性质、机构、任务等作出明确规定，恢复其集体所有制性质，受国家银行领导。1977年以前信用社领导由各人民公社任命。

二、存款储蓄借贷

企业存款　"一五"时期分国有企业存款、公私合营企业存款。国有企业存款又分为国有工业存款、国有商业存款、国有粮食存款、农产品采购存款、国有其他存款、地方国有企业存款。私营工商业改造后，取消私营企业存款和公私合营企业存款，所有企业存款都变成国有工业存款、国有商业存款、国有农业存款、集体企业存款。

"一五"初期的1953年，企业存款余额100万元，比1950年增长6.1倍。1978年底，达到1357万元，比1953年增加12.6倍。

财政性存款　分中央金库存款、地方金库存款、机关团体存款、部队存款和基本建设存款。1953年该项存款余额35万元，1978年增加到161万元，比1953年增加3.6倍。

农业存款　包括国有农业存款、集体农业存款、乡镇企业存款和信用社转存款。

1950—1953年，国民经济处于恢复时期，农业生产水平较低，农业存款很少，1953年境内农业存款仅3万元。1954年后，随着农村经济的恢复和发展，农业存款和信用社转存款逐年增加。1957年，农业存款226万元，比1952年增加75.3倍。1962年受三年严重困难时期的影响，农业存款减少，年末余额下降为92万元。1963年贯彻国民经济调整方针，加大对农业资金支援，农业存款有所增长。1965年末，农业存款余额达224万元。1966—1977年，农业存款徘徊在100万~300万元，1978年为188万元。

城镇居民储蓄 1950年，由于物价尚不稳定，居民参加储蓄有一定顾虑。为平抑物价，保障储户利益，银行先后实行了折实储蓄、保本保值定额储蓄、定期储蓄等措施。银行工作人员深入单位和各居民点，广泛宣传储蓄的意义，从而使银行储蓄业务开始起步。到1960年，城镇储蓄存款余额122万元，比1951年增长10倍。在三年经济困难时期，居民生活困难，基本生活水平难以维持，更谈不上有多余的闲置资金存入银行，导致储蓄存款下降。到1963年，城镇储蓄存款余额只有69万元，比1960年减少53万元。1966—1969年四年间，各储蓄网点仍开门营业，但储蓄存款量增速缓慢。储蓄存款增加47万元。

农村居民储蓄 1949—1953年，农村经济百废待兴，农民收入较低，农村居民储蓄存款很少，1953年存款余额仅3万元。随着农村经济的发展，农民生活水平提高，收入增加，农村居民储蓄存款逐年增加，1978年末，农村居民储蓄存款余额114万元。

工业企业贷款 中华人民共和国成立初期，侯马市工业基础十分薄弱，只有民生铁工厂一家企业。1949年工业总值10万元，1951年增加到16万元，当年工业贷款仅4万元。"一五"时期银行对国有工业贷款，主要是解决季节性、临时性超定额流动资金。

1955年6月，中国人民银行总行制定国有工业短期贷款办法，贷款种类分4种：超定额贷款、结算贷款、大修理贷款、临时贷款。贷款原则：有计划，有物资保证，按期归还。这一时期，平阳机械厂、市属砖厂、服装厂、陶瓷厂及塑料厂等工业企业相继投产，由于当时规模小，工业贷款基本停滞不前，1965年仅71万元。1975年，全市工业贷款余额2006万元。

商业贷款 1950年起，商业贷款按银行统计归类主要包括商业企业贷款、粮棉收购贷款、外贸企业贷款、其他商业贷款。境内是商贸经济较为发达地区，是晋南重要商品交易和集散地。"一五"期间，为稳定通货，保障市场供给，银行信贷工作的重点是支持商业流通和供销系统。商业贷款从1951年8万元猛增到1957年的2628万元。1962年，中央决定实行调整方针，境内商业开始复苏。1965年末，商业贷款3718万元。1973年6月，人民银行下达商业贷款新办法，商业贷款分商品流转贷款、农副产品预购定金贷款和大修理贷款3种。

农业贷款 1951年，农业贷款主要支持商业贸易部门收购农副产品，帮助农民购买农具，共发放贷款3万元。农业合作化时期，设贫农合作基金专款，贷给农民用于参加农业生产合作社的股份基金，并几次调低利率。1955年，贷款8万元。1960—1970年，农业贷款主要用于农业社购买耕畜、中小农机具和排灌机械。1969年末，农业贷款余额11万元。1970—1978年，农业贷款以农田基本建设、兴修水利、农业机械推广为重点。1975年末，农业贷款余额140万元。

基本建设贷款　中华人民共和国成立以后至改革开放前，基本建设投资一直靠财政预算拨款。

利率管理　1949—1952年，由于物价波动，经济正处于恢复阶段，所以存贷款利率调整频繁，档次较多。1956年对私营企业改造以前，实行差别利率，如国有企业贷款利率低于私营企业贷款利率；工农业贷款利率低于商业贷款利率；私营工商业按不同行业实行不同的利率。1956年对私营企业改造基本完成之后，实行低利率和简化利率档次的办法较大幅度调低利率和减少利率档次，削弱利率杠杆作用。1958—1978年，各种利率共调整过9次。

第十节　交通运输

一、道路

驿道　明洪武八年（1375），境内设侯马驿站，驿道北从曲沃县高显西南入境，经郭马、西庄、侯马、上马、史店至隘口出境，入闻喜县域，是南通秦、蜀，北达幽燕的国设驿道。

大道　明清时期，境内有大道3条：一条是从曲沃县治西南入境，经凤城、林城、乔村、秦村、侯马镇至隘口出境，入闻喜县域，境内长 25 千米；一条是从曲沃县治西入境，经东城、西赵、东庄、北西庄、辛店、台神至张王出境，入新绛县域，境内长 22.5 千米；还有一条是从曲沃县西张寨入境，经南上官、太秦至大南庄出境，入汾城区域，境内长 7.5 千米。

二、公路

干线公路

108 国道侯马段　108 国道（北京—昆明）侯马段路基为 1921 年建筑，原为晋禹（晋城—禹门口）公路侯马段，是国内和省内南北交通干线之一。从曲沃县入境，境内长 18 千米。1936 年通车，时为黄土路面。1950 年侯马段全面整修。1958 年铺筑为砂砾路面，系四级公路。1964 年，首次将侯马火车站以东 4 千米铺筑成柏油路面，路面宽 6 米，路基宽 7 米，系三级公路。1965 年，侯马至曲沃 11 千米铺成柏油路面。1972 年，侯马火车站至张王坡 8 千米修建为沥青路面，路面宽 7 米，路基宽 8.5 米，系三级公路。1973 年凤城至合欢街段为太三（太原至三门峡）、晋韩（晋城至陕西韩城）复线并行，北边一条为太三线，南边一条为晋韩线，路面宽 7 米，路基宽 8.5 米。

市乡公路

里郭线　原称郭义（郭村—义门）线，1956 年动工，1959 年建成，路面宽 6 米。从郭村北口起，经东庄、南郭马、北郭马、小贺、太秦至南上官出境，入曲沃县界，境内长 8.97 千米，为马车道。1979 年改为柏油路，路面宽 5 米，为四级公路。

专用公路

风雷机械厂公路专用线 南从风雷机械厂起,经程村、张少、垈上至市区108国道,全长4千米,路面宽6~7米,为四级公路。1973年由风雷机械厂投资兴建。

4210厂公路专用线 南从该厂起,经复兴、乔山底、崖上、郭村堡至市区新田路,全长5千米,路面宽4~5米,1959年由4210厂投资兴建,为四级公路。

3606厂公路专用线 南从该厂起,经单家营村、崖上村,接4210厂公路专用线,全长3千米,路面宽8.5米,为三级公路。

三、铁路

干线铁路

南同蒲铁路侯马段 南同蒲铁路为国家一级铁路线,北起太原,南至风陵渡口,全长512千米。市域内正线长17千米,北从曲沃县汾阴村入境,经侯马北站、侯马站、史店站至隘口村出境,入闻喜县界。1933年5月1日,由阎锡山政权晋绥军总指挥部的晋绥兵工筑路局开始兴建。1935年7月铺窄轨到侯马镇,8月1日原平到侯马正式通车。1937年,日军侵入山西,铁路时通时停。1938年,日军占领铁路。抗日战争胜利后,国民党发动全面内战,铁路遭到严重破坏。1947年,侯马解放,铁路时通时停。1949年太原铁路管理局组成南同蒲工程大队抢修南同蒲铁路,年底全线恢复通车。1955年国家对南同蒲铁路进行标准轨的技术改造，窄轨改为宽轨。1956年1月25日完成技术改造，2月全线通车。

侯西铁路侯马段　侯（马）西（安）铁路为国家一级铁路干线。境内段从侯马火车站起，经西贺站至张王村入新绛县界，境内长7千米。1958年该线由铁道部第三勘测设计院完成设计，同年，由西北铁路工程局和太原铁路局动工兴建，建成侯马至新绛段13千米通行工程。1962年停建，将轨道拆除。

侯月铁路侯马段　侯（马）月（山）铁路为国家一级双线电气化铁路干线，全长252千米。西起侯马北编组站，东至焦枝线的月山编组站，是山西中南部物资运输的主要通道，市域内正线长7.8千米。中国铁路工程发包公司为侯月线建设单位，铁道部第一勘测设计院为总设计单位。通过招标，铁道部第一、二、三、四、五、十二、十五、十七、十八隧道工程局及郑州铁路局承担施工。铁道部第四勘测设计院为施工监理单位。

侯二铁路侯马段　侯二（侯马—二峰山）铁路于1958年选线，1959年6月施工，1962年3月暂停，1967年复工，1972年建成通车。从大李村起，经北郭马、小贺、太秦入曲沃县境，向东连接二峰山、塔儿山铁矿区。境内长7.8千米，三级铁路线，单线，半自动闭塞，最小曲线半径300米，最大坡度上行13.4‰，下行22.0‰。侯月线建设时，改为双线，在境内为同一条线路。

铁路专用线

全市铁路专用线有24条，总长30.98千米。从侯马北站出线的有铁盛线、通盛线、综合线、南铁线、新田线、机场油库线等10条;从侯马站出线的有省社线、平阳线、石油公司线、建材线、一公司线、拦山矿线、电缆公司线、冷库线、电厂线等12条;史店站出线的有风雷线;从西贺站出线的有铜厂线。另外,有5条段管线,即机务段线、工务段线、车辆段线、车辆段站修线和采石厂线。铁路专用线和段管线沟通厂矿和有关物资部门,为改善生产提供了有利条件。

侯马火车站　建于1935年8月。1956年由太原铁路管理局进行拓宽施工。

侯马货场　位于紫金山北街西侧,南距侯马客运站1.5千米,占地10公顷,仓库面积2898平方米,设调机1台,建有4股道,配有先进的平面无线调车系统。主要任务是列车接发;整车、零担、集装箱货物到发、中转;行包到发、中转以及专用线取送作业等。担负临汾、运城等周边县、市城乡物资的输入和输出。主营煤、焦、铁等大宗货物。

史店站　1958年由太原铁路局基建处施工,在原基础上增设2股道和安全线,建成史店会让站。1965年运城工务段又根据需要,在2道进行换轨作业。1972年属侯马车务段管辖。该站为四等站,业务性质为客货运站,技术性质为中间站,候车室面积45平方米,历年客运平均量为1887人,货运平均量为6.6万吨。

四、桥涵渡口

桥涵

古代桥梁通济桥　位于侯马南门外浍河上,相传,曾是晋国迎送各诸侯国使臣的地方。据清《曲沃县志》载，为"晋平公与齐景公相会地"。通长181.9米，宽7.6米，高4.6米，有拱形桥眼7孔，整个桥身全部用青石砌成。虽历经洪水冲击，仍坚固如初。

金沟桥　位于隘口北金沟水上，是一座砖石结构单孔桥，桥长18米，宽5.92米，高8米，横跨金沟水上，是古驿道必经之地。该桥为明万历年间曲沃知县王明善建，清代邑人行世缵等捐金重修。

招仙洞桥　位于隘口村南，建桥时间不详，据清《曲沃县志》记载，"邑人行世缵等捐金重修"。

沙沟桥　位于隘口北门外，清《曲沃县志》载为"邑人张缪、张峨冠等重修"。

驿桥桥　位于驿桥村西驿桥沟上，是古代拱桥，建桥时间不详，桥长28米，高3米，至今仍完好无缺。

现代桥梁

铁路桥梁　1958年在南同蒲铁路中心里程667.41千米处建174号桥，系钢筋混凝土板梁，桥长9.2米，高1.6米。1966年在南同蒲铁路中心里程681.23千米处建176号桥，桥长8.8米，高3.55米。1971年在侯二线建钢筋混凝土桥梁两座，一座在侯二线中心里程2.12千米处，桥长15.1米，高4.8米；另一座在侯二线中心里程6.59千米处，桥长6.3米，高2米。

公路桥梁　1959年，4210厂在郭村堡南浍河上建成1座钢筋混凝土漫水桥，桥长18米，高1.5米。是中华人民共和国成立后境内建成的第一座公路桥。1971年风雷机械厂在埝上村东浍河上建钢筋混凝土桥梁1座,桥长44米,高6.3米。

渡口

境内汾河沿岸的村庄,为便于过往襄汾县和新绛县,常自置船只,自修小桥设立渡口。

褚村渡　位于褚村西北1.5千米,20世纪30年代由村民褚永泉经营。

小里渡　位于小里村北1千米处,20世纪70年代由村民梁保善和秦云平经营。

大南庄渡　位于大南庄村西1千米处,由对岸的襄汾县东吉村村民经营。

上平望渡(原北平望渡)　位于上平望村西,一直沿用。

五、运输工具

人力运输工具

担架　用2米左右长杆两根和80厘米左右短棒两根绑成四边形框架,中间衬以垫褥,用以抬运伤残病人。1947年,境内张王、小韩、西贺等村民兵40余人组成担架队,由刘仰霞任队长,随军南下3个月,完成了支前任务。1948年临汾攻坚战中,境内人民群众在各级党组织号召下积极支前参战,出动担架200副,为解放临汾作出了贡献。至今城乡居民仍有人用担架接送病人。

轿子　由坐室、轿杆、抬杠三部分组成。轿室左右开望窗,前有轿门备有彩绸窗扉和锦绣门帘。轿顶为方底框四坡攒顶,顶端多为球状装饰轿室、轿顶裹有不同色泽质地布锦饰罩，俗称轿衣。轿有2人抬、4人抬、8人抬等级别，民间嫁娶多用4人抬轿。每逢元旦、春节、元宵节等节日，在动物园等游人多的地区，常有轿子出租，供游人享用。

小平车 有木制、钢制、钢木混制多种。该车辕把粗长，棚架宽大，承载量大，易掌握平衡，一般可负荷500～700公斤，加重圈车可承载1000～1200公斤。1953年，侯马搬运社有150辆平车从事运输工作。1958年修建浍河水库时，境内组织1000余辆平车拉土石方，长达100多天。1959年搬运公司有平车50辆，平板平车30辆，1974年全市有小平车7286辆。

自行车 1926年侯马镇东街居民解子秀（乳名喜娃），从太原购回日制"僧帽"牌自行车一辆（时称洋马儿），是境内第一辆自行车。

三轮脚踏车 是自行车之变种，有前一轮、后二轮和前二轮、后一轮之分。该车驱动齿盘置于后轴中央，以链传动。运货车座后方带有平板货架；运客车则带有单（双）人客座，座侧后上方配置铰架篷罩。车上有线拉制动装置。

黄包车 清光绪八年（1882），由日本传入中国，俗称"东洋车"。20世纪20年代传入侯马。车旁挂有铁丝防护玻璃罩灯，以备夜行。因该车篷罩多以黄色桐油布料制成，故称黄包车。车夫穿统一制背心，背后印有编号，以便乘客监督与行业管理。

木船 清朝以前，境内汾河沿岸台神、北平望、小里、褚村等村村民自置小船，在河口摆渡，时有民船4只。至1978年，褚村、大南庄等村仍设渡口，有小船6只，可载人、自行车、小平车、摩托车等。

畜力运输工具

驮骡　即以骡马做脚力驮货载人。明朝时侯马驿站有役马40匹，清朝时增加到79匹，用以投递公文信件。民国时期，境内商人常用骡、马、驴或小毛驴运货。20世纪50—60年代，农民也经常用骡、马送粮、送肥。20世纪70年代，偏远山区农民仍用牲畜驮物资下山换取所需商品。

马车　古以木制，近代改为木轴铁瓦。20世纪30年代，改为铁滚珠轴。20世纪40年代，改为钢轴、钢轮圈和充气橡胶轮胎。古代全木制大板车，可承200～300公斤，现代铁箍滚珠轴承大板车可承载600～800公斤，钢轴、钢圈胶轮大车可承载1800～2000公斤。1950—1952年，境内曾组织3427辆马车搞运输，完成运量24.93万吨。1956年组建五一马车运输队。1959年，侯马市汽车运输公司有马车5辆，从事货物运输工作。20世纪70年代，马车盛行于城郊。

机动运输工具

摩托车　主要为个人交通工具。1955年下半年，境内凤城村北面的国有拖拉机站从太原购回英制摩托车1辆，供维修工外出使用，为境内第一辆摩托车。1968年，侯马邮电局用摩托车投递信件，时有摩托车2辆；1975年有摩托车5辆，实现投递摩托化；1979年摩托车达到11辆，后因运输成本高，除机要文件和少数急件外，基本停止摩托车投运。

拖拉机　1955年，境内国营拖拉机站有拖拉机8辆。1968年，境内侯马、上马、凤城、高村、张村5个公社均建有拖拉机站，有拖拉机8辆，农忙耕地，农闲运输。1974

年全市有拖拉机63台，其中轮胎式33台，手扶式16台。

小轿车 1929年，侯马镇北街饭馆掌柜刘大兴（乳名二蛋），买回一部土黄色英制"哈勒玛"牌的轿车，让解子秀驾驶，一块外出游逛兜风，为境内第一辆小轿车。中华人民共和国成立后，小轿车多用于党、政机关和大、中型企业领导办公或接待客人使用。

大客车 20世纪50年代，侯马汽车运输公司用大客车运送旅客。1972年，市公共汽车公司成立，用大客车向曲沃县、新绛县运送旅客。

载重汽车 1933年，境内乔村的杨振汉、杨通财合伙从榆次购置美制四缸"伏德尔"牌货车一部，专门跑运输。1949年，侯马运输公司有汽油车2辆，酒精车1辆，瓦斯木炭车30辆。1959年，市运输公司有汽车8辆。同年，全市有解放、嘎斯、吉尔585等汽车206部。

消防车 1956年，省供销社配给侯马棉麻采供站水罐车1辆，用于站内棉花消防灭火使用。20世纪60年代后，消防车逐步增加。

救护车 1956年，侯马市筹备处有救护车1辆。1970年，市人民医院按照规定配备救护车一辆，车身为白色，带彩条，两侧车门喷有醒目的红十字符号，车顶装有警灯、警笛。车内救护装备齐全，设有可调式担架座椅、活动式担架、工作台、输液装置、输氧装置、急救药柜及监护设备等。

沥青洒布车 1973年，市政工程公司购置沥青洒布车1台。该车的沥青罐采用双层保温，中间填以隔热材料，洒布时由沥青泵向罐内加压，沥青自多孔圆柱钢管洒布路面，喷管长度可变，最长可达 3 米，由路面宽度决定。

六、运输量

公路运输量

货运量　1933 年，乔村杨振汉、杨通财合置"伏德尔"牌货车 1 部，在境内搞货物运输。20 世纪 50 年代初期，境内有侯马运输公司、侯马搬运社两个运输企业及众多私人马车运输户。货物运往河津、稷山、新绛、晋城等周边县，运输的主要物品有粮食、食盐、生铁、布匹、铁锅等。1950—1952 年，汽车完成运量 2.04 万吨，马车完成运量 24.93 万吨。1958 年，大搞汽车运输列车化，侯马汽车运输公司车队长梁殿文及 15 名技术人员曾试驾一辆带有 20 挂拖车的汽车开往翼城，载重 66.5 吨，时速 8.8 千米，仅这趟就完成 5320 吨·千米，相当于 17 辆 4 吨卡车运行一次。1966 年 10 月，组织 50 辆新解放车赴忻县地区运送救灾粮，历时 7 个月，运送玉米 5 万余吨。1971 年 7 月组织 20 辆主车和 20 部挂车，赴介休县支援三线建设，历时半年，运输物资达 1.1 万吨。

客运量　1949 年 10 月，侯马运输公司开通侯马至晋城、禹门口、风陵渡、灵石公路客运业务。1957 年营运线路增至 13 条，车辆增多，客运量达 31 万人次，周转量 1595 万人千米。1963 年 2 月，开通侯马至新绛，侯马至曲沃城关，侯马至杨谈短途客运班车。当年，客运量 63 万人次，周转量 2732 万人千米。1973 年延伸和开辟社队客运班车线路 11 条，使本市及周边县 69 个公社 1000 多个大队通客车。当年建立侯马公共汽车公司，有四平制造的大客车 3 辆，开通侯马至曲沃、侯马至礼元线路。1975年新增3辆客车，开通侯马至新绛线路，年客运量147万人次。

铁路运输量

货运量 1958年以前，境内仅有侯马火车站办理铁路货运业务。1958年史店站开办铁路货运业务。主要发送道砟，供铁路建设、维护使用。1971年侯马站货物发送量为10.73万吨，史店站发送量11.78万吨。

客运量 1935年8月，南同蒲铁路通车，侯马火车站开办客运业务。1958年史店火车站办理客运业务。1972年大李火车站办理客运业务。同年三站发送旅客量51.43万人次，其中侯马站为49.93万人次，史店站为0.5万人次，大李站为1万人次。

七、交通管理

公路管理

市交通局 1956年，侯马市筹备处设工业科，兼管交通管理工作。1958年11月，侯马市人民委员会设交通邮电部，负责境内道路建设、维护和交通运输管理工作。1959年3月，设交通局，下辖国有运输公司和搬运社（集体所有制）。1962年5月改设交通科，11月恢复交通局。1971年10月，侯马市革命委员会工交组设交通水电办公室。1972年3月，称交通办公室，11月改称交通局。

侯马公路管理段 建于1952年，前身为侯马公路管理站，位于侯马火车站广场以南，占地0.31公顷，有平房办公室和单身宿舍4排共30间，建筑面积约500平方米，属临汾公路管理段侯马工区领导。1954年临汾、运城两专区合并后，改属晋南公路管理段管辖。1958年，随着公路体制的变化，又改称晋南专员公署侯马交通公路运输管理站。1960年设侯马公路管理段，原晋南专员公署侯马交通公路运输管理站，改为侯马公路交通管理站，归侯马公路管理段管辖。1963年侯马公路管理段撤销，又属临汾公路总段管辖。

运输管理

中华人民共和国成立后，境内运输由侯马汽车运输公司管理。主要任务是组织社会个体运输力量完成国家运输计划。1950—1952年，为了解决运量大、运力小的矛盾，该公司组织了3427辆私人马车搞运输，完成运量24.93万吨。1956年对私营工商业进行社会主义改造，组建五一马车运输社，侯马汽车运输公司派干部驻社管理。1958年组建侯马市汽车运输公司，1963年改称曲沃县汽车运输总站（驻地侯马镇东街），均兼管群运工作。1972年3月，市交通办公室组建联合运输办公室，对全市运输实行统一货源，统一调度，统一运输，统一结算。1975年成立市运输管理站，时有职工2人，主要管理胶轮车与人力车运输。1977年职工增加到16人，并与侯马汽车运输公司、市运输公司、市搬运公司联合组成办公室，对全市货源进行了解、汇总，对运力进行统一调度，综合平衡。

公路养护

干线公路养护　中华人民共和国成立前，太原—风陵渡、晋城—禹门口两条公路从境内通过，虽通汽车，但没有专门养护机构，道路常年失修。1952年，侯马公路管理站成立后，境内组建1支12人的养路队，负责晋禹线的养护。同时，组织群众进行义务修路，根据民工义务建勤办法，每年秋末冬初发动群众进行一次公路大整修。1955年，为适应公路养护工作需要，将义务建勤工集中使用，在公路沿线以乡为单位成立常年养路队，根据"先普及，后提高"的精神，对土路进行修整。1956年配备独轮推车1辆。1958年冬，用养路费把境内晋禹线全部铺装成砂砾路面。1964年配备平车1辆。当年，晋韩线侯马火车站至邮电部侯马电缆厂4千米铺装沥青路面。1965年配备小四轮拖拉机1辆。1972年太三线、晋韩线全部铺为柏油路。1974年变义务建勤工为代表工，从各公社义务建勤工中选拔一些热心于干公路养护事业的人员加入道班，由公路养护部门统一进行管理。

交通监理

1952年侯马公路管理站成立，属临汾专署交通局直辖，设专人负责交通监理业务。1960年改为侯马公路管理段，设有专门科室处理交通事故，征收养路费，宣传交通管理条例；对公路沿线的护路树木、公路用地、公路附属建筑物（桥梁、涵洞、标志、里程碑等）实行保护管理；清除公路上有碍行车安全的堆积物及公路两侧的违章建筑，保证公路畅通。

铁路管理

车务管理　1972年建立侯马车务段，段址在市道西北街22号。有职工1293人，下辖29个车站，其中二等站3个，三等站3个，四等站23个。该段有专用线39条，专用铁道5条，线路长度771.47千米。管辖南同蒲、侯西、侯月三条线路，运营里程 324 千米，担负着 16 个县、市的客、货运输任务。年货物发送量 900 万吨，旅客发送量 135 万人次。

第十一节 邮 电

一、机构

驿站 明洪武八年（1375），绛州乡宦都御史高铎以州内驿道路经汾河涉水不便为由，上书朝廷，建议将绛州金台驿迁往侯马，得到朝廷批准。是年，建侯马驿，驿站设在侯马镇西街。明永乐十九年（1421），明都迁至北京，侯马驿成为蜀、秦通往京都的交通孔道。清乾隆二十一年（1756），新建驿馆。清光绪二十六年（1900）八月十八日，慈禧太后携光绪帝离京避难时，住侯马驿。

铺递 明清时期，境内除驿站外，还设有铺递，配备驿夫、驿马，负责境内公文传递。明嘉靖三十年（1551），境内设有铺递 5 处：侯马铺，铺兵 5 名；郭马铺，铺兵 4 名；隘口铺，铺兵 5 名；乔村铺，铺兵 3 名；辛店铺，铺兵不详。到清乾隆二十三年（1758），历时 200 余年，铺递未变。民国初年，铺递裁撤。

邮电局

1912 年，侯马电报局为三等甲级电报局，归晋豫电政局管辖。1916 年至 1928 年，侯马三等电报局归晋陕电政管理局管辖。1932 年，侯马电报局改为报话营业处，归山西省电政管理局管辖，有局员 1 名，领班 1 名，电务生 2 名，巡兵 6 名。1933 年，侯马镇邮政代办所改为三等邮政局。

1946年10月，设立侯马电信局，次年4月6日侯马解放后撤销。

中华人民共和国成立后，邮政、电信分设。侯马邮政局归山西省邮政局直辖，侯马电信营业所归太原电信指挥局直辖。1952年2月，侯马电信营业所并入侯马邮政局，改称侯马邮电局，办理邮政、电信业务，有职工29名。1953年冬，侯马邮电局并入曲沃县邮电局，改称侯马邮电所。1956年，侯马邮电所改为侯马邮电支局。1958年10月，侯马建市，成立侯马邮电局，有职工157名。1963年，撤销侯马市，侯马邮电局归属曲沃县。1971年8月，重新建立侯马市，成立侯马市邮政局和电信局。1973年5月1日，市邮政局和电信局合并，成立侯马市邮电局，有职工181名。

20世纪50年代初，侯马长途电信线务分局，成立侯马长途线务站，隶属晋南长途线务中心站领导。20世纪70年代，改称侯马长途线务段。

二、邮路

古驿道 明代，境内驿道北经西庄、郭马入曲沃县蒙城驿；南经上马、史店、隘口入闻喜县涑川驿。清代如此，是京师经太原通往秦、蜀传递公文要道。

干线邮路 1944年，境内有邮路3条，侯马至绛南（新绛）15千米；侯马至文店18千米；侯马至曲沃15千米，总长48千米，均为步班。1949年，侯马至曲沃、侯马至闻喜（侯马至文店线路延长至闻喜）两条改为委办汽车邮路，步班邮路仅留侯马至绛南15千米。

1951年3月，开辟侯马至河津、侯马至翼城两条委办汽车邮路。1953年,将侯马至翼城的邮路延长到阳城,之后,又延长到晋城。1954—1957年,新增侯马—万荣—临猗—运城及侯马—垣曲两条邮路。1965年,委办汽车邮路有:侯马—新绛—稷山—河津,67千米;侯马—曲沃—翼城—沁水—阳城—晋城,191千米。委办汽车邮路总长258千米。

1970年10月,组建侯马—曲沃—翼城—沁水—阳城—晋城自办汽车邮路。1975年,组建侯马—新绛—稷山—河津—万荣—临猗—运城自办汽车邮路。

城乡邮路 中华人民共和国成立初期,境内有乡村邮路90千米。1952年有乡村邮路82千米,其中自行车邮路43千米,步班邮路39千米。1957年,乡村邮路发展到178千米,全部为当日自行车班。1962年,城乡直投邮路达1300千米,投递点扩大到公社、大队(含部分生产队)、学校。1970年,城乡邮路为1087千米,其中摩托车邮路409千米,自行车邮路678千米。

1975—1978年,乡村邮路有6条,总长297千米,先为摩托车邮路,后改为自行车邮路。

三、投递

步班投递 民国时期和中华人民共和国成立初期,邮件投递多是以人力背扛肩挑,昼夜兼程,负重远行来完成的。1944年,侯马至绛南、文店、曲沃间的邮路,全部为隔日步班。侯马镇及农村270千米的乡村邮路也为隔日步班。1952年步班逐渐减少,降为116千米,占全部邮路的16%。1957年,随着邮运工具的不断提高,步班全部停止。

自行车投递 自行车投递始于 1952 年。当年就占全部邮路的 18%，占乡村邮路 245 千米的 52%。当时，自行车被视为先进工具，投递人员班前班后要检查、擦洗、维修，非常珍爱。之后，自行车投递发展很快。1957 年，178 千米乡村邮路全部为自行车投递。到 1962 年，自行车投递线路扩大到 1300 千米。1970 年，城乡邮路 1087 千米，自行车班为 678 千米，占 62.4%。1975 年自行车投递下降为零。

摩托车投递 1968 年，摩托车开始投入邮件投递，当年，有摩托车 2 辆，1970 年增加到 6 辆，承担 409 千米的投递任务，占乡村邮路的 37.6%。1975 年有摩托车 5 辆，基本实现了投递摩托化。

汽车投递 汽车投递主要用于干线邮路、到车站接发邮件和市内转趟。1923 年，榆次私营太（原）—风（陵渡）汽车公司，从太原到运城跑客运，途经侯马，侯马的邮政信件委托其转运。

1949 年，侯马始有委办汽车邮路。1965 年，共有汽车邮路 258 千米。1975 年 1 月 1 日，侯马设立邮运站。

四、邮件

函件 清代邮政时期开办函件业务。"中华邮政"时期，除办理清代时期的全部邮政业务外，还陆续开办军事邮件、商务传单、保险信函、出售印花税票等业务。1921 年，开办航空邮件业务。

中华人民共和国成立初期，经办的业务有平件、挂号件、明信片、印刷品、新闻纸、盲人读物、商务传单、贸易契约、货样等业务，后增加拥军优属邮件。1951年，开办征询、装钞保价信函、代购货物、代贴广告及国际信函业务。1953年代贴广告、代购货物、征询、代售印花税票业务停办。1955年停办私人代收货价业务。1960年，开办特种挂号信函业务，主要邮寄粮票、油票、布票、户口迁移证、粮食关系迁移证，及中国共产主义青年团组织关系材料等。1966年，"文化大革命"开始后，双挂号信、快递小包、保价信、代收货价等业务停办。1969年军人免费业务停办。1971年共办理函件105.3万件，收入6.8万元。

包件　清代邮政包件分普通包裹和保价包裹。"中华邮政"时期包件已有普通包裹、保险包裹、代收货价包裹及快递小包裹、保值小包裹等种类。1941年，开办特快包裹和国际航空包裹业务。1950年恢复办理快递小包、代收货价包裹业务。1952年，开办保价包裹、保价快递小包业务。1957年4月1日，包裹和快递小包计费重量由500克起，改为100克；快递小包按信函处理按址投递，限重500克；整件不能分开的，限重放宽至1千克。1972年，收寄包裹2.1万件。

汇兑　1911年，侯马邮政代办所开办汇兑业务。1922年，开办国际汇兑业务，开办航空汇票业务，在汇票上加盖"飞汇"戳记。1930年开办小款汇票。

1950年8月，侯马邮政局开办汇兑业务，使用的汇票分汇票与核对据两联，汇票交汇款人用挂号信寄给收款人作为取款凭证；核对据与汇款申请书由收汇局寄往兑付局作为核对之用。1953年4月实行全国邮政汇兑制度，只办理私人汇款及企业单位 30 元以下的小额汇款。1955 年，配备专职汇兑检查员。1959 年汇兑业务由汇兑改为信汇，每张汇票最高限额为 1000 元。1962 年 5 月，邮电部颁发新的汇兑业务规则，当年收入 1.14 万元。1964 年 4 月 1 日，实行信封式汇款通知单。1970 年汇兑收入 2.23 万元。

邮政储蓄 20 世纪 30 年代，境内办理过邮政储蓄和支票储金业务。

五、报刊发行与机要通信

报刊发行 1934 年，境内开办代订刊物、代购书籍业务。1950 年初，执行"邮发合一"，报刊发行成为邮政主要业务之一。1951 年，报刊期发数为 3100 份，年累计发行总量为 30 万份。1956 年，为迎接农业合作化高潮，印制了报刊发行宣传品，散发到基层单位，鼓励群众预订报刊。当年报刊期发数达 1.11 万份。1973 年，全市杂志期发数为 1.2 万份，累计期发数为 12.6 万份；报纸期发数为 1.2 万份，累计期发数为 355.5 万份。

机要通信 1952 年 12 月 1 日，经山西省军区批准，组建侯马军邮联络站，并开办机要业务，专门传递党、政、军机密文件。1953 年初，军邮与机要分设，成立侯马机要交通联络站。当年 12 月 24 日，经山西省机要交通分局决定，将侯马机要交通联络站改为机要交通站。1956 年 2 月 20—24 日，侯马机要交通站代表出席在太原召开的全省机要交通模范、先进工作者代表会议。1957 年 2 月 10—14 日，山西省机要交通局在太原召开全省先进工作者代表会议，侯马机要交通站出席并介绍了经验。同年4月，侯马机要交通站并入邮电局。1960年6月29日，省机要交通局公布全省机要通信当年上半年标兵、先进集体单位名单的通知，侯马为先进单位之一。1975年，共办理机要文件15273件。

六、电信

长途电话 1932年7月，境内始有长途电话。当年，长话线路有4条，南到潼关，北到大同，西到河津，东至阳城。1951年长途电话有了专项记录，当年共办理655张。1960年新增单路载波机2部。

市内电话 1952年，侯马邮电局有城镇电话交换机30门，实占19门，杆路长21.6杆千米，明线14.08对千米，电缆2.5皮长千米，芯线长46.2对千米。1955年交换机增为100门。1956年市话收入2429元。1957年为200门。1958年市话交换机容量为300门，1963年5月交换机容量发展到400门，为磁石交换机，实占268门，杆路长42杆千米，明线长225对千米，电缆2.7皮长千米，芯线长255对千米。1971年市话交换机容量为600门，均为供电交换机，实占402门，杆路长37杆千米，明线长77对千米，电缆9.7皮长千米，芯线长58对千米。当年，市话收入2.18万元。

农村电话 1947年，侯马区政府安装第一部农用电话机。1952年，侯马邮电局有农话交换机20门，实占16门。1954年交换机总容量为50门，实占39门，杆路长65.7杆千米，明线长19.7对千米。1957年交换机容量为70门，实占33门。1958年，农话直达下辖14个人民公社。

1963年，侯马邮电局农话交换机容量为700门，实占492门，其中，邮电局经营600门，社会经营100门。杆路长289杆千米，明线长191对千米。1970年，农话交换机总容量调整为350门，实占213门，其中邮电局经营200门，社会经营150门，杆路长289杆千米，明线262对千米。1971年，农话交换机容量调整为120门，其中张村公社20门，高村公社50门，上马公社30门，凤城公社20门。

无线电台 1959年4月，侯马邮电局报务室设无线电收发报台，与临汾地区邮电局联络，这是侯马最早设置的无线电台。天线采用64米双极，方位角380度，高度35米，发射功率15瓦。

七、电报

清光绪十六年（1890）六月，侯马镇设立电报局，使用保定经太原、侯马、潼关的有线电报线路，本地始有电报业务，属官督商办，为本省最早开办电报业务的地区之一。侯马电报局管辖线路，北至太平县史村驿，南至夏县水头镇，总长95千米，可与太原、大同、北京、西安等地通报。1932年侯马报话营业处线路向曲沃延伸17千米，并架起南到潼关、北到大同、西达河津、东到翼城的长话专线和报话双用线路。1934年，侯马报话营业处管理线路增至166千米。1938年3月侯马沦陷，境内电报业务中断。1945年10月，西安电信管理局修复从潼关—运城—侯马—临汾长途电报线路。1947年，因战争原因境内电报业务全部中断。

1950年，太原—西安长途电信线路架通，线路为3.2毫米铜线1对，并在侯马入网。当年，开通侯马—临汾电报话传线路1条。同年，侯马电信营业所开办民用电报业务，当年电报交换量7份。1955年，曲沃县邮电局开办电报业务，电文通过电话传至侯马邮电所再拍出去。1958年，侯马市邮电局共有12条电报线路，10月，发讯机改用莫尔斯机，去掉话传。1959年4月，市邮电局报务室建成第一个无线电台，有15瓦发讯机1台，可通太原、临汾、垣曲、稷山。1960年去报67127份。1964年邮电局新增2部电传机。1972年市邮电局去报量19886份。

第三章 城乡建设

第一节 城市规划

总体规划演变概况：1956年，第一次城市总体规划两个工业区，其中，侯曲公路两旁为南工业区，小贺以北为北工业区。城市规划人口30万人，人均用地126平方米。规划城市性质是新兴工业城市。

1960年，第二次城市总体规划，由中央城市设计院、省建设厅规划设计室、市城建局对1956年的城市规划共同修改。规划城市性质是以精密机械仪表工业为主的轻纺工业城市清洁卫生城市。城市规划人口20万，人均用地116平方米。新规划浍南工业区，市中心在东庄村西。

1977—1980年，第三次城市总体规划，城市性质是以轻纺工业为主的交通枢纽城市。近期城市人口达到6.7万，远期（2000年以后）城市人口达到16万~17万。用地规模近期7.6平方千米，远期15平方千米。

第二节 城区建设

一、旧城区

侯马旧城区实际就是老侯马镇。旧城区中心由东街、西街、南街、北街，形成十字街道。

旧城区及其周围曾有许多古代建筑。东街北侧有财神庙；西街北侧自西向东有西宁寺、马王庙、关帝庙、驿站（马号）、会馆等，关帝庙南跨路建有木牌坊；南街东侧有药王庙，南街北口跨街建有"泽深渭洛 德重乔金"石牌坊；北街东侧有牛王庙；城区北门外有龙王庙；城区西门外有姑姑庵；城区外西南方向有孟姜女庙。旧城内还有贾司马（贾汉复）祠、乔公（乔光烈）祠等。

旧城区沿街店铺密布。东街有祥济花店、丰盛花店菜铺、染坊、粮店等；西街有永义成钱庄、义盛奎钱庄、"刘大个"布铺、世兴当铺、天生久药铺等；南街有聚兴奎钱庄、瓜果铺、保本堂药铺、烟坊等；北街有"二大头"肉铺、西高王家花行、德兴毡坊、三义毡坊、天顺毡坊、万盛春杂货铺、祯祥合杂货铺、长春茂药铺等。旧城北门内有六合车马店、北门外有三合车马店。城内还有盐店、牲口交易市场等。

二、街道

中华人民共和国成立前，侯马虽为交通要地，但镇内街道均为土路，且十分狭窄。在仅有的东、西、南、北4条街道中，东街长300米，宽5米；西街长420米，宽5米；南街长350米，宽5米；北街长130米，宽5米。

1956年和1958年两次建市，主要依靠交通部门和企业出资修路。由省交通厅投资改建侯曲公路境内段（现新田路），由平阳机械厂投资修建南同蒲铁路至平阳机械厂厂区的道路（现晋都路）。1959年，省交通厅拨款改建侯马到曲沃县城公路。本年4—10月，市内路段（今市内新田路）同时改建。1960—1969年，新建市政府至电厂街道，改建"501厂"道路、长城街（今合欢街）等。

1970年9月至1980年，又先后新建或改造的道路有：建设路（今市府路）、体委路、永红街（今紫金山街）、胜利路（今浍滨街）、红旗路（程王路）、市委广场道路、市府巷、解放路（今晋都路）、配件厂路、红卫路、西侯马晋禹路段、五一路（今新田路）等街道。

主要街道选介

新田路 曾用名五一路。西起火车站，东至侯马502通信电缆厂。1959年，省交通厅投资40万元拓宽改造，建成中间为7米宽机动车道，两旁各为1米宽人行道。1975年投资27.74万元，在火车站至省建一公司加工厂间路段铺设沥青路面。

市府路 曾用名市委路、建设路、七一路。西起花园北街，东至浍滨街。1972年5月投资3.16万元，用耐火砖铺设路面。

全路长1875米，红线宽20米。机动车道宽10米，两侧人行道宽各为5米。

程王路 曾用名红旗路。西起望桥街，东至合欢街，全长4164米。

文明路 西起紫金山街，东至合欢街，全长2245米，红线宽40米，机动车道宽14米，两侧非机动车道宽各为4.5米，两侧人行道宽各为6米，两个分隔带宽各为2.5米。

晋都路 曾用名解放路。西起望桥街，东至垤上街，长1390米。

望桥街 南起上马村，北至程王路，全长2961米。是市区主干道之一。

花园街 南起五交化市场，北至市府西路，全长1100米。

侯张街 南起程王西路，北至张村。1978年铺柏油路，路面宽4米。全长2950米，红线宽20米，机动车道宽6米，两侧人行道各宽7米。

合欢街 曾用名长城街。南起新田路，北至啤酒厂。20世纪60年代修建。全长2150米，红线宽60米，机动车道宽24米，两侧非机动车道各宽6米，两侧人行道宽各为8米，分隔带各4米。为市区主干道之一。

体育街 南起新田路，北至体育场北巷。1973年10月至1974年7月，投资65760元对体育街进行扩建，铺设沥青路面。1978年又对此路进行建设和维修。全长620米，红线宽20米，机动车道宽6米，两侧人行道各宽7米。

紫金山街 曾用名永红街。南起垤上村，北至北环路，全长2750米，红线宽30米，机动车道宽18米，两侧人行道宽各为 6 米。1978 年 10 月开始在新田路至火车站货场路段，铺设沥青路面，铺装人行道。为市区次干道之一。

浍滨街 曾用名胜利街。南起新田路，北至建工路。1978 年 4—7 月，投资 17.63 万元建成，沥青路面。全长 1450 米，红线宽 34 米，机动车道宽 19 米，两侧人行道宽各为 6 米，分隔带宽 2 米。为市区次干道之一。

中心街 南起新田路，北至建工路，全长 1149 米，红线宽 36 米，机动车道宽 18 米，两侧人行道宽各为 9 米。是市区次干道之一。

幸福街 南起新田路，北至南郭马村南，全长 2049 米。

三、广场

市委礼堂前广场 位于市府路中段北侧。1969 年建成市委大礼堂后，形成该广场。1976 年扩建后占地约 2 公顷。

火车站广场 广场位于新田路西端，面积 4 公顷。1973 年春第一次建设。

四、公共建筑

城市学校建筑

1914 年，在侯马镇建立第一所高级小学曲沃县第二高级小学（今路西学校）。1920 年在侯马镇西街建立女子初级小学。1956 年建第一所初级中学（今侯马一中），20 世纪 70 年代建立侯马二中、侯马市委党校。

学校建设选介

路西小学　1914年建立，是老一辈无产阶级革命家彭真的母校。该小学始称曲沃县第二高等小学，现称路西小学，是一所全日六年制小学，位于晋都路北侧，占地24000平方米，建筑面积约5800平方米。

五一路小学　位于紫金山南街西侧，1967年创建，是一所经省教委验收命名的示范学校。学校占地8653平方米，建筑面积3146平方米。

侯马一中　位于晋都西路西段北侧，1956年建校，占地56000平方米。

侯马二中　位于市府路中段南侧，1976年建校，占地1.57公顷。1975年4月动工兴建，1978年竣工，建两座2层教学楼和附属设施，建筑面积6076平方米。

市委党校　位于市委大礼堂北面，1977年7月14日成立，1978年11月开工兴建，1979年3月竣工。占地5869.4平方米，建筑面积2070.4平方米

临汾地区教育学院　位于东庄村北，1959年建校。占地面积42667平方米。建校投资181万元，建筑面积10100平方米。1959—1962年称侯马师范，1962—1971年改称晋南地区教育干部学校。

文体设施建筑　中华人民共和国成立前，在侯马镇老街区东街建有坐南面北的观台。1956年在路西老街西街建成侯马第一座电影院。1963年在现晋都路南建露天剧院。20世纪70年代，建成市灯光球场、市游泳池。

医疗卫生建筑　1949年，境内只有1所医院（侯马镇医院）。1959年建设市中心医院。20世纪60年代，建设市防

疫站、省建一公司医院、平阳厂医院等。70年代，先后建成风雷厂医院、五官科医院、市妇幼保健站、市第二人民医院、侯马电缆厂医院（五〇二职工医院）、289医院、市城区公社医院（现今路西办事处卫生院）、侯马纺织厂职工医院等。

宾馆建筑 明洪武八年（1375），在侯马旧城区西街建驿站，明嘉靖年间，侯马驿站和5处递铺共建有公房92间。明万历年间、清乾隆年间，驿站均有建设。乾隆二十二年（1757），在侯马旧城区建明公馆、乔公馆、连二公馆，接待往来官吏、公差。

中华人民共和国成立后，于1956年建侯马交际处（后更名为侯马市招待所、侯马宾馆），位于五一路北侧。当时建筑的房屋为砖瓦排房。1970年4月在火车站广场北侧兴建侯马饭店，1971年竣工。1978年8月1日，动工兴建市招待所4层大楼，1979年5月竣工。

党政机关建筑 1958年11月，在南西庄东兴建侯马市机关办公楼群。1968年11月，曲沃县在境内占地24671平方米，动工兴建建筑面积4000平方米的县革命委员会4层办公楼（今市政府办公楼），同时建设县革委礼堂（今市委礼堂）和人民武装部办公楼。20世纪70年代，建设粮食局、计量所、科委等小办公楼。

企业建筑 20世纪50—60年代，平阳机械厂、侯马发电厂、风雷机械厂、省侯马汽车修配厂、侯马纺织厂、侯马中药厂、晋南地区通用机械厂、晋南地区农机大修厂、煤灰砖厂等一批大中型企业先后在本市开工建设。20世纪70年代，侯马的工业建设进一步快速发展，侯马电缆厂、平阳制药厂、省烤胶厂、省林业机械厂等又一批大中型企业及侯马市中小型企业电线厂、纺织器材厂、磷肥厂、色织厂、刺绣厂、灯头厂等相继开工建设。

金融建筑 银行1950年成立的中国人民银行曲沃县支行侯马镇营业所、1954年成立的中国人民建设银行侯马办事处和1956年成立的中国农业银行曲沃营业所（驻址为侯马），位于路西老街，在中华人民共和国成立以前的旧砖木结构建筑房办公。1958年成立人民银行侯马市支行，于1960年迁至现幸福街（平阳制药厂址）新建的2层办公楼房办公，1969年，二次迁至石油公司，借石油公司房办公。1975年人民银行侯马市支行再次迁至五一路（今新田路）北侧新建的2层（后加至3层）办公楼办公。1976年10月，建立建设银行侯马市支行，在五一路南侧（今星田宾馆址）2层办公楼办公。1979年9月成立中国农业银行侯马市支行，与人民银行侯马市支行在同一办公楼办公。

五、住房建设

公房建设 20世纪50—60年代，境内平阳机械厂、凤雷机械厂、省建一公司、山西省侯马汽车运输公司等企业建设职工宿舍区，一般为砖砌窑洞或砖木平房。20世纪60年代末，曲沃县革委（地址为今市政府）建干部宿舍（砖木平房）。20世纪70年代，侯马运输公司、邮电部第七研究所、省建一公司、邮电部侯马电缆厂等大、中型企业建设砖木混合结构的平房或低层楼房。市财政局建成干部家属宿舍（砖木平房）。

　　私房建设　中华人民共和国成立时，侯马旧城区绝大部分民居为砖木瓦房、土坯房。住宅面积有1.65万平方米。20世纪70年代，市第二汽车运输公司等单位开始集资建房，干部职工开始在市区建私房。

六、公用事业建设

供水排水

　　供水　水源地建设1958年，市自来水公司开始兴建下裴庄水源地。至1964年，共投资80余万元，在下裴庄浍河边打深井5眼，铺设主线管道15845米，支线管道1767米。1965年2月，开始向境内供水。1966年，在下裴庄水源地再打深井5眼。同年，兴建郭村水源地，打深井6眼。1979年，兴建上马水源地，在驿桥村打深井1眼。

　　输水管网建设　1959年，市自来水公司从下裴庄水源地铺设600毫米输水主线管道3473米。

　　排水　1970年前，城市没有建立排水系统。1971年建市后，排水系统开始按规划建设，先后建成的排水工程有：煤建公司西部排水工程、火车站商场至煤建公司排水工程、煤建公司至旧城南门外排水工程、建材厂经侯马发电厂生活区至浍河的排水工程、省建一公司至省安装公司二分公司防洪渠工程、侯纺西南角至人民解放军某部排水工程。

　　1973年12月2日，动工兴建市体育场排水工程。1976年3月，新建永红街排水工程。1976年9月，始建七一路排水工程。1978年7月，新建五一路排水工程。1979年，新建紫金山街下水道工程、红旗路排水工程。

路灯

街道照明 1962年前，侯马街道没有安装路灯照明设备。是年10月，首次在侯马镇东、西、南、北四条老街道安装40盏路灯。1970年五一路（今新田路）安装55盏路灯。

七、公共交通

三轮车 中华人民共和国成立前，境内有私人经营的人力三轮车为旅客服务。20世纪50年代中期，人力三轮车归侯马搬运工会领导。1966年后停业。1978年后，人力车重新恢复并得到发展。

公共汽车 1973年前，没有专设市内公共汽车线路。人们出行都搭乘开往新绛、曲沃、杨谈、礼元的短途公共汽车。1973年7月，成立市公共汽车公司，隶属城建局，1974年，汽车公司在紫金山北街建两层办公楼。同年，有解放大客车4辆，职工10名，固定资产12万元，营运线路4条：侯马至曲沃、礼元、新绛、杨谈。

八、市容环境

道路清扫 1958年以前，居民朱树谷在铁路西老街区打扫菜市场卫生。1958年，侯马镇委决定由工会主席景玉珠负责街道卫生工作，并向侯马搬运队借要李林明、王桂、任绪年、孔祥时、尚广任五名职工清扫镇街道。同年，境内成立第一个卫生队，由咸根黄、岳爱女、吕金中、苏金英4人组成，清扫老街四条街道和部分公共场所，面积1万余平方米,收取卫生费,自收自支。1970年,增加平阳路清扫范围,实行定人定街清扫,清扫面积增至3万平方米。1972年,卫生队归城区公社管理。1975年新增加车站卫生队。1976年,清扫人员增至31人,有13辆小平车,清扫面积10万平方米。1978年4月成立市环境卫生管理处,专门负责道路清扫工作。

第三节 园林绿化

一、城市园林

百花园 位于侯马火车站前广场,1973年春始建,总面积0.8公顷。栽植有柳树、雪松、法国梧桐、石榴、海棠、广玉兰、女贞子、木荆等树木花卉,并搭建了长廊通道下设躺椅,为过往旅客提供休息、游览场所。

动物园 位于程王西路南侧,南与体育场相邻,1976年始建,1977年1月竣工,占地面积3.33公顷,是一所集动物观赏、园林观赏为一体的城市公园。园内建有动物馆舍,有各种动物42种180多只,园内栽植有各种花木。

二、街道绿化

20世纪60年代以前,城镇地域小,街道窄,城镇道路两侧只有零星树木,且品种单一,以杨树为主。

1974年,在五一路(现新田路)的火车站至省建一公司机运站路段,栽泡桐320株;火车站至市委南路口路段,栽植泡桐、桧柏;体育街和市委西路栽植橡柳。1975—1976年,在五一路(新田路)的机运站至289医院路段两侧栽植泡桐。1978年浍滨街栽种的树木更新,将原植加拿大杨改栽国槐。

三、单位庭院绿化

1975年,市城建部门组织各厂矿企业单位负责人到太原、榆次等地参观学习城市园林绿化经验,开始重视庭院绿化工作。此后,坚持每年召开市春季绿化动员大会,组织植树造林,落实绿化目标。

第四节 农村建设

公共建筑

明清时期,境内多数农村都修建有城墙、城门、城堡(堡子、寨子)、庙宇、祠堂、阁楼等。西南张村城墙、西台神的台骀庙、北西庄的三灵侯庙等建筑保存得比较好。20世纪50年代实行合作化,各村普遍建饲养处、库房、大队部、工房、保健站、学校、加工厂等。

村民住宅 中华人民共和国成立前,境内民居多为四合院式住宅。一般人家建悬山式片瓦房,土木、砖木结构,以脊柱、梁、檩为骨架,白灰砌筑,砖包土墙。富有人家建有两三层木楼,两进或三进院落,有过厅、廊房等,建筑考究,装饰华丽。1949年,境内农村住宅建筑面积35.64万平方米,农民人均住宅9平方米。20世纪60—70年代,农村住房开始翻修或拆旧新建,一般建3~5间北房,院基0.4亩以上。房屋结构为砖柱子、土坯填空、砖石旋门窗，俗称"八大块"。

第五节 文化建设

一、管理机构

文化局 1960年2月设立，1962年并入文教卫生科。1971年8月，第三次建市后，文化工作由市政工组分管；10月成立文教办。1973年3月，文化工作归文教局管理。1975年9月成立文化局，工作人员5人。

群艺馆 1971年建文化馆，馆址设于侯马老东街财神庙院内。第一任馆长为郝光浓。有工作人员8人，主要任务是配合市中心工作，宣传国家方针政策，组织、辅导、培训文艺骨干。

乡文化站（室） 从1971年开始，高村公社、张村公社、凤城公社、上马公社、侯马公社和城区人民公社相继成立文化站。各站配备文化辅导员1名，设有图书室、文化室。每年组织3～5次大型文化活动，挖掘、整理传统民间艺术，协助各村、街道建立文化室、图书室。

厂矿俱乐部 20世纪70年代起，邮电部侯马电缆厂、侯马运输公司、平阳机械厂、省建一公司、侯马发电厂、配件厂、侯马纺织厂等企业均建有工人俱乐部、职工之家，组织有业余宣传队。常年坚持开展文艺、书法、科技、体育活动，并参加本市和本系统组织的文艺演出、书画展览、体育比赛等各项目活动。

二、群众文化活动

社火 境内传统民间文化活动,俗称红火热闹。明清至民国时期,每逢春节、庙会、拜神求雨等,各村自发举行活动。20世纪70年代后,市文化部门精心组织春节、元宵节、国庆节等重要节日活动,在市区主要街道、广场和各乡举行表演活动,观众多达数万人,表演形式五花八门、多姿多彩。

舞狮 南上官、垤上、西侯马村的传统表演节目。狮子头盔与狮身分别由两人托起,踏着铿锵有力的锣鼓节奏,随着一位身扮武士手持绣球者的引导,做抢球、扑球、翻滚、腾跃、上高架、跳桌凳等各种动作。有时几个大狮子和一些小狮子做群体表演,威武雄壮。

龙灯 北西庄、南郭马、大南庄、张少、东城等村的传统表演节目。分"彩龙""白龙""火龙"等。北西庄的"火龙",龙头、龙尾全用纸制作,亮度大,龙身系布制作,粗细一致,亮度均匀。"火龙"在每年二月二"龙抬头"时舞耍。晚间出龙,在庙门前点燃一大堆柏枝,以呈现浓雾状态,门的两边排成两行手控松香的人,等龙扑入烟雾,两边放出火来,龙口旋即吐火,烟火缠身,上下盘旋,威风凛凛。其代表性节目有《龙绕九柱》《龙钻火圈》《龙打滚》等。

抬阁 河东等村的传统表演节目。表演时将精灵俊秀的童男童女扮成各种戏剧人物,缚于铁架之上,下面由四人抬者,称抬阁;由一人在肩上扛着称挠阁;或背在背上称背阁。20世纪60年代以后,又逐渐演化出架在自行车、拖拉机或卡车上的各式抬阁。一个架子上往往有两三名扮成戏剧人物的儿童,在巧妙的道具、布景衬托下,构成"唐僧取经""沉香救母"等戏剧装扮，在鼓乐声中缓缓行进，生动有趣。

高跷 俗称拐子，史店、北坞、单家营等村的传统表演节目。表演者腿缚一米多长的木拐，扮成戏剧人物，跟随锣鼓乐点，列队穿插扭舞。表演形式有跳桌子、过金桥、劈叉、鹞子翻身、单腿跳等。

鼓车 清末民初在境内普遍兴起。表演时将特制大鼓装在马车上，鼓手多人乘于车上，车辕套3~5头甚至20多头高头壮骡，且插旗戴花。表演时群骡齐奔，锣鼓齐鸣，气势磅礴，威武壮观。20世纪70年代以后，骡拉鼓车多改为机动车辆，许多厂矿事业单位把卡车装扮成大型彩车，车上或做鼓手对打，或做戏剧表演，或装载各种模型、牌匾，鱼贯前进，气势非凡。

花鼓 是本市人们喜闻乐见的民间小型鼓舞，各村均有。主要表演者为6人，一个是扮成老头的打鼓者，称滚鼓，四个男扮女装的敲铛铛者，称包头；另一个是扮成顽童的摇拨浪鼓者，另有几个伴奏大锣、钹和几个唱曲子的。花鼓出动，前后有四盏白纸糊的六角枣核形高灯围绕。

火 本市灯火历史悠久。中华人民共和国成立前，每逢春节，家家户户都提前在院子里用柏枝搭起一人高的篝火（俗称旺火），大年初一黎明予以点燃，同时燃放鞭炮，寓意迎祥接福。元宵节张灯结彩，大街小巷灯火通明。最有名气的是每年农历二月二火神庙的烟火。提前十几天即作准备，搭牌楼、立老杆，在老杆上捆绑各式花筒，如"老和尚撞钟""二羊顶角""葡萄串""金猴捣米""打瓜园"等。一根老杆点火完毕，接着烟花自动点燃第二、第三根老杆，直到数十根老杆全部燃放完，火树银花，蔚为壮观。

三、文学创作

散　文

境内散文创作古已有之。清代及民国《曲沃县志》存目的有李浩的《南庄集》《归田集》、李镔的《白石山人集》、卫嵩的《孟子游历考》等十余种。20世纪70年代以后散文创作人员逐渐增多，作品屡见报刊。

小　说

本市小说创作始于20世纪70年代。市作协多人的作品在省级以上刊物上发表。

诗　歌

春秋时期，民间诗歌创作已很活跃。收在《诗经》中有关晋国的诗歌有《魏风》七篇，《唐风》十二篇。《左传》记载诸侯国外事活动中赋诗次数以晋人最多。汉唐至明清文人官绅所做有关侯马的诗文见于旧《曲沃县志》中的有数十篇。清代大李人查兰秀，著有《镜晓阁诗集》、沈岫云著有《双清阁诗集》、侯马镇人李兆斗著有《浍洋诗》。

1960年，最高人民法院院长谢觉哉来侯马视察，作有《浍河水库》。1961年，山西省文物管理委员会副主任张颔教授来侯马考古，作有《侯马出土陶范歌并序》。剧作家田汉作有《参观侯马金墓》。境内擅长写格律诗者主要有张介凡、史洪久、刘仕云等。

四、戏 剧

剧 种

蒲 剧 俗名"蒲州梆子",又称乱弹、大戏,为本市主要戏剧形式。1959年1月,山西考古工作者在牛村金代董氏砖墓中,发现的砖雕戏台和五个戏俑(末泥、引戏、副净、副末、装孤)是金代后期院本和杂剧的演出形式,反映了13世纪后期,戏剧已在侯马地区繁荣普及起来。蒲剧就是在宋杂剧、金院本和元杂剧的基础上,融合晋南一带锣鼓杂戏和民间歌舞而形成的一种古老的地方剧种。明清时期,蒲剧形成以蒲州为中心的"南路戏"和以平阳为中心的"西路戏"。侯马一带流行"西路戏"。

碗碗腔 俗称灯影、小戏。近代由陕西传入境内。唱腔以小钢碗击拍,月琴伴奏,声调刚柔相济,悦耳动听。表演时,艺人在幕后"耍杆",将用透亮牛皮制作的各种人物、道具、布景,投在白纱幕上,伴以动作说唱,观众在台前观看。皮影戏的演出多与木偶相配合,晚上演皮影,白天演木偶。历代传抄的台口对联"青天白日泥作怪,深更半夜皮成精",就是对木偶皮影同台演出的真实写照。

眉 户 清嘉庆、道光年间由陕西传入,中华人民共和国成立后,临猗、临汾眉户剧团常来本地演出,影响很大。本地农村业余剧团和各单位举办的各种小演唱多数采用眉户唱腔。白店、张王、秦村、东庄、驿桥、小里等村的眉户戏,都有一定名气。

剧 团

蒲剧团 民国初年,各地大办"娃娃班",境内北庄小三娃子戏和襄汾县勤娃子戏，常在侯马、曲沃一带活动。职业剧团有本地岳云胜（八条棍）剧团。芮城杨老六（杨登云）等剧团也常来侯马演出。名角孙广胜、王存才、鸿安荣、毕业生、模样儿、骡驹子、彭富奎、杨老六、贾桂元、北庄三、杨国荣、灵宝红等都在境内享有声望。社会上有"看了存才挂画，不坐民国天下""宁误秋收打夏，不误存才挂画"之说。1938年，日军侵占侯马后大部分艺人云集西安，侯马地区仅留有岳云胜一个戏班。

1958年侯马设市后，原新绛蒲剧团改名为侯马市蒲剧一团，原曲沃县建设蒲剧团改名为侯马市蒲剧二团。1960年9月机构改革，原一团改为市蒲剧团，二团分流解散。1963年5月，侯马市建置撤销，蒲剧一团归新绛县管辖。

1976年，侯马市文工团改建为侯马市青年蒲剧团。历年侯马市蒲剧团演出的剧目有：《刘胡兰》《血泪仇》《宝莲灯》《白蛇传》《金麒麟》《状元与乞丐》《盗御马》《杀驿》《教子》《三岔口》《挂画》《起解》等。

皮影剧团

1947年，侯马解放后皮影戏得以恢复。安六、保子等自筹资金搭班演戏。1958年，中共侯马市委决定将原曲沃、襄汾、新绛三县的安六、保子、仇自茂、宋文龙等老艺人的皮影班，合并组建为"侯马市皮影剧团"。师作栋（保子）、贺际泰相继担任团长，名角有王福盛、师作栋、仇自茂、张福元、高跟娃、文千管等。1963年5月，侯马市建置撤销，皮影剧团随之解散。

1971年10月，侯马市文化局副局长廉振华，吸收西高村文千管、宋天成、虒祁村刘秀珍等十几个皮影爱好者，自筹资金，办起"侯马市业余皮影实验剧团"。学习河北唐山、湖南长沙大型皮影团的经验，扩大影幕，增高人影，添加布景道具，改油灯为荧光灯，增强了演出效果。1976年10月，经侯马市委上报省委批准，正式成立"侯马市皮影剧团"，团长王立业。演出足迹遍及秦、晋、豫三省30多个县市，颇受欢迎。

碗碗腔剧团

1961年8月，侯马市碗碗腔剧团成立，由演员代替皮影表演模拟影人动作，团长董光辉，艺术总指导筱兰香。1963年，重庆川剧院涂卿芳教授来团传授表演艺术。由于碗碗腔的表演艺术别具一格，在戏剧界独树一帜，晋南戏校、晋南青年蒲剧团等许多蒲剧艺人都到碗碗腔剧团取经学艺。

1963年5月，侯马市碗碗腔剧团更名为曲沃县碗碗腔剧团。1964年4月，彭真第二次回侯马视察、探亲，在侯马招待所观看了碗碗腔剧团由郭柏华、宋秀萍、王莲叶演出的现代戏《俩队长》和闫逢春主演的古装蒲剧《观阵》，张玉琴、苗凤兰演出的《表花》。同年春，还在侯马招待所给中央首长吴玉章演出《俩队长》《送牛》。

文工团

1958年11月，成立侯马市文工团，团长陶若璟，导演孟涛、苏家栋。1963年5月侯马建置撤销，文工团归属晋南专署。

1971年，侯马市委决定成立侯马市文艺工作团，由耿永顺、郝江、吴声、王立军等人筹备建团，招收学员58名，

1976年3月改建为侯马市青年蒲剧团。

五、音乐 舞蹈

音乐

古代音乐 侯马音乐文化，历史悠久。春秋时期，晋国国君和卿大夫都有自己的乐师、歌伎。祭祀宗庙、宴享宾客等重大活动都要进行演奏。悼公、平公时期的师旷，是驰名列国的第一流音乐大师，他因病而盲，秉性刚直，通晓音律，能演奏多种乐器，尤善抚琴辨音，常以音乐理论纠正晋君言行，参与政事，被誉为"五音之圣"，更为后人尊称为"聪圣""乐圣"。1961年考古工作者在上马东周墓群13号墓中发掘出来的9枚编钟、10枚石磬，距今已有2700多年。1959年，在牛村发掘的金墓中，有戏、舞、杂耍和弹琴、击鼓，以及吹奏笙、箫、管子的乐俑。1970年以后，从民间收集回来的清代以前的乐器有金钟、玉磬、堂鼓、柷、敔、琴、瑟、排箫、篪、埙。

现代音乐

鼓吹乐 俗称"打鼓班""同乐班"，用于民间红白喜事。每班6~10人，分粗、细两种形式，用两支大唢呐，配以战鼓（或小堂鼓）、钗，即"粗"乐。由板鼓、梆子、小唢呐（油笛），同三弦、板胡、二胡等弦乐组合起来的称为"细乐"。粗乐吹打并用，粗犷、激烈，用于行进、迎送。细乐细腻、悠扬，用于坐班清唱伴奏。所奏乐曲原有二三百首，因老艺人相继去世，经20世纪70年代后抢救收集的仅余百首，集入《中国民间乐器集成·山西卷·临汾集·侯马资料本》。

吹鼓乐班，分布于全市各乡镇，有十几个乐班，120多名艺人。民间艺人耿玉山唢呐演奏功底深厚、技巧高超，循环换气非常拿手，多次参加地区及省民间吹奏乐会演，在本市和邻县颇有名望。民间艺人边春凯，吹、拉、弹、唱，样样精通，尤其在蒲剧、眉户、碗碗腔地方戏的唱腔方面有其独特之处。

台骀锣鼓　旧时，民间锣鼓队遍及境内各乡村，凡迎神赛社、吉日喜庆、民间娱乐都有锣鼓演奏，演奏曲谱大同小异，称为"文锣鼓"，以西台神台骀锣鼓最具特色。台骀锣鼓原为祭祀汾河治理守护神台骀的音乐鼓点，经历多年吸收侯马地区民间锣鼓的精华，发展成为有6套完整鼓谱和13个曲牌组成的套数。演奏乐器为一个大鼓、一个小鼓、两个小丁锣、两对大钹、四面大锣（亦可成倍增加），组成高、中、低三个声部。演奏时轻重缓急、抑扬顿挫、此呼彼应、有板有眼，极富表现力。

音乐创作　古代，境内音乐创作主要是民间艺人在社火节目中所创作的民间器乐曲谱和民歌小调，20世纪70年代以后有了专业音乐工作者的音乐创作。在创作方面出现了以贺际泰、刘乐民、李一鹏等为代表的音乐人。

舞　蹈

白店秧歌　流传于本市白店村，是一种风格独特的民间舞蹈，称白店秧歌。1965年考古工作者在白店东北发掘的牛村金代砖雕墓室中，就有白店秧歌这一民间舞蹈表演形式。由此可知，早在宋金时期，白店秧歌就已盛行。

白店秧歌表演动作虽然简单，但颇具特色。伞舞者动作僵挺呆板，表情严肃木然，类似木偶表演，其余5人动作则热烈活泼，手脚灵活多变，神态愉悦风趣，形成鲜明对比。歌词唱腔采用地方方言，乡土气息浓郁。演唱形式有齐唱、领唱、说唱等，丰富多彩，目前保留的曲牌有"观灯调""货郎转乡""娘媒婆"等。

1955年，白店秧歌参加全省第二届民间文艺调演获一等奖。

六、美术 书法 摄影

绘画 旧时，境内民间绘画主要表现在寺庙建筑的装饰绘画和农村民俗绘画。中华人民共和国成立后，流行宣传画、幻灯片。20世纪70年代以后，各类美术创作人员不断涌现，群众性的美术创作活动日趋活跃。一些大厂矿和学校成立美术活动小组。绘画界出现了以廉振华、杨苇、翟惊、辛伟敏、常美娟、刘秀峰、阎金堂、杨天亮等一大批本土画家。

书法 侯马境内所存最古老的书法资料当属春秋晋国时期的《侯马盟书》，该盟书5000余件，采用朱笔或墨笔写成，每件少则10余字，多则200余字，一般为30～40字，字体与春秋晚期青铜铭文相似，是研究中国书法发展史的重要资料。碑刻书法资料具代表性的有《台骀庙怀古十韵碑》，是清初著名学者朱彝尊为台骀庙所咏题的一首五言绝句，共十句一百个字。行楷，其字大如拳，下笔严谨，雍容端穆、雄秀俊伟。大李裴君睿院内现有裴志灏临摹重刻的怡亭碑，碑文由唐大书法家李阳冰篆书、李莒隶书、裴志濂自书楷书，一碑三体，世所罕见。史店行氏后人藏有清代大书法家王杰所书行有条墓志铭，法度森严，极为珍贵。侯马博物馆藏清乾隆年间曲沃知县张坊所书"汾隰流云"碑刻，笔锋苍劲，洒脱大方。博物馆馆藏书法作品有《张凤翔草书上条屏》《仇汝嘉对联》《幽兰赋》拓片、《唐平淮西碑》拓片等。古代侯马，见于资料的书法家有明代南庄人李承颜、李承宠、李偘和清代康熙年间裴徫度。徫度少有才华，善诗，能书画，为户部郎中时康熙皇帝曾亲试其书法，列为当时书法第四。

中华人民共和国成立之初，境内小有名气的书法家是王昭明，擅长颜体楷书，行草亦有功力。20世纪50年代，各单位和商店的牌匾大多属他所为。20世纪70年代后，练书法的人逐渐增多，书事活动日趋活跃，在书法界享有一定声誉的有韩左军、李明杰、毕绪杰等人。

工艺美术

嵌字画　李树勤，中国老年书画研究会会员，代表作品有：《人民的好总理》《寿八仙》《百福百寿图》《千寿图》《脸谱"龙"》《千福图》等。

雕塑　王建邦，山西省雕塑协会会员。1968年以后创作大量泥塑、石膏浮雕、玻璃钢雕塑、水泥雕塑、大型砖雕、汉白玉作品等，分别置放在本市及北京、大连、北戴河、五台山等地。

烫烙画　孙凯旋、张志安擅长烫烙画。作品构思巧妙，格调清新，古朴典雅，丰富生动。多次获奖，并被国家有关单位和国内外爱好者收藏。

其他工艺

布虎　崔玉仙，自幼受家传和民间传统艺术影响，创办有"世德堂"布虎工作室。作品大者一尺有余，粗犷豪放，小者指尖可立，小巧玲珑，坐卧行走，形态各异。颇受好评。

景泰蓝装饰画　周庆，潜心研究景泰蓝工艺创作，艺术风格深厚凝重，豪华典雅，色彩丰富饱满。创办有"自由空间"装饰画工作室，作品颇具特色。

根雕　代表艺人贺勇锋、李安庆。作品形神兼备，动静结合，极具情趣。

鸵鸟蛋画　薛亓开发鸵鸟蛋壳彩绘画，选题有三晋历史名人、晋国典故、黄河根祖文化、河东史前传说故事等，作品精美典雅、奇葩独秀，为国内少见。

堆锦贴画　杜巧玲，以丝织锦缎材料创作堆锦工艺贴画，作品华美秀丽、栩栩如生。

陶埙　赵琪，代表作品有牛头埙、元宝埙、子弹头埙、八棱埙、梨形埙等。作品多次参加展览，大多销往北京、西安等地。

剪纸　侯马剪纸艺术源于春秋晋国。相传晋献公爱慕齐姜，齐姜以金箔剪"十果花"（石榴、桂圆、荔枝、佛手、柿子、白果、金葡萄、桃、枣、葡萄）相赠，寓意吉祥如意。齐姜到晋国后，又以"十果花"赐给晋国女子，遂使晋国剪纸之风大开。唐朝李商隐"缕金作胜传荆俗，剪纸为人起晋风"句，即对晋国剪纸之风渊源的描述。

侯马民间剪纸艺术从内容上可分为两类，一类是婚生寿丧，多围绕"十果花"剪纸；另一类是节日风情，窗花内容有花草鱼虫、十二属相、戏剧人物、历史故事、摇钱树、聚宝盆、各式十果团花等。

侯马剪纸从形式上分为"阳刻法""阴刻法"和"阴阳混刻"。"阳刻法"是中国线描造型的发展，它可以表现得细如毫发，精妙非凡。"阴刻法"是利用剪影效果，在黑色物象上再用亮点或白线丰富表现力，显得古朴凝重，阴刻与阳刻交替结合更加丰富了剪纸的语言。熟练的剪纸艺人有的只打腹稿就直接用剪刀在纸上剪裁，姿势灵巧、变化多端。还有的一些艺人用刻刀在蜡纸上制作，叫"刻纸"。

皮影制作

民国初年，皮影雕刻日趋增多，虒祁村李武昌家、南上官村杨茂盛家，常年住有从陕西来的皮影雕刻艺人，所雕刻皮影多为本地皮影剧团购买使用。1938年日军侵占侯马，皮影艺人流散。1970年侯马皮影戏剧团建立后，一方面搜集古旧皮影，另一方面成立皮影雕刻组，自己着手制作新影，共雕刻皮影人物300多个，道具数百副（件），保证了剧团的使用。

皮影艺术家的代表人物有廉振华、赵翠莲（女）等。

摄影

20世纪30年代，侯马镇南街有荆同财等人开设私人照相馆，使用老式相机从事人像摄影。50年代初期，私人照相馆有祁华林、孟希贤、侯宏珠3家。1956年公私合营，成立侯马照相馆。20世纪60年代以后，市委通讯组、市文化馆和大的厂矿、机关、学校都相继购置了国产上海海鸥相机，主要是为会议、新闻报道、展览服务。涌现出冯安泽、梁子明、陈文虎、张振之等一大批优秀的摄影家。

七、报刊 通信 图书

报纸

《侯马报》1958年12月1日创刊，为中共侯马市委机关报。中共山西省委常委、书记处书记、副省长郑林题写报头。创刊时为四开四版，逢单日出版。报社设有采通组、文教组、农业组、工商组，工作人员20名。1962年改为周二刊。主编梁合水。1963年1月，中共侯马市委机关报《侯马报》停刊，共出版370期，原侯马报社改为曲沃小报社，编辑出版《曲沃小报》，主编马安国。

通讯

1958年10月，中共侯马市委设立中心通讯组，组长尉如澜。1963年侯马撤市，通讯组归曲沃县委管辖。1971年8月，侯马重新设市，同年10月成立通讯组，先后由政工组、市委办公室、市委宣传部代管，负责全市对外宣传和通讯报道工作。1971—1978年，通讯组先后由焦玉龙、冯友道、冯安泽任组长。

1958—1962年，侯马市治理浍河、修建浍河一库，农业生产高潮迭起，杨谈公社农业生产成为全省、全国学习的典型。市委通讯组在《人民日报》《山西日报》等报刊上发表了一系列通讯文章。1978年，侯马市秦村、宋郭、东庄、驿桥等农村小麦、棉花大生产掀起热潮，涌现出"全省小麦十杆旗"之一的宋郭村、"临汾地区棉花八仙"之一的驿桥村毕英姿等先进单位和典型人物。市委通讯组采写了大量反映侯马农业生产的新闻通讯稿件，在《人民日报》《农民日报》《山西日报》等报刊上发表，上稿量在全省排列第一。1978

年底,全省通讯报道工作现场会在侯马召开。市委通讯组被评为全省通讯报道模范单位,组长冯安泽被评为全省10名模范通讯报道工作者之一。

图 书

20世纪50年代,侯马镇有一个私人图书代销点,农村有曲沃县新华书店派出的流动供应人员下乡服务,另有基层供销社设的书刊专柜,义务发行员代销,农村个体户经销、代销等形式。1956年曲沃县新华书店在侯马镇南街租用公房三间,开办了新华书店门市部,工作人员两名,经营图书30余种,主要是课本和日常用书。1961年,在火车站南征地3.5亩,建库房3间,办公室17间,门市部4间,次年8月投入使用。20世纪60~70年代,年均发行量11万余册。

八、广播 电视 电影

有线广播

1958年侯马市有线广播站正式成立,使用两台TY型500W广播扩大机进行广播。市区至公社传输线路借用电话线,公社以下由群众集资架线。1965年后,由国家投资架设广播专线,解决了长期占用电话线路的问题。农村喇叭入户率达80%以上。广播节目以转播中央人民广播电台和省人民广播电台为主,以自办节目为辅。自办节目内容为市内新闻、评论和各种讲座,专栏有《侯马在跃进》等。每天播音两次。1963年,全年播出稿件1380份,稿件主要来自基层通讯员。

1971年,建立侯马市人民广播站,临时在市府路人武部二楼和政府礼堂后一楼，使用两部 TY 型 500W 广播扩大机播音。1976—1977 年，全市铺设地埋线 114 千米，各公社陆续建立广播放大站，各有 1000 瓦广播扩大机 1 部。1978 年，市广播站自装 1200 瓦广播扩大机 2 部，全市广播线路均架设了水泥杆，杆程 108 千米，线程 210 千米，村喇叭入户率达 95% 以上，实现了"广播线路标准化、广播喇叭户户化"。广播站设有《侯马新闻》等栏目，节目以自办为主，每周 3 期，每天 2 次，每次 30 分钟。

电视

无线电视　1970 年市广播站从天津购回一台北京牌黑白电视机，这是侯马市的第一台电视机。

1974 年，在邮电部第七研究所的支持下，利用邮电部微波干线第 38 站的信号，在五〇一厂建起一座功率为 50 瓦的黑白电视差转台，功率为 50 瓦黑白差转机，收转中央电视台一套节目，用 4 频道频率发射，天线采取双层十字半波振子，铁塔高度 25 米，覆盖侯马、曲沃 50 千米范围。

电影

1925 年，东庄村在太原上学的张景良以山西学联的名义，携带电影放映机回乡发动筹捐，在曲沃县城黄帝庙和东庄村放映电影三场，观众达 2000 人次。影片是国产无声故事片《死好赌》和《白云塔》。这是境内放映电影之始。

1952 年，山西省电影放映第十一队携带 16 毫米放映机和小型汽油发电机各一部，到晋南巡回映出。1956 年 10 月，侯马路西电影院建成，每年放映 800 余场，观众达 48 万人次。

1958 年 10 月，侯马市建立了城镇电影放映队，配备 35

毫米提包机2台，吉普车1辆，除在城镇放映外，还经常到农村放映。1959年1月，建立了电影发行放映管理站。1971年8月，原曲沃县第二电影队，划归侯马市领导。同年成立侯马市电影放映管理站，实行站队合一，在市委礼堂二楼办公。1973年，市委礼堂放映组成立。1977年，在五一路（现新田路）建立露天电影院。

第三编

改革开放以来侯马的发展

第一章 城市经济体制改革

第一节 城市工业企业的改革

一、工业体制改革

党的十一届三中全会后,个体经济逐步恢复和发展。

1984年,全市个体工业户和商业户发展到1297户。1995年,个体工业户与商业户发展到11000户,私营企业有120余户。2003年,据市工商局统计,全市注册登记的个体工商户8773户,各类企业1003户,其中有限公司491户、股份合作制企业43户、国有企业198户,集体企业107户、私营企业164户。2005年,全市规模以上工业企业16个:国有企业6个、私营企业6个、外商及港澳台投资企业4个。

二、公有制企业体制改革

1981年,推行以利润包干为主的经济责任制,工业品的购销体制实行计划管理与市场调节相结合的"双轨制"。1983年,开始对企业实行"利改税"。1984年,中共侯马市委、市政府〔1984〕27号文件,在工商企业推行厂长(经理)目标责任制,进一步扩大企业生产经营权、产品销售权、产品价格权、资金使用权、生产处置权、机构设置和人事劳动管理权、工资资金使用权、联合经营权。

1987年后,根据《国务院关于深化企业改革增强企业活力的若干规定》,全市地方国有企业通过自我推荐、领导提名、演讲答辩、民主投票、主管部门考察等多种形式,实行"包死基数、确保上交、超收多留、歉收自补"为基本特征的承包责任制。1992年7月23日,国务院发布《全民所有制工业企业转换经营机制条例》,规定企业要适应市场要求,成为依法自主经营、自负盈亏、自我发展、自我约束的商品生产和经营单位。1993年底,《中华人民共和国公司法》公布后,企业体制改革转向以理顺产权关系为主要内容的现代企业制度建设。

　　2003年,中共侯马市委、市政府以侯发【2003】28号文件,对市属国有和集体企业改革,提出了"进一步深化企业改革的指导意见"。2005年底,全市23个工业国有中小企业和集体企业进行现代企业制度改革,建立了股东会、董事会和监事会,理顺了产权关系。绝大多数小型国有和集体企业,通过"两退"(国有和集体资产从企业退出,职工身份从国有和集体企业退出)、"三置换一保障"(置换国有、集体产权或股权,置换国有土地使用权,置换国有、集体企业职工身份实施社会保障)改革,合理安排职工,盘活了资产。

第二节 改革中的企业兴衰

电力

　　1980—1981年,市北庄扬水站、邮电部侯马电缆厂分别建成35千伏自备变电站。同期乔村35千伏变电站二期工程竣工投产。1985年，侯马发电厂至辛店变电站35千伏的输电线路和辛店变电站投入运行。同年年底，侯马发电厂发电7.88亿千瓦时。

1990年，全市共建成10千伏输电线路23条。1997年和2002年，山西建邦集团有限公司自筹资金2100万元，在大李村铁厂内先后安装1500千瓦和6000千瓦发电机组各1台，利用该企业在炼铁过程中排放的废煤气做燃料发电，年发电量4800万千瓦时。1998年8月1日，35千伏西凤变电站建成并投入运行。

1997年至2000年，侯马供电支公司先后完成35千伏新港变电站建设、新港变电站增容、辛店变电站直流改造、35千伏315（316）线双回改造、35千伏联络线路建设、35千伏乔村变电站增容、调度自动化改造、35千伏辛店变电站增容及MIS系统建设9个A类工程项目。同期完成城市配网自动化建设及城市10千伏公用配电线路（支线）新建与改造等29个B类工程。之后，又开始以农村电网改造为重点，兼顾城市电网改造，相继完成全市22条260余千米的10千伏公用线路改造工程，完成全市81个自然村32645个用户的中低压电网改造，架设低压主干线280千米，新上、改造、更换变电器147台，架设接户线221千米，安装表箱7368个，共完成电网改造C类工程223个项目。至2003年底，累计完成城乡电网改造261个工程项目，完成投资6344.78万元。2003年，市汇丰建材有限责任公司通过省经贸委立项，投资2800万元，在大李村南兴建自备发电站一座。电厂总装机容量12000千瓦，配2台35号的流化床锅炉，4月开工建设，年底投入运行。

2005年底全市有发电厂（站）3座，年发电量171292万千瓦时，有35千伏的变电站10个，总容量139.4兆伏安；有35千伏的输电线路10条，长度48.182千米，10千伏的输电线路45条，长度539.211千米；配电变压器1126台，合计容量179031千伏安。

冶 炼

冶铁 1984年，高村路西铁厂建成投产，时有职工100余人，年产生铁6000吨，总产值700万元。1985年，南堡铁厂建成投产。1986年，市磷肥厂利用8立方米炼磷高炉冶炼生铁。1987—1989年，先后建成南庄铁厂（汇丰）、大南庄铁厂、新吉铁厂、永红铁厂、建邦铁厂、王新民铁厂、马建强铁厂、上院铁厂、驿桥铁厂、西城铁厂、凤城铁厂、晋福铁厂、兴隆铁厂、南西庄冶炼厂、西里铁厂、西高铁厂、西台铁厂等近30家冶炼厂。1990年，全市生产生铁26682吨，从业人员达到1500余人。

1992年，相继有市炼铁厂、新生铁厂、金鑫炉料厂、东台铁厂等冶炼厂建成投产。1993年，全市生产生铁14.04万吨。1995年，全市生产生铁32.71万吨，但小炼铁炉造成的资源浪费和对环境的污染问题还没有解决。

1996年，市政府组织职能部门开始对冶炼业进行整顿，关闭15立方米以下的炼铁炉30家。同时，具备15立方米以上炼铁炉的企业更新设备，治理污染。

1998年，全市生产生铁降为8.71万吨。2000年，生铁年产量降到 6.03 万吨。整顿后保留下来的企业有：建邦钢铁有限公司、长虹钢铁有限公司、驿桥铁厂、高生铁厂。同时，山西晋韵钢铁有限公司、山西华强钢铁有限公司在侯马投产。2003 年，全市生铁年产量恢复到 23 万吨，从业人员 1900 余人。2005 年，全市生铁年产量 707260 吨。

冶铜 1993 年，中条山有色金属公司侯马冶炼厂在侯马选址立项。

1995 年 6 月 10 日，中条山有色金属公司侯马冶炼厂在高村乡虒祁村西动工建设。1999 年，第一期工程基本完工，总投资 7.6 亿人民币。1999 年下半年进入热负荷试车阶段，11 月 13 日生产第一炉合格粗铜，打通了全部奥斯麦特工艺流程。

2000 年，进入试生产阶段，年出产粗铜 6888 吨。调试中变更外方设计近 300 项，年生产粗铜 20433 吨。2003 年至 2005 年，年均生产粗铜 33000 余吨，基本达到设计生产能力要求。

铸造

1980 年，张王村办起本市第一家私营铸造厂，铸件年产值 69 万元。之后，先后建起了南庄铸铁厂、西城铸铁厂、高村铸造厂、虒祁铸造厂、张村小里暖气片厂、大李铁锅厂。1985 年初，西城铸造厂为长城电扇厂以及上海、无锡、杭州等地加工电扇底座和水泵、消防器材配件等，时年总产值 100 万元，利润 15 万元。1990—1995 年，李敏田铸造厂、跃进铸造厂、大李新兴铸造厂、金鑫炉料厂、南西庄三晋冶炼厂、晋兴炼铁厂、金旺铸造厂、茂胜农机厂又相继投入生产。1995年，全市铸铁杂件1.15万吨，从业人员700余人。

1999年，北方内燃机铸造有限公司投产。2003年，中外合资的山西汤荣汽车配件制造有限公司，投资1亿元，扩建铸造和加工生产线，使全市制动毂生产能力由1996年的4万吨提高到8万吨，该企业成为世界三大汽车制动毂制造企业之一。从业人员946人，产品出口美国、欧洲及东南亚。

2000年，侯马平阳机械厂采取熔模精密铸造工艺，生产钢卡（卡箍），产品符合国家CBO416-86标准6级要求，铸造不加工精度达到0.28～1.0毫米。产品为35锰钢铸成，各项技术性能指标达到国家要求标准。同年，平阳机械厂铸造分厂，用砂模铸造、金属性铸造、精密铸造、差压铸造等生产技术手段，生产薄壁、耐高压铝合金铸件。产品有阀体、壳体、叶片类等铝合金铸件。

2002年，侯马市大风机械制造有限公司、宏发铸造有限公司相继投产。市宏发铸造有限公司是当年投资、当年竣工、当年生产，占地12000平方米，建筑面积6000平方米，职工200余人，主要产品是球墨铸铁件、灰铸铁件和铸钢件，当年生产300余吨，产值12万元。2003年2月，浙江杭州萧山钱氏钢铸造有限公司迁建侯马褚村，后更名为益昌铸造有限公司。同年4月破土动工建厂，总投资1100万元，占地14000平方米，建设生产车间4800平方米，9月竣工投产。年产钢锭模3万吨。

2005年，全市铸造行业有12家，有职工600余人，年铸件31069吨。

炼焦

1984年，境内张王村建起第一座土焦炉，生产焦炭。之后，本市相继建起垤上、大南庄、大李、上院、驿桥、北王等18家炼焦厂。1989年，全市生产焦炭28200吨。1990年后，市政府开始对污染严重的炼焦行业进行治理整顿，关闭了所有土焦炉炼焦厂。

20世纪90年代，大利焦化厂首家建成HI-28-Ⅱ型机焦炉，年生产焦炭6万吨。1998年，大利焦化厂淘汰旧炉，自行设计建起年产20万吨LJ-9520型机焦炉。同年，全市生产焦炭17.78万吨。1999年，大利焦化厂出口美国、印度、伊朗等国焦炭16万吨，创汇800余万美元。2000年，大利焦化有限公司又投资3000万元，建起年产50万吨的机焦炉1座。2001年，山西中化寰达实业有限责任公司2×25孔DQJ-50型清洁热回收焦炉建成投产，当年产焦炭6万吨。2002年，全市生产焦炭39.5万吨。2003年，全市生产焦炭68.72万吨。2005年全市生产焦炭93.8万吨。

电器

电缆、光缆 1980年，邮电部侯马通信电缆厂，试制成功第一台小同轴电缆履带式连续注片机。1981年，小同轴电缆试制成功，并通过邮电部鉴定。

1982年，工厂引进氩弧焊机，使铝护套焊接合格率稳定在80%以上，提高了小同轴电缆质量。1985年，中、小同轴电缆获省优质产品称号和国家银质奖。1987年，经多年研制，国内第一条年产1000千米的光缆生产线正式投产，侯马成为第一个国产光缆基地。1988年，开始从美国、西班牙、荷兰、瑞士等国引进生产通信光缆关键设备，对光缆生产线进行改造。同年，竹管式电视电缆获省优质产品称号。1990年，完成光缆改造工程，光缆生产品种和规格开始多元化。同年，研制的一槽多芯骨架式长途干线光缆获"全国新产品"称号和邮电部颁发的"部优产品"称号。1991年后，先后两次从意大利引进具有世界先进水平的全塑市话电缆关键设备35台套，形成年产全塑市话电缆180万对千米的生产能力。可生产线径0.32~0.9毫米，对数5~3600对的系列产品，并可满足用户管道、直埋、水下敷设、阻燃、防蚁等一般和特殊要求。1993年，为连接长江两岸光缆工程，生产出国内首条长达2.85千米，自重8吨的SC-CRTS5333型14芯束管水线光缆。2004年，通信电缆生产29034千米。2005年，下降到8423千米。

漆包线灯头 1982年，侯马市电线厂购置1台大拉丝机，漆包线生产能力由过去年产量96吨，提高到500吨。1984年，被山西省定为漆包线的专业厂家。同年，侯马市灯头厂引进日本东芝公司灯头生产线，设计能力年产灯头5000万只。

1986年，侯马市电线厂自制14头包漆炉1台，购进大拉丝机1台，年生产漆包线能力提高到1200吨。其高强度聚酯漆包圆铜线、晋宝牌漆包线获山西省优质产品称号。1987年，侯马市灯头厂技术人员将电熔玻璃炉改为煤熔玻璃炉，降低了能耗，解决了供电不正常对生产的影响。同年，灯头产品获省优质产品称号。1989年，自制压玻璃机4台，被山西省劳动竞赛委员会评为科技优秀奖。

1990年，研制出铝合金灯头。1991年，侯马市电线厂购置40头卧式包漆炉1台。1994年,购置24头复合漆包线包漆炉1台,购置当时国内最先进的漆包线检测仪器一套。1995年,生产漆包线242吨,有职工143人,产值813万元。同年,侯马市灯头厂生产灯头7950万只。之后,侯马市电线厂、灯头厂产量逐年下降。1999年,侯马市电线厂停产,2002年破产。2003年,侯马市灯头厂破产。

电子产品 1987年,山西平阳机械厂开始生产电脑加油机。1990年,生产30台。之后,研制开发出陶瓷臭氧发生器件、DT系列停车计费器、PMD6-50新型的逆变直流充电机、车位锁、咪表、氩弧焊机、ZXT系列逆变电焊机、NBC系列二氧化碳气体保护焊机、氢氧焰/电弧焊割机等产品。其中,陶瓷臭氧发生器件生产线采用自动化控制,月产200毫克/时陶瓷件3万片、100毫克/时陶瓷器件5万片、3.5克/时陶瓷器件2000片。2003年,与南京恒辐源实业有限公司联合开发研制出臭氧系列环保产品,主要有杀菌消毒气、液发生器、多功能空气净化机、车用空气净化器、超氧净化机、便携式超氧杀菌除味器等。

机械

农机修造 1988—1989年,临汾地区侯马农机配件厂生产的S195凸轮轴、ZHI105W曲轴产品以及ZX-0.03/7型拖拉机气制动装置均被评为山西省优质产品。1992年,侯马市机械厂有职工235人,固定资产原值262万元,更名为市曲轴厂后,被山西亨达内燃机总公司(原临汾地区侯马农机配件厂)租赁,租期10年。1996年,企业厂区面积扩大到7.67公顷,建筑面积33800平方米,有职工2884人,有固定资产原值10541万元，工业总产值4502万元，上缴税金225.3万元，亏损563.6万元。之后，在市场竞争中，亏损逐年增加，于2002年资不抵债破产。侯马市曲轴厂在山西享达内燃机总公司终止租赁后，市政府将该厂移交给侯马经济技术开发区，由其出让并安排职工。2003年，侯马市曲轴厂企业终止。

汽车修配　1978年，侯马市汽车修配厂建成投产，属于全民所有制，隶属市工业局。厂址位于程王路35号，占地0.4公顷，建筑面积3000平方米，主要修理各种汽车。20世纪90年代，该厂有固定资产原值45万元，职工74人。1992年，侯马汽车修配厂固定资产原值403.35万元，有职工524人，全部并入山西省侯马汽车运输公司，更名为侯运东风汽车修配厂。可生产各种车型后半轴、凸轮轴、主从动轮、汽车刹车毂、离合器等配件50余种，对国内外各种车型进行大修，在全省同行业中居领先地位。20世纪90年代至今，全市先后涌现出乔村永昌汽车修理厂、鸿翔汽修厂、中集汽车修理厂、康发轿车维修行、大众汽车特约维修站、丰源汽修厂等20余家，进行汽车维修。

专用机械　1979年，境内山西风雷机械厂生产出国内第一根石油钻铤。1981年，市地方国有纺织金属器材厂投产，主要生产纱剪、毛纺件纺织金属制品。当年生产纱剪116381把，布钳1150把。1984年，山西风雷机械厂生产的紫金山牌7号钻铤获"山西省优质产品"称号。1985年，山西平阳机械厂试制成功并生产Qr240型、QQr560型、PM32型等多种液压支架。1987年，市地方国有纺织金属器材厂生产各种器材100万件，为年产量最高年，时有职工

176名。1995年，山西风雷机械厂生产石油钻铤1787根，工业产值4339万元。1999年，山西平阳机械厂试制生产的HD-15型车挂式消防拉梯，改变了我国消防用木梯的历史，填补了车挂式消防登高器材的一项空白。2000年，研制成功PSHZID型4层21车位的立体停车场。2001年，研制开发HBT系列混凝土输送泵备件。同年，开发设计PRZ系列离心铸管机，可用于生产各种规格的水煤气输送管道、炼镁还原罐、热电厂输煤、冲灰管道和各种耐磨、耐蚀、耐热合金管道。2005年，山西平阳机械厂累计研制并生产煤矿液压支架60多种架型7500余架。山西风雷机械厂由生产单一的石油钻铤，发展成为生产整体钻铤、无磁钻、螺旋钻铤、螺旋加重钻杆、六方钻杆等多种石油系列钻采设备。产品销往大庆、胜利等20余个油田，国内市场占有率65%以上。同时，产品还远销东南亚、西亚、中东、北美等国家和地区，并取得了国家钻具自营进出口权。

化 工

1978年，侯马鞋帽社（现市飞达塑料公司）被省定为农膜生产定点厂。1983年，市橡胶制品厂生产的火补胶获山西省优质产品称号。

1986年，侯马鞋帽社生产的PE农用薄膜在全省同行业评比中获第一名。同年，新田碳素厂投产，主要生产直径为75～500厘米一般石墨电极及高功率石墨电极、石墨电极接头、阳极糊、异形石墨制品等，年产量6000吨，产值6500万元，有从业人员150余人。产品畅销河南、河北、山西等国内16个省，还出口美国、英国、日本、韩国、菲律宾、埃及等国。1988年，侯马鞋帽社生产再生塑料和各种塑料管材，其中高压聚乙烯管材获山西省优质产品称号。是年，生产塑料农膜1548吨。1989年，市橡胶制品厂开发新产品冷补胶，被临汾行署命名为"地区一级企业"。1990年，生产火补胶141万盒，为历史最高年，获"山西省先进企业"称号。1993年，市飞达塑料公司研制的经济地膜获省科委颁发的"经济地膜试验及应用技术二等奖"。1994年，研制的高效光膜获"省科委特种农膜研制二等奖"。同年，市金星化工有限责任公司开始为冶金、电力、石化、环保、集中供热等行业生产水质稳定剂，产品有6大系列50个品种，年生产能力3000吨。1998年，侯马冶炼厂第一期生产硫酸工程，基本完工。2000年，进入试生产，当年生产硫酸2734吨。2001年，山西瑞洁生化有限公司建成L-乳酸生产线，2002年进入试生产。2003年，新田碳素厂改制为山西碳素有限公司后，投资1200万元建设预焙阳极一期工程项目，年底竣工并生产出合格产品。至此，该厂石墨电极产品累计出口4500吨，创汇600万美元。2004年，市德利鑫染化有限公司投资900余万元建设双倍硫化黑、硫代硫酸钠生产线正式投入生产。

建材

水泥 1987年，市磷肥实验厂利用磷肥粉磨车间设备，生产水泥4540吨。1988—1989年，先后办起秦村水泥厂和南上官汾河水泥厂，规模分别为年产1万吨和500吨。1991—1995年，全市先后建成年产500吨规模的东庄水泥厂、金沙水泥厂、上马水泥厂、凤城社会福利厂、凤城明泉水泥厂和浍河二库管理处水泥厂；侯马建材厂建起年产1万吨水泥生产车间；汇丰建材有限责任公司投资建起年产8万吨的汇丰水泥厂。在激烈的市场竞争和污染治理达标过程中，除汇丰水泥厂外，其他水泥厂先后于1998年停产。进入21世纪，汇丰水泥厂通过技术改造，生产规模提高到年产水泥20万吨，固定资产达2329万元，成为本市唯一拥有电脑监控封闭式自动化生产线的中二型建材企业。生产的主导产品有"南草牌"普通硅酸盐水泥、矿渣硅酸盐水泥和复合水泥。2001年1月，通过国家1SO9002质量体系认证。产品畅销晋南大地，并用于霍侯一级公路、大运高速公路等省级重点工程。2003年底，生产水泥24.42万吨。2005年，生产水泥22.4万吨。

砖瓦

1980年，全市从事砖瓦生产的有近30户，制砖工艺实现机械化或半机械化，从业人员2500余人，生产机制砖20650万块、瓦326万片。1995年后，全市从事砖瓦业者20余户1800余人。其中凤城砖厂、上马砖厂、张王砖厂、东高砖厂、西高砖厂等11家砖厂较大，年生产机制砖3亿块。1998年，侯马机制砖厂被山西三皇侯马运业集团股份有限公司兼并，更名为新型墙体材料厂。同年，市双联墙体有限公司筹建年产2000万块空心砖生产线，利用工业废渣和水泥原料生产，年工业产值300万元。1999年，侯运集团对新型墙体材料厂机制砖设备进行改造，先后投资460余万元，购置了先进的真空制砖机及其配套设备，建成了一条机械化粉煤灰多孔砖流水生产线，形成年产4000万块砖的生产能力。

用粉煤灰代替黏土,净化了环境,节约了资源,保护了耕地。生产的产品主要有:烧结粉煤灰240毫米×115毫米×53毫米标准砖;240毫米×115毫米×90毫米、175毫米×115毫米×90毫米粉煤灰多孔砖。2000年,市兴业物资经销有限公司彩瓦分厂在风雷南街建成。2001年投产,以优质建筑砂、普通硅酸盐水泥和着色无机颜料为主要原料,引进国外先进技术水平的彩瓦生产线装备组织生产。2001年9月5日,山西省经济贸易委员会准予该公司兴业彩瓦批量生产。兴业彩瓦有主瓦和配件瓦,主瓦规格420毫米×330毫米,每片重4.5千克。2003年6月,获山西省优秀新产品奖,同年生产80万片。2005年,侯运集团新型墙体材料厂生产粉煤灰砖1733万块,工业产值240万元。

人造板

1981年,市刨花板厂建成投产,为集体所有制企业。该企业主要为安排地属企业知识青年而建,各企业支持了部分设备,自制粉碎机、铺装机、压板机等设备。是年,生产普通刨花板140万平方米,产值4.7万元,有职工142人。之后,由于设备、产品质量问题停产。1983年,山西省林业机械厂生产胶合板,当年生产150万平方米。1990年,生产341万平方米,1993年停产。1994年,国家投资1.6亿元,其中国家开发银行投资8000万元,山西省计委投资8000万元,从德国引进设备改产具有防火、隔热、防潮等功效的石膏刨花板。

1998—2000年,是项目投产后的前期生产阶段。2000年,经省林业厅、计委、国有资产管理局批准,进行企业改制。

　　纺　织

　　1980年,市地方国有化学纤维纺织厂,由侯马利民巷2号迁址上马公社史店村原市化肥厂筹建场地内,更名为侯马地方国有色织厂。1982年,地区经委先后拨款18.5万元,更新色织厂织布机70台,开始生产棉布、包装布、花包布、绷带布、汤布、纱布等。

　　1996年,侯马地方国有色织厂有职工235人,固定资产460万元,因经营不善,累计负债666万元,年底破产。

　　1986—1989年,侯马纺织厂对织布生产线进行全面改造,新增GA615 75"织机116台,开发人棉纱、人棉布,此间,累计利润1110.12万元,是改造前15年利润总和的0.8倍。1989年,21s棉纱获"纺织部优秀产品"称号,侯马纺织厂被授予省先进企业。1992年又相继开发38"人棉布、涤粘、棉粘细布。同年,21s纯纱卡、21s纯棉宽平布、30s人棉宽平布等获省优质产品称号。1993—1994年又新增GA615 75"织机172台。1996年,侯马纺织厂拥有生产纯棉、涤棉、人棉三大系列产品,其中人棉布常年出口亚洲、非洲、欧洲等十几个国家和地区。

　　1998年,侯马纺织厂企业获进出口自营权。1999年,该厂立足国际市场,依托人棉布产品,经省、地经贸委立项批准,投资320万元,完成生产宽幅人棉布技术改造项目,使出口优质产品人棉布产量达到1100万米,步入全国同类产品出口二十强。2000年,新增FA506细纱机11台,完成44台FA502细纱机吸排风车头、车尾的改造。2001年,人棉布50"、63"、67"产品被评为外贸免检产品。同年，引资800万元，自筹200万元开发10000锭细纱机技改项目，全部采用国家定点纺机厂新型纺纱设备。2002年3月竣工投产，形成了年产2000吨无接头优质棉纱生产能力。2003年4月自筹资金60万元，淘汰落后的70台44"织布机，织机全部实现中宽幅化。2005年，生产棉纱4502吨，生产纯棉布71万米，生产涤棉、人棉1554万米。

制药

中成药 1983年，山西侯马中药厂生产的紫金山牌脑立清获省优质产品称号。1984年，紫金山牌男宝获卫生部优质产品称号。1985年，山西省晋光制药厂研制开发出晋光牌猴头健胃灵，首创国内中医学上食用菌与中药材配伍而成的中成药，年生产900万粒，产品远销新加坡、马来西亚、印度、巴基斯坦等国家。山西平阳制药厂研制成功治疗前列腺炎的平阳牌男康片中成药，当年生产2000万片，销售收入584万元。同年，侯马中药厂科技人员与国家肝病攻关小组副组长、解放军302医院主任医师汪承柏合作研制的治疗乙型肝炎的复肝能胶囊，获国家新药证书，出口法国、英国等国家。1986年，紫金山牌男宝畅销美国、日本、加拿大、中国香港等30多个国家和地区，为国家换取外汇200多万元，产值升到734万元，利税182万元。1989年，晋光牌猴头健胃灵获山西省科学技术进步三等奖，平阳牌男康片获山西省优质产品称号。1990年，平阳牌男康片获国家中医药管理局优质产品称号。1991年，晋光牌猴头健胃灵获省优质产品称号。

1992年，侯马中药厂将生产车间调整为男宝、水蜜丸、机修3个，配备压片机、糖衣机、水丸机、蜜丸机、气流粉碎机、铝塑包装机、离心机、紫外线分析仪、水分快速测定仪等，各工序生产基本实现机械化和半机械化，可生产蜜丸、水丸、散剂、胶囊4个剂型60余种中成药。1995年，紫金山牌男宝被授予中国中药名牌产品称号。同年，山西晋光制药厂猴头健胃灵年生产能力达10000万粒。

1999年，侯马中药厂紫金山牌脑立清年产值60万元，获省优质产品奖。2002年6月，山西晋光制药厂与山西平阳制药厂合并，组建侯马霸王药业有限公司。2003年，霸王药业生产男康片3274.84万片，猴头健胃灵胶囊36995.9万粒。侯马中药厂全年总产值690万元。至此，全市生产的中成药有胶囊剂、片剂、注射剂、散剂、水蜜丸5个剂型75个品种。2004—2005年，由于山西侯马中药厂进行异地GMP改造，2005年中成药生产仅有1.22吨。霸王药业进行民营资本与国有资本的置换改制。

西药 1982年，山西平阳制药厂生产的平阳牌庆大霉素原料药获山西省优质产品称号。1985年，山西晋光制药厂建成投产，主要产品有2个剂型12个品种。1986年，平阳牌硫酸庆大霉素注射液获山西省优质产品称号。

1988年，侯马晋光制药厂开始生产增效联磺片、阿莫西林片、镇痛片等10余种片剂西药。1992年，山西平阳制药厂研制的抗生素新药硫酸小诺霉素，填补了山西省医药一项的空白。同年，山西晋光制药厂研制开发近视康胶囊。

20世纪90年代末，平阳制药厂年可生产庆大霉素原料药6吨、卡那霉素原料药6吨、小诺霉素原料药4吨、针剂1亿支、片剂2亿片、冲剂50万袋，年产值600多万元。同期，山西晋光制药厂生产针剂、片剂、胶囊等多种剂型，60余个品种。

2003年，市霸王药业有限公司生产庆大霉素原料约2.59吨、针剂20488.16万支、片剂26525.88万片，工业总产值954.29万元。同年，通过国家GMP认证，可生产6个剂型93个品种。同年，侯马欣益药业有限公司，占地4.67公顷，总投资5000万元，开工建设综合制剂车间、质检中心、办公用房、职工宿舍等，10月底竣工，次年1月投入试生产。主要产品有胶囊剂、片剂、颗粒剂、溶液囊剂4个剂型44个品种。主导产品为吉非罗齐和格列齐特。2005年底，全市西药生产共有6个剂型113个品种。

食品 酿造

1981年，市糖业烟酒综合加工厂生产糕点、饼干、面包，产值达到88万元，为该厂历史最高年，时有职工79人。1982年，上马供销社集体所有制食品厂投产，生产糕点等120余吨，有职工25人。1982年，市国有食品饮料厂建成投产。厂址位于程王路新民巷8号，占地0.8公顷，建筑面积1864平方米。主要生产设备有香槟生产线、果汁浓缩生产线、冷库等，主要产品有清凉饮料、小香槟、橘子汁等饮料，年产量900余吨。1983年，市国有酒厂投资36.6万元，筹建啤酒生产车间，1985年投产，年产量1000余吨。同年，市国有酿造食品厂开始生产山楂罐头，年产量数百吨。之后，程村办的浍南罐头厂投产，年产量500吨。1988年，市国有啤酒厂经国家经委、轻工业部批准，总投资1979万元，选址市合欢街39号，占地4.36公顷的啤酒生产线投产，设计年生产能力1万吨。同年，由商业部和山西省共同定点投资4800万元兴建的临汾地区侯马食品肉联厂建成投产，厂址位于侯张路中段，占地面积10.45公顷，建筑面积28000平方米。储藏能力：低温库存3900吨，恒温库存1100吨。日结冻能力451吨，日制冰能力10吨。配套设施有铁路专用线，站台长2000米。可储藏肉食、蔬菜、水果各类食品，年产值890万元。1991年，市国有啤酒厂生产的大王牌啤酒获山西省优质产品称号。1993年，市粮食食品加工厂投资300万元建成一条匀浆膳生产线，为住院病人生产流食，设计能力年产800吨，1994年因资金短缺、销路不畅等原因停产。另外，由于私营食品生产厂家增加，在市场竞争中上马供销社食品厂、市糕点食品厂等集体和地方国有厂分别停产和破产。1996年，侯马啤酒厂由于资不抵债，企业生产举步维艰。年底，市国有啤酒厂与中条山有色金属公司签订由中条山有色金属公司兼并市啤酒厂协议书，兼并后一直未能恢复正常生产。

1998年，市银杏种植公司，利用该公司有258公顷银杏种植基地的优势，开发出"鸿舟"牌系列银杏茶，年产银杏茶30吨。1999年，上马乡斗龙沟村民李秀兰筹资300万元，在合欢街东庄村建成青青食品有限公司，主要对当地苹果、山楂、大枣等果实进行深加工，生产"维皇"牌80余种糖果系列产品以及果脯、蜜饯，年生产量41吨。2000年，迁址侯马开发区扩大生产规模，年产量达600余吨，年产值

600多万元，产品畅销国内21个省、市300多个县，出口韩国、泰国、新加坡等国家。同年，凤城乡西赵村、侯马乡南西庄村先后建成市东升乳品有限公司和荣鑫乳业食品厂。东升乳品有限公司生产鲜奶、酸奶、果奶、冰奶四大系列8个品种，年产量400余吨。荣鑫乳业食品厂主要生产花牛福酸奶，年产量300余吨。2002年，在国家综合开发办立项由市农业综合开发办牵头建设，投资2100万元，在驿桥村东建成市菜果冷藏有限公司。该公司占地10000平方米，拥有25个冷库，冷藏容积30000立方米，长期贮藏能力4000吨，短期冷藏能力5000吨，年产值1200万元。该企业被临汾市和侯马市授予农业产业化"重点龙头企业"。2003年，市绿洲食品有限公司和市房地产开发总公司合伙投资1100万元，在原临汾地区侯马食品肉联厂冷库院内建成年产4000吨果脯生产线，开发生产出30余个品种。同年，北京黑金谷煤焦铁有限公司在新田乡郭村堡北建成全良肉食品有限公司，建有待宰间、急宰间、屠宰间、内脏分割间、头蹄加工间、冷却冷藏间一级配套设施，对猪肉进行分割、加工、冷藏、包装、生产。2005年，侯马市阿依莎清真食品有限公司在原阿依莎肉牛养殖场基础上投资200万元，新建待宰栏120平方米，改建消毒喷淋间50平方米，新建分割加工车间1800平方米。公司拥有全自动吊宰线一条，预冷、速冻、冷藏库总容积150立方米，具备年加工牛羊肉制品1500吨的生产能力。

农产品加工

粮油棉加工 1985年，农村家庭面粉加工户发展到87家，磨面机增加到350台，碾米机增加到100余台。1982年，与市榨油厂合并后，更名为市粮油加工厂。1987年，更换山东淄博生产的MQ5型面粉机组，年加工小麦5366吨，加工杂粮98吨。1979年市棉花加工厂加工生产皮棉1461吨，当年固定资产达到45.64万元，职工220余人，1984年被商业部授予文明加工厂称号。1983年市粮油加工厂由省粮食厅安排调入3台新200型榨油机。1987年，生产食用油1517吨。

粮食加工 20世90年代，在南上官、凤城、乔村、高村、上马等村，个体面粉加工厂相继出现，每个加工厂日产面粉一两万公斤，为周边村民代储、代兑、代加工面粉。高村、乔村、侯马、上马先后购置40～60千瓦的20型面粉机加工粮食。1992年，国有粮食加工企业加工小麦3770吨、杂粮409吨。

1996年，市粮油加工厂投资150万元，对工艺设备进行改造后，更名为市浍源面粉加工厂，年加工2.5万吨小麦，成为临汾地区最大的国有面粉加工企业。该厂生产的雪花粉、特制一等粉、高筋粉、饺子粉、家庭用粉等系列面粉，被授予"山西省优质产品""山西省放心面粉"等荣誉称号。

棉花加工 20世纪90年代，由于境内棉花面积减少，市棉花加工厂加工产量逐年下降。1994年，市棉花加工厂分为张村、高村两个棉花加工厂。1998年，进行股份制改革，张村、高村棉花加工厂分别更名为市银旭棉花有限公司、市银宇棉花有限公司。进入21世纪，两个公司年加工棉花500余吨，有职工280余人。

油料加工 由于油料市场开放，农村小型机械榨油机增多，市粮油加工厂加工食用油产量逐年下降。1990年，加工食用油137吨。1992年，加工食用油204吨。1994年加工9吨。1995年加工16吨。1996年后油料加工停产。

混合饲料加工 1984年市饲料公司建成投产，属于全民所有制企业，隶属市粮油总公司，厂址位于侯马乡白店村西，占地0.93公顷。主要设备有1000型饲料生产机组，晋SG-2500型电脑控制秤生产线。主要生产各种家畜、家禽各生长期的混合饲料。1991年，又在西侯马村开办饲料分厂，采用北京通县产500型饲料生产机组，生产鸡、猪饲料，专供西侯马村专业户使用。1992年，生产饲料2012吨，为该厂产量最高年。此后，该厂产量逐年下降，1997年停产。

1997年3月20日，山西正大有限公司侯马分公司成立。分公司位于侯张路，占地6600平方米，总资产750万元，注册资金300万元。该分公司拥有国内一流的饲料成套机械设备，自动化程度高，生产线全部由计算机控制，生产规模为年产3万吨。主要生产猪饲料、鸡饲料、奶牛饲料和鱼饲料4大系列30多个品种的浓缩和全价配合饲料。1998年2月9日，产品获农业部饲料质量监督检验测试中心（西安）"优质产品"证书。

第二章 农村经济体制改革

第一节 农村的变化

1980年4月，中共侯马市委、市革委召开四级干部会，传达贯彻党的十一届三中全会精神和落实全国及山西省农村人民公社经营管理会议精神，总结本市人民公社、生产大队在经营管理方面的经验教训，落实党和国家有关农村工作的方针政策，解决农村人民公社存在的矛盾和问题，纠正农业学大寨运动中的"左"倾错误。通过认真清理整顿，调整生产单位结构，逐步划大为小，向家庭核算过渡。农村核算单位由1978年的306个增加为1980年的391个。其中生产大队核算由1978年的15个减少为1980年的4个，且全部为独村队。生产小队核算由1978年的291个增加为1980年的387个。划小了核算单位，增强了经营活力，调动了群众生产积极性，促进了农业的发展。

1981年，全市农村推行家庭联产承包责任制，在土地所有权不变的前提下，生产队除留有少量机动地外，其余平均分配给农户，实行第一轮土地承包。牲口和大型农具作价分给或拍卖给农户，农民以家庭为单位承包土地，自主经营。在收益分配上，实行交足国家的（税），留够集体的（费），剩余都是农户自己的。当年，粮食总产达3.9吨，比上年增产0.6吨，人均收入由1979年的106元增加到213元。同年，宋郭大队在建立家庭联产承包责任制中，方法对头，措施得力，效果明显，受到中共临汾地委的肯定。

1996—2000年，全市农村开展第二轮土地承包，对承包土地实行"大稳定，小调整"的办法，取消口粮田和承包田，统称为承包田，并在适当扩大承包面积的基础上与各农户签订了为期30年的土地承包合同，稳定了农民经营土地自主权。

"七五""八五"计划时期，中共侯马市委、市政府以经济建设为中心，审时度势，总结历史经验教训，坚持走"以贸易为龙头，以贸促工，以贸促农，贸工农全面发展"的道路，促进了农村经济的稳步发展。农业增产，形势喜人，"九五"计划开始后，继续坚持以贸易为龙头的发展思路，实施工农业结构合理调整，逐步实现城乡一体化的发展战略，改变农业发展条件，普及农业机械，大搞农田基本建设，推广农业先进技术，使农业生产得到快速发展。1990年，全市粮食总产量达到4961.7万公斤，农业收入达到6491万元，农民人均纯收入583元。其中，小麦总产35327吨，为历史最高年。

第二节 粮食作物生产

小麦

1986年，种植7140公顷，总产33750吨，每公顷4727公斤，单产名列全省之冠。1998年，小麦种植7550公顷，总产38196吨，创历史小麦总产量最高纪录。

玉米

玉米种植面积在粮食作物中位居第二,总产量居秋粮之首,主要分布在平原地区。玉米播种以小麦收获前后套种、复播为主,也有部分春种玉米。栽培品种属于中熟或早熟类型,生育期100～120天。20世纪70年代,随着玉米品种的更新换代,栽培技术提高,玉米产量逐年提高。1982年,玉米种植2600公顷,总产11880吨,每公顷产4569公斤。1983—2003年,玉米平均每公顷产量在4500公斤以上的有16个年份。

谷子

境内虽有种植,但面积不大。丘陵地区春播,平原水浇地区小麦收获后复播。由于面积很不稳定,产量忽高忽低。1990年,种植面积减到60公顷,作物总产67吨,每公顷产1117公斤。2000年种植面积84公顷,总产208吨,每公顷产2476公斤。

高粱

境内丘陵、平原区均有种植,面积不大。1982年,种植180公顷,总产710吨。1992年,种植210公顷,总产量959吨,每公顷产4567公斤。2000年种植380公顷,总产1090吨。此后,基本不再种植。

豆类

境内豆类作物种类繁多,以大豆为主,其次有绿豆、红豆、黑豆、小豆等,种植面积不大,产量不高,多在小麦收获后复播或与玉米、高粱作物混合种植。实行家庭联产承包责任制后,种植面积开始扩大。1983年,种植面积510公顷,总产980吨,每公顷产1922公斤。1990年种植面积2030公顷,总产2964吨,每公顷产1460公斤。1995年种植面积1100公顷,总产1735吨,每公顷产1577公斤。

薯类

境内以种植甘薯(红薯)为主。1980年,种植面积80公顷,总产635吨。1985年,种植面积430公顷,总产2002吨。1990年,种植面积340公顷,总产1498吨。1995年,种植面积280公顷,总产1828吨。2000年,种植面积190公顷,总产1059吨。

第三节 经济作物生产

棉花

境内种植棉花历史悠久,历史上属于有名的河东产棉区,所产棉称河东棉。棉花种植面积位于经济作物之首,主要分布在辖区内的平原地区,部分丘陵地面积较少。栽培品种属于中熟陆地棉。1981年,全市推广侯马公社东庄大队叶铁玉、上马公社驿桥大队毕英姿在其试验田探索棉花高产的栽培技术,二人被临汾地区授予"棉花八仙"称号。1982年,棉花种植3140公顷,总产2374吨,平均每公顷产皮棉756公斤,全市单产首次达到每公顷750公斤(亩产100斤)名列全地区榜首。1986年,种植530公顷,总产皮棉386吨,平均每公顷728公斤。1987年,棉花播种面积开始回升。1995年,种植棉花1110公顷,总产皮棉917吨,平均每公顷826公斤。1996年,棉花种植面积急骤下降。2000年,种植棉花470公顷，是历史上棉花种植面积最低年，当年总产皮棉461吨，平均每公顷981公斤。进入21世纪，棉花种植面积开始回升。

油料

境内油料作物主要有花生、芝麻、向日葵、油菜及少量的蓖麻，种植面积时多时少，极不稳定。农村实行家庭联产承包责任制后，种植面积开始回升。1983年，花生种植24.5公顷，芝麻种植43.2公顷，油菜1.3公顷，蓖麻1公顷，产量分别为47.8吨、33.1吨、1.7吨、0.4吨。20世纪90年代中期，推广回茬杂交油葵，种植面积逐年增大，占油料播种面积的95%。1995年，油料作物种植面积890公顷，总产量1969吨。1999年，油料作物种植面积1540公顷，总产量2652吨。

蔬菜

侯马境内传统的蔬菜种类有白菜、萝卜（红、白两种）、韭菜、芹菜、茄子、辣椒、黄瓜、南瓜、豆角、大葱、大蒜、芫荽、莲菜、西红柿、菜花等，主要分布在汾河、浍河沿岸村庄。实行家庭联产承包责任制后，家庭菜园开始发展，推广塑料薄膜覆盖技术，蔬菜提前上市。1982年，种植各类蔬菜660公顷，总产31345吨，平均每公顷产47492公斤。1986年，蔬菜种植面积迅速扩大，蔬菜专业户、专业村初步形成。1987年，市人民政府组织蔬菜专业代表，赴山东省学习蔬菜种植技术，并聘请蔬菜技术员逐村逐户进行指导。同年秋季，驿桥村、宋郭村、西城村开始建日光温室大棚，种植黄瓜。次年，每个大棚经济收入3000余元。蔬菜种植技术迈上一个新台阶。1989年，蔬菜种植面积扩大到1310公顷，总产79934吨，每公顷平均产61018公斤，总产值2000万元，占整个农业总产值的三分之一。20世纪90年代，境内蔬菜自给有余，部分蔬菜销往外县市。垤上、上院、宋郭村的西红柿、洋白菜，牛村的辣椒，西城村、郭村堡、常青村的黄瓜，乔村、东城村的芹菜，程村的大葱和大李村的莲菜名扬省内外。1995年，种植面积1580公顷，总产101740吨，平均每公顷产61392公斤。

烟草

明末时期，境内始有烟草种植。1981年，种植烟草30公顷，总产量为22吨。1985年，仅有零星种植。1986年后不再种植烟草。

中草药

乾隆版《曲沃县志》记载："茵陈出台神庙者佳。"其庙在高村乡西台神村，所产茵陈，色正、味香、绵软，属历史名产。1959年，市药材公司引种河南地黄（生地）在高村试种成功。之后，药材品种增加有白芷、菊花、薏米、白芍、莱菔子、黑芝麻、板蓝根、枸杞等几十种。20世纪80年代，中草药种植面积逐年扩大。1983年，种植面积2.1公顷，总产值13200元。1985年，种植面积380.6公顷，总产值178万元。20世纪90年代，药材种植面积有所下降。1991年，种植面积80公顷，总产值40万元。1995年，种植面积30公顷，总产值50万元。1999年，种植面积20公顷，总产值51万元。

第四节 乡镇企业的崛起

1978年，全市有社队企业225个，从业人员3367人，总产值756万元。企业门类主要有铸造、机械、化肥、建材等。1979年，贯彻落实党的十一届三中全会精神和国务院《关于发展社队企业若干问题的规定》及省政府补充规定十六条。一方面纠正"左"倾错误，另一方面解决实际问题，推动了社队企业的发展。

1980年，全市乡镇企业发展到307个，从业人员3616人，总产值1816万元。外贸企业有所发展，宋郭肉骨粉加工厂开始批量生产。1981年10月，侯马公社糠醛厂应邀出席在广州举办的第十二届国际贸易秋季交易会，通过洽谈，与日本签订了15吨糠醛合同，成为本市乡镇第一个出口创汇的企业。1983年，社队企业发展为250个，从业人员3300人，总收入1093万元。

1984年，社队企业更名为乡镇企业。1985年，本市乡镇企业成为发展农村经济的重要支柱，有915个企业；从业人员4719人，总产值达1980万元。

1986年，乡镇企业达到1515个，从业人员13563人，总收入3853万元，上缴国税220.81万元，各项指标创历史最高纪录。1987年，全市乡镇企业总产值达到5917万元，超过了农业总产值，显示出了在农村经济中的重要经济支柱作用。1988年，乡镇企业1921个，从业人员14805个，总产值7071万元，总收入6153万元，上缴国税250万元。

1989年，乡镇企业1951个，从业人员15125人，总产值7721万元，总收入6727万元，上缴国税149.7万元。

1991年，全市乡镇企业总产值和总收入均突破1亿元大关，分别为11247万元、10061万元，上缴国税230万元。1992年，乡镇企业2426个，从业人员18719人，总产值21005万元，总收入18519万元，上缴国税424万元。1997年，乡镇企业3317个，从业人员10496人，总产值89845万元，营业收入85096万元，上缴国税1050万元。涌现出了一批强乡、强村、强企，形成22个千万元村，1个亿元村，3个5000万村，55个骨干企业，1个企业集团，2个出口创汇企业。1998年，乡镇企业3325个，从业人员11950人，总产值101772万元。1999年，临汾地委、行署在本市召开了全区乡镇企业结构调整观摩会，市政府对建邦集团、汇丰水泥厂等6家企业实行封闭式管理，当年引进项目16个，形成新的经济增长点。2000年，全市乡镇企业3823个，总产值170540万元，被临汾市政府荣记"五一劳动竞赛集体一等功"。2001年，乡镇企业总产值、总收入两项指标均突破20亿大关，分别达到273916万元、241046万元。山西建邦集团有限公司董事长吴建邦荣获"国家乡镇企业家"称号。大李铁厂厂长裴本德获"山西省乡镇企业家"称号。

2003年，中小企业4196个，与上年基本持平。从业人员39885人，总产值618372万元，总收入552093万元，上缴税金7500万元。

2005年，全市中小企业4252个，形成了7大行业，82个生产门类，产品达1万余种。各项经济指标创历史最高年。乡镇企业4252个，从业人员42895人，总产值1078782万元，营业收入963814万元，上缴税金15815万元。

第三章 商业贸易的发展

第一节 商业企业

20世纪30年代，侯马镇东、西、南、北四条街是商家集中区域。沿街有近百户店铺，30多个行业。这些店铺以复元兴京货铺、田成裕钱铺、世兴当铺较有名气。到中华人民共和国成立前的1949年，商家增长到290家，从业人员600多人，沿街摆摊的小贩也有200多家，从业人员500多人。

1956年侯马市筹备处时期，全市有18个商业网点，社会商品零售总额达827万元。

1956年国家对私营工商业进行社会主义改造，增设了百货、副食、饮食服务等公私合营总店，从业人员494人，商品销售额2569万元。

1960年有国有、集体商店44户，从业人员429人。其中，国有29户，从业人员152人；供销合作社15户，从业人员277人；另有饮食服务业23户，从业人员100余人。

1988年，全市有257家商业企业，各类商业网点3934个，从业人员9740人，社会商品零售额达到1.73亿元。其中，国有商业120个，集体商业244个，私营及个体商业3570个，每千人平均拥有商业网点24个。随着改革开放的深入，个体商业蓬勃健康不断发展，2004年个体工商户发展到10293户，39个专业交易市场年成交额达33亿元。

第二节 多种所有制形式的商贸企业

一、国有商贸企业在改革中前进

中华人民共和国成立初期，境内只有花纱布、百货、油脂、煤建四个公司。随着国家经济建设发展的需要，山西省金属材料公司在境内设立了金属材料供应站，担负晋南各大企业建设项目的金属材料供给。到1966年，晋南专区各商业专业公司在侯马均设立了二级批发站；1984年，山西省商业厅将原运城地区设在侯马的百纺、糖酒副食、五交化转运站划归侯马，组建3个二级批发公司，负责侯马周边10个县（市）和1个工矿区300多万人口的商品批发业务。1992年，商业局、物资局分别改称为商业总公司、物资总公司。1995年，商业总公司、物资总公司为加强管理和提高效益，分别设立了14个和6个下属公司。省驻侯马的金属、木材、药材、盐业、烟草、中条山林局等，均在侯马设立了分公司或经销站。2003年，全市国有各类商品批发公司达到63个。2004年，商业系统为扭转近年来经营不景气、工资发放困难、职工"两金"得不到保障等问题，深化了企业改革。

2005年，商业系统已经完成或正在进行改制的企业18户，占企业总数的25%。

二、集体和合作制商贸企业活力不断

1956年,侯马建立供销合作联合社,接收了百货公司、食品公司、烟酒专卖公司、花纱布公司等的部分业务和粮棉交易所,组建了生产资料、原棉、食品等4个经理部和1个烟酒专卖批发部,供销社职工207人。1975年,市供销社组建了棉麻、生产资料、土产果品、日杂等下属公司。1984年成立综合贸易中心。1986年,又相继成立农产品购销、废旧物资回收等公司。1997年以后,随着经济体制改革的深入,国有糖酒副食、五一百货大楼、废旧物资回收公司、农业生产资料公司等均改制为有限责任公司。

2003年,全市有集体所有制商贸企业32个,股份制商贸公司19个。2004年集体和合作制商贸企业实现利润10.05万元,完成年计划的10.5%。

三、私营商贸企业蓬勃发展

党的十一届三中全会后,私营商贸企业迅猛发展。尤其20世纪90年代,进入私营商业领域较早的几个代表人物有:张岗、廉广进、刘廷志以及襄汾的朱五九等人。他们分别率先投身于开办个体商贸公司,且具有相当规模,为本市商贸企业注入了活力。到2003年底,个体商贸企业发展到245个。

四、应运而生的商贸市场

1984年底,市委、市政府根据侯马的地理区位优势,提出"以贸易为龙头,以贸促工,以贸促农,贸工农全面发展"的战略决策,多渠道筹措资金,多形式建设市场。1987年,用于市场建设资金累计6.16亿元,极大地促进了各类专业市场的建设。

几个主要市场为:新田市场、新港服装批发城、环球鞋帽大世界、五交化家电家具市场、文体市场、新田建材装饰市场、亚欧桥汽车摩托车市场等。

第四章 城市建设日新月异

第一节 城市基础设施建设

城市街道 1978年,市区面积仅为7平方千米,市区街道总长为19.8千米。市内有公路铁路立交桥三座。

东西走向的五条道路。新田路,曾用名五一路,西起火车站,东至普天通信电缆有限公司(原邮电部侯马电缆厂),全长4292米,是市区主干道之一。程王路,曾用名红旗路,西起望桥街,东至合欢街,全长4164米,是市区主干道之一。文明路,西起紫金山街,东至合欢街,全长2245米,是市区次干道之一。市府路,曾用名市委路、建设路、七一路。西起花园北街,东至浍滨街,全长1875米。晋都路,曾用名解放路,西起望桥街,东至垤上街,全长为1390米。

南北走向的道路,现有九条街。望桥街,南起上马村,北至程王路,全长2961米,是市区南北主干道之一。花园街,南起五交化市场,北至市府西路,全长1100米。侯张街，南起程王西路，北至张村，全长2950米。合欢街，曾用名长城街，南起新田路郭村口，北至啤酒厂，全长2150米。紫金山街，曾用名永红街，南起垤上村东的浍河北岸，北至北环路花卉市场，全长2750米，是市区南北主干道之一。浍滨街，曾用名胜利街，南起新田路，北至北环路，全长1450米，是市区南北主干道之一。体育街，南起新田路，北至动物园门口，全长620米。中心街，南起新田路，北至建工路，全长1149米。幸福街，南起新田路，北至南郭马村南口，全长2049米。

城市住宅　中华人民共和国成立初期，侯马旧城区住房低矮，居民住宅大部分为砖木及土坯瓦房，市民居住条件很差。20世纪50—60年代，境内一些地营以上企业为职工建造住宅，大多为砖砌窑洞或砖木平房，个别企业也建有一些低层楼房。20世纪70年代，干部、职工开始在市区建造私房。1983年，市区实有住宅面积27万平方米，人均住房面积4.15平方米。1990年，市房管所改称房地产局，开始有计划大面积、成片开发住宅区，给市民提供住房服务。年底，市区有住宅面积48万平方米，人均6.67平方米。2003年，市区有住宅面积320.51万平方米，人均住宅面积26.65平方米。市民住宅小区，分以下几种类型：以本单位职工为主的住宅小区、个人建房的住宅小区、集资建房的住宅小区、房地产系统开发性质的住宅小区等，为市民提供了多种形式的住宅选择。

供水系统　侯马市区供水的水源地分别是曲沃县沿浍河的下裴庄，原有10眼井，现能使用的8眼；本市的郭村水源地，原有水井6眼，现已报废停用；上马驿桥村深井1眼。1992年，在本市南杨村打井4眼，1993年已配套并网供水。加上全市企事业单位及81个农村拥有的1098眼，自备井有90余眼向城市供水。日供水量4.13万立方米，年供水量为1520万立方米。

排水系统 1971年建市后，开始规划建设。到2003年年底，全市排水管道发展到31条，总长度35.57千米。

城市绿化 1991年，成立市园林局，加大了城市绿化力度。1992年，省绿化委员会在侯马召开城市绿化现场会，对本市多年来坚持绿化美化工作予以肯定。1995年，在16.19平方千米的市区内，有乔灌花木35.98万株，绿化覆盖面积441.10万平方米，覆盖率为27.3%；绿地331.67万平方米，绿地率20.5%，人均公共绿地1.64平方米。2001年，市委、市政府提出建设工贸市、开放市、省强市和生态园林城市的宏伟目标，加大了城市绿化力度。2002年，省政府在本市召开城市建设流动现场会。2003年，建成公园、街头游园、广场绿地、园林风景区39处，形成景观的主次干道8条，庭院绿化达标单位89个，命名为花园式的单位31个。同年，侯马被命名为山西省园林城市。

环境保护 1979年，本市即重视了环境监测保护治理工作。同年9月，组建了市环境保护办公室，着手对烟尘，污、废水，废弃物，噪声等污染进行监测和治理，做了大量工作，取得一定成绩，遏制了环境污染，避免恶性污染事故的发生。1990年9月，在环保办公室的基础上，成立了市环境保护局，加大了对环境治理保护的组织领导力度。从1996年到2003

年的7年间，投入环境治理资金12300万元，完成重点治理项目68项，环境质量位于全省16个主要城市之首。1999年，获"省环保先进市"称号。

2003年，通过国家级生态示范市评审验收。根据省、市"整治违法排污企业，保障群众健康"专项行动电视、电话会议精神，8月19日召开了专项行动动员大会。会上，除重审年初与23个重点企业签订的治理责任书外，市政府与8个职能部门签订了专项行动责任书，进一步加大了环境治理力度。2004年，国家级生态示范区考核验收中，被国家环保总局命名为国家级城市化型生态示范区。同年，建成全省联网的大气环境质量监测日报系统，随时反映城市大气质量变化情况，弥补以往环境管理的漏洞，为改善城市大气环境质量提供了可靠的决策依据。

交通运输建设　市内有侯马、侯北、大李、史店、西贺5个车站，1个货场，13条专用线。侯马站和侯北站均为二等站。中华人民共和国成立前，境内过境铁路17千米。中华人民共和国成立后，随着国民经济的繁荣发展，先后建设了侯马至西安的侯西线、侯马至二峰山的侯二支线，以及侯马至月山的侯月电气化的侯月线。过境铁路近50千米，铁路运输十分便捷。市区还先后修建了五〇二、郭村、电厂、平阳厂、冷库等13条专用铁路线。侯北铁路编组站，是华北最大的编组站。

公路交通　中华人民共和国成立前，过境的太风（太原—风陵渡）、晋禹（晋城—禹门口）公路，均是沙石路面，雨天无法通行，通往各乡村没有公路。中华人民共和国成立后，特别是改革开放以来，公路运输业得到快速发展，形成了纵贯南北、横穿东西的交通网络。晋禹公路（108国道）侯马段，是国内、省内南北交通干线之一，公路各项指标均达到国家标准，在境内长18千米。晋禹线1973年延伸至陕西省的韩城市，改称为晋韩线。侯风公路侯马段，境内长15.86千米，1989年为大运路（大同—太原—运城）所替代，是二级公路。大运高速公路，是通过本市首条高速公路，境内长12.6千米，大大改善了本市公路交通状况。市内通往周边县域的公路里郭线（曲沃的里村—市区的郭村），境内8.97千米，为二级公路。荀侯线（襄汾的荀董—侯马）境内长11.59千米，为二级公路。市区内环行两条路，分为东西两线：东线为南上官—香邑村，长19千米；西线为大南庄—上马村，长32千米，均为三级路面，形成左右循环路线，覆盖了全市的65.4%的乡村。再加上市区周边的多条专用公路线，各乡村基本覆盖，大大改善了农村居民的出行条件。城内交通也逐渐完善，由人力三轮车、出租车、公交车构成价格适当、遍布大街小巷的交通网。干线公交车，基本做到每十分钟一趟。

邮电　改革开放以来，邮电通信服务业得到了长足发展。办公场所由原来的几间铺面房，变为二层小楼。到1990年，又建成多功能、现代化的十六层邮电大楼。到2002年，经国务院批准侯马成立二级邮区中心局，是全国70个邮区中心局、全省三个中心局之一，也是山西南部最大的邮政通信枢纽。承担临汾、运城两市28个县（市、区）的邮政传递业务，覆盖了全晋南。邮政业务也由原来的信件邮政传递、报刊订阅发行,扩展到电汇、快递、电子邮件、邮政储蓄等。

电信业 业务由原来的有线通信、收发电报,扩展到无线寻呼(已淘汰)、移动通信、传真等项目。截至2003年,电信辖5个市区分局,4个农村分局,29个接入网点,交换机总容量92508门,电话用户突破8万,移动通信、中国联通、中国铁通等在侯马均设立了营业部。

第五章 文教卫生事业蒸蒸日上

第一节 教育事业

幼儿教育

1979年,市教育局成立了幼教组,主管全市幼儿教育、教师培训、课程设置,并组建示范园、中心园。

1985年,市幼儿教育工作获先进单位奖。1990年,临汾行署教委在本市召开现场会,推广幼教工作经验。1995年,本市被省教委命名为山西省幼儿教育先进单位。

2003年,全市幼儿园87所,其中城市15所,农村72所,入园儿童7070名,幼儿教师388名,幼儿教育达标率近90%。2003年秋季入学,各小学取消了学前班,小学教育恢复了六年制。

小学教育

1949年,有高级小学2所(五到六年级),初级小学

69所（一到四年级）。学龄儿童入学率仅为78%。1958年，学校发展到70余所，完全小学（一到六年级）15所，儿童入学率近90%。1995年，有小学89所，专任教师1301名，入学儿童18324名，学龄儿童入学率、巩固率、毕业率、普及率近100%。同时，成立了两所私立小学。2003年，全市完全小学72所，全市入学儿童23320名，入学率、巩固率、合格率、毕业率均为100%；专任教师1367名，教师达标率为100%。2004年，全市有小学72所，在校学生21510名，其中女生10626名。小学专任教师1483名，其中本科、专科学历965名，中专、高中学历370名，高中以下学历148名。

中学教育

市第一所初级中学侯马初级中学始建于1956年。1958年，凤城、南上官、大李、西贺、白店、张少村，相继建起六所农业中学；下半年，秦村建立了初级师范学校。1973年，一些较大村子，将完全小学改建成九年一贯制学校，各乡普遍建立了乡中。这样，虽然缓解了小学升初中的难题，但师资不足，影响了教学质量。党的十一届三中全会后，各级政府十分重视教育质量，对乡村办的中学进行较大调整。中学建制调整后，充实了教师力量，增加了现代化教学设施，教学质量明显提高。1986年，全市中学调整为16所，专任教师852名，在校学生9808名。1994年私立祥平、新田中学相继成立。2003年，全市普通中学18所，私立中学10所，在校学生16055名，专任教师1194名。其中，初中专任教师997名，达标率为91.2%；高中专任教师197名，达标率为98.5%。

职业教育

侯马市职业中专学校 建于1986年，初称侯马三中。有教职工165名，在校学生2096名。到2003年底，为社会输送各类专业人才3000余名。毕业后，对口就业率为86%；普通高考和对口高考276名；其中达本科录取分数线的有87名。毕业生中的佼佼者不乏其人。1988年，美术专业毕业的青年职业画家杨苇，被人民美术出版社聘为特约画家；学生王承志获世界青年漫画大赛二等奖；李玫参加全国歌手电视大赛获三等奖。

技工学校 1958年3月，平阳机械厂创办平阳机械技工学校；1978年9月，省劳动厅开办山西省林业技工学校；1979年7月，省邮电技工学校创办；1986年铁路技工学校创办。1990年经省政府批准开办的侯马市技工学校创办。多年来，这些学校除为本行业培养了大批技工人才外，也为当地各项建设事业输送了专业人才。

特殊教育

残疾人是社会上的一个特殊人群，他们应当受到关爱和教育。1995年，本市成立了一所公办全日制寄宿学校。该校占地20亩，建筑面积1380平方米，有教职工12名。其中，专任教师9名，职工3名。专任教师中，小学高教5名，中教二级1名，小教一级2名，小教二级1名。学生除本市外，还有来自周边的闻喜、新绛、曲沃、翼城、襄汾、浮山、河津等县（市），现有学生34名。1998年，省市领导来校视察时，对该校成绩予以肯定。2001年，被评为"侯马市先进集体"。

第二节 文化事业

1962年2月,设文化局。1992年11月机构改革时,文化局与体委合并称文体局。下属单位有:少体校、蒲剧团、电影公司、群艺馆、图书馆、晋都剧院、文化稽查队,全系统266人。电影公司属自收自支企业管理单位。蒲剧团、晋都剧院为差额补贴单位。群艺馆、图书馆、文化稽查队为财政全额单位。

侯马是黄河流域古文化发祥地之一,群众性文化活动十分活跃。从牛村发掘的金代砖雕戏剧舞台人物看,文化就很发达。先后有蒲剧、眉户、碗碗腔、皮影、秧歌等艺术团体20多个。1984年3月,侯马广播站改称为广播事业局。1988年改称为侯马市广播电视局。1992年11月市机构改革中,改称为侯马市广播电视服务中心,为事业单位。2003年,光缆有线电视安装端口45000个,入户35000户。1997年,侯马荣获"全国广播电视先进市"称号。

群艺馆 1985年,文化馆更名为群艺馆。设立音乐、美术、舞蹈、文物等辅导组。至1996年,先后培训农村文艺骨干1200名,舞蹈、美术学员各200名,电子琴、民乐演奏员各500名,钢琴学员50名。这些学员中,3名考入中国音乐学院,1名考入天津音乐学院。到2003年,全市文艺骨干约5000余人。乡(办)文化站各站配备辅导员1名,设有图书室、文化娱乐室。除开展经常性活动外,每年组织3~5次大型文艺演出。至2003年,已建立村文化室图书室60多个。

文化市场管理 1989年,成立了以宣传、文化、工商、广播、公安等部门参加的文化市场管理委员会。设文化市场稽查队,负责文化市场日常管理工作。几年来,在打黄扫非活动中,做出显著成绩,为净化文化市场作出积极贡献。先后取缔违法歌厅2个、录像厅4个,停业整顿34家,查封游戏厅46家。查收销毁黄色淫秽图书980余册,录像带1150余盘及录音带800余盒。1998年,侯马市被临汾市授予"文化市场管理先进市"称号。从1992年5月开始,每年举办一次以新田文化为主要内容的招商引资、商品交易会,即新田文化节。2003年以后,发展为"山西侯马·新田春秋古都文化节",大大促进了侯马各项社会事业的发展。

第三节 医疗卫生事业

公共卫生

1972年6月,侯马市成立爱国卫生运动委员会办公室,主管全市爱国卫生工作。1982年,市政府把每月15日定为全市卫生日。1985年,市委、市政府制定创建省卫生红旗城市的目标,调整、充实了爱卫会办公室力量,加大了爱国卫生运动的宣传力度。

1991—1992年,本市先后荣获"全国自来水普及市""全省灭鼠先进市"等称号。1993年,在全国城市环境综合治理中,荣获全省县级市第一名,荣获"全国城市环境综合治理优秀城市"称号。1995年8月,本市在连续10年获省"卫生红旗城市"先进称号的基础上,在全国卫生城市检查验收中被授予"全国卫生城市"光荣称号。至此，全市爱国卫生运动迈上了一个新台阶。

疾病预防

1961年，市卫生防疫站成立，有干部职工14名。1984年，卫生防疫站内设卫生科、防疫科、检验科、消毒杀虫科及站办公室，有干部职工54名，其中，卫生专业人员42名，非专业人员12名。1996年，市防疫站达县级二等站标准。

1999年，根据需要增设性病艾滋病防治科。同年9月，通过国家"县级一等卫生防疫站"验收。2002年，机构改革调整时，卫生监督执法部门划归卫生行政部门，卫生防疫站更名为"疾病预防控制中心"。2003年，内设公卫科、防疫科、计免科、体检科、性艾科、理化室、细菌室、结核防治门诊，有干部职工82名，其中，高级技术职称2名，中级职称28名，初级职称34名，其他人员18名。

妇幼保健与计划生育

1978年，妇幼保健站成立。1981年，开展妇女病普查普治活动，被临汾地区评为先进妇幼站。1985年，新增妇幼保健咨询门诊。同年，被临汾地区授予"文明妇幼站"牌匾。2003年，妇幼站已发展到9个科室，有工作人员55名。其中，中级职称15名，初级职称20名，年门诊量1800人次。

本市计划生育工作起步较早。第三次建市后，于1972年就成立了计划生育工作机构，之后，国家提倡生育要有计划，要贯彻"晚、稀、少"的计划生育政策，号召共产党员、共青团员在计划生育工作中起模范带头作用。市委、市政府采取措施，加大了对计生工作的领导力度。1986年4月，高村乡获"全国计划生育先进集体"称号。20世纪90年代，计生部门的工作水平有了更大提升，开通了4部热线电话，方便群众咨询，组织计生服务小分队经常巡回下乡、下社区。2003年，市、乡（办）计生建立了微机室，全市联网，对59006名育龄妇女实行动态管理，并建立领导干部计生档案。同年，通过省、国家级验收，荣获省、国家"计生优质服务先进市"称号。

医疗卫生

1958—1959年侯马市中医院、侯马市人民医院先后成立。1963—1976年，地营以上企业：省建一公司、平阳机械厂、邮电部侯马电缆厂（五〇二）、侯马纺织厂、风雷机械厂等，先后成立了职工医院和解放军野战二七七医院（后改为解放军第二八九医院），大大增强了本市医疗资源和医疗水平。1978年，成立了全区唯一一家口腔专科医院。1984年和1988年后，又先后成立了铁一处、铁四处、交通职工医院及私办痔瘘医院、骨科医院等。

1992年，市口腔医院发展为五官科医院。1994年，铁路系统又建成了侯马北职工医院。1997年，邮电部侯马电缆厂五〇二医院，荣获国家卫生部、联合国儿童基金会、世界卫生组织联合颁发的"爱婴医院"铜匾。

2003年，市直医院有4所，在职人员698名，床位4906张，年门诊量74981人次；厂办医院有11所，在职人员704名，床位895张，年门诊量为510868人次；社会资源办的各类专科医院有5所，加上一些个体诊所遍布城乡，群众医疗极为方便。

第四节 群众体育

1959年3月，市成立体育运动委员会。在1992年机构改革中，体委与文化局合并为文化体育局，简称文体局。有工作人员13名，业余体校各类教练34名。

改革开放以来，市政府投资200万元建成面积为3330平方米的体育馆一座，固定座位1260个。室内可举行篮球、羽毛球、乒乓球等训练及比赛，灯光音响及各项设施齐全。还先后分两期建成了市体育场，占地3.5公顷。内有环形跑道8条，100米直跑道8条，足球场1个。环形看台可容纳1.5万人，建有主席台和两边的嘉宾看台。2003年，全市共有体育场159个，其中国家标准级的2个，训练馆1个，游泳馆2个，篮球场123个（有看台的灯光场8个），室外标准游泳池4个，门球场12个，网球场4个，小型运动场16个，旱冰场5个。体育场地总面积为452948平方米，人均2.2平方米。其中，学校体育场地175790平方米，人均6.2平方米。

群众性体育协会不断增多，先后成立的有老年体协、农民体协、杨氏太极拳协会、武术协会、信鸽协会、围棋协会、桥牌协会、垂钓协会等12个群众性组织，会员发展到数千人。

1973—2003年，全市共举办中小学生田径运动会28届次，其他运动会和体育项目的比赛58次。本市还多次参加地区、省及不同系统、地区联合运动比赛，都取得了好成绩。多年来，还圆满承办了地区、省及全国体育竞赛活动。

1990年8月，山西省政府命名本市为"省体育先进市"，获铜匾一块。

第五节 科学技术

1958年，在党中央向科学技术进军号召的推动下，11月，组建了"侯马市科学技术工作委员会"，开始使科研、科普工作走上有组织、有领导的轨道。1962年先后建立了一批科技服务机构：科技服务站、试验室、科普天象厅等，开展科学技术普及活动，研究出一批科技成果，并推广应用到生产中去。特别是农业技术的应用推广，使本市粮、棉、油料作物产量跻身省、地先进行列，受到省科委的奖励，本市被列为全国科技重点县（市）。1963年，宋郭村被树为晋南小麦十杆旗之一。

第六章 轰轰烈烈的"四市"建设

工贸市、开放市、省强市和生态园林市"四市"建设是2000年侯马市委、市政府提出的新的发展战略。

第一节 工贸市建设

工贸市建设，就是要发挥侯马市的商贸市场优势，以贸促工、以工兴贸、工贸并举，形成经济支柱，这是"四市"建设的中心和主旋律。总体思路是："调优一产，调强二产，调活三产"，具体内容包括：优化工业战略，拓展商贸战略，强化农业战略。

优化工业战略

2001年，在优化工业结构上，实施"三五"工程：一是使5个项目顺利完工投产，二是使5个项目加快建设速度，三是使5个项目能够顺利完成前期准备工作。

2002年底，"三五"工业调产工程基本实现，一个以传统产业为基础，以高新技术产业为先导，相互促进、共同发展的工业格局初步形成，一批新的经济增长点得到发展。全年共有霸王药业公司5亿粒男康片扩产项目、霸王药业针剂扩产及GMP改造项目、汤荣汽配公司2万吨刹车毂铸造项目、汤荣汽配公司2万吨刹车毂机加工项目、晋田热电公司三期扩建工程项目、晋明电器公司6000万只卡口及5000万只镀镍灯头改造项目、北方铸造公司5000吨铸造加工项目7个项目完工投产，超过原定目标2个，共完成投资46750万元，形成年产值49300万元、利润7000万元、上缴税金4780万元的新增生产效益能力；中石油侯马5万立方米油库、青青食品公司1000吨果糖二期扩产、建邦集团废渣混凝土新型材料、薪丰生化公司黄姜提取皂素、汤荣汽配公司年产120万件制动毂扩产改造5个项目开工建设，项目总投资1.5亿元，可形成年产值10亿元、利润7450万元、上缴税金2050万元的新增生产效益能力；山西侯马欣益药业公司 GMP 建设项目、中化寰达公司 50 万吨机焦扩建项目、山西省焦炭（集团）公司侯马焦化厂 60 万吨焦电煤气联产项目、新利焦化 60 万吨焦化气项目等 5 个项目做好前期准备。霸王药业公司技术中心通过山西省经贸委认定，成为侯马首家省级技术中心，并得到省经贸委扶持资金 50 万元，中心的建立为企业的产品技术研制开发提供了保障；汤荣汽配公司与清华大学、洛阳拖拉机厂等院校科研单位合作，研制开发出生产符合国际标准和中国路况的车毂共 180 余个新品种，并开发了出口轮毂等新产品，提高了市场竞争力和占有率；建邦集团公司、青青食品公司两个企业获得 ISO9000 认证，为企业产品进入国际市场、提高市场竞争力、拓宽市场占有率获得了通行证。当年工业经济效益在结构调整中快速增长。

全市限额以上工业企业增加值完成 45375 万元，总产值完成 16.01 亿元，销售收入完成 148379 万元，上缴税金 5482 万元。乡镇企业总产值完成 411842 万元，增加值完成 117646 万元，上缴税金 5136 万元。

2003 年实施"1221"项目发展规划，即发展十大工业调产项目、20 个有增长潜力的高科技项目、20 个第三产业发展项目和 10 个基础设施建设项目。加快发展生化制药、精密铸造、清洁能源、轻型加工、高新技术五大产业，把项目工作推向新的阶段。全市上下统一行动，采取项目大宣传、大动员和大会战三大措施，经过快速启动、全面推动、集中冲刺三个阶段后，全年共落实"1221"项目 48 个，总投资达 57 亿元，其中有 36 个项目开工建设，有 20 个项目当年竣工，竣工项目完成投资5.63亿元。年实现销售收入18.3亿元，新增税收1.22亿元。

十大工业调产项目中，有欣益药业GMP建设、晋韵钢铁258立方米高炉、华强钢铁220立方米高炉、薪丰生化100吨皂素4个项目竣工。20个鼓励发展的项目中，益昌铸造3万吨钢锭模、德利鑫染化3000吨双倍硫化黑、新农食品4000吨果脯、乔美服饰10万套服装、德玺化工炭黑、长青冷藏等10个项目竣工。"1221"项目建设取得的成就，使一批新的经济增长点迅速形成，产业素质明显提升，产业结构日趋合理，成功实现了经济结构调整三年初见成效的阶段性目标，中共山西省委、省政府授予侯马"经济结构调整突出贡献市"荣誉称号。在重点项目带动下，全市传统产业新型化步伐正在加快，通过淘汰落后产能，产业集中度明显提高，升级改造步伐加快，产品附加值得到提高。新利焦化的机焦设计生产能力达到300万吨，寰达公司的焦电铁产业链正在形成，晋韵公司和华强公司的炼铁炉均达到200立方米以上。特别是生化制药产业发展迅速，霸王药业和欣益药业在年内先后通过CMP认证，为这一产业的发展打下了坚实基础。

2004年，新兴产业得到较快发展，初步形成了以生化制药、精密铸造、洁净能源、农畜产品加工为特色的新型支柱产业体系。生化制药业，有霸王、康威、欣益、瑞洁、薪丰、银杏、利信等10多家药品生产经营企业，准字号药品500余种；精密铸造业，汤荣、益昌、风雷等铸造项目，初步具备基地规模；洁净能源业，中化寰达焦电铁合金联产项目、汇丰1.2万千瓦电厂等工程陆续建成投产，新利公司焦电锰合金项目开工建设，循环经济新模式开始出现；农产品加工业，农业产业化龙头企业发展到25个，其中投资500万元以上有16个，1000万元以上有9个。

2009年，在基本完成"1221项目"规划的基础上，市委、市政府经过考察认真研究、科学决策，不失时机地提出实施"1188项目"发展规划，规划项目总投资达70亿元，建成后，年可新增利税10亿元左右，规划的出台极大地促进了项目工作的开展。全年完成投资竣工投产的大项目有康威制药GMP改造、北方铜业5万吨电解铜、汤荣8万吨汽车制动器扩建、华强380立方米高炉、平阳液压支架扩建、中化寰达2×9000千伏安硅铁炉、新利500万吨洗精煤等。

拓展商贸战略

2001年，财税部门加大征管力度，超额完成全年财税任务。金融系统胸怀大局，不断扩大贷款规模，有力地支持了"四市"建设；商贸市场按照"稳定、整顿、发展、繁荣"八字方针，规范管理、完善服务、净化环境、功能完备的市场体系已具雏形，市场出现了蓬勃发展的良好态势。"两个升级"有了新的进展，服装加工业规模扩大，本市产品"傅彭一族"服装已注册商标，全年市场成交额达20亿元，上缴税金2400万元，创历史最高纪录。对农资、食品、石油等12项进行了专项整治，市场秩序进一步好转。出口贸易迅猛增长，进出口总额960万美元，是全年任务的19倍。

2002年，财税部门继续深化体制改革，积极培植税源，加大征收力度，强化预算约束，确保了财政收入计划的完成。全年财政收入达到 1.64 亿元。金融部门认真执行国家的货币政策，积极支持经济建设。全市银行、信用社各项存款余额 325721 万元，比上年增长 19.5%。商贸经济建管并重，改善环境，强化服务，保持了稳定增长。亚欧桥汽车摩托车市场、侯运建材市场、路西副食市场和新港三期改扩建工程、金水桥名牌服饰城等竣工投入运营。新田市场改造、图书音像市场、太阳商贸城等开工建设，市场总数增长到 36 个，市场成交额增加到 22 亿元，市场纳税额 2400 万元，商贸市场的效益明显提高。全市社会消费品零售总额达到 130937 万元，外贸出口供货值 8500 万美元，是上级下达任务的 386%，全市累计完成出口 220 万美元。2003 年，第三产业坚持内涵上档次、外延拓领域，全年有 8 个商贸流通项目列入"1221"项目规划，总投资 3.5 亿元。年内已竣工 3 个，完成主体工程 2 个，开工建设 3 个。市场成交额增长到 30 亿元，纳税额 2400 多万元。金融、保险、信息、咨询等现代服务业也有了较快发展。

在经济结构调整中，坚持走由项目到产品、由产品到产业、由产业到行业的结构调整之路，提升了产业素质，产业结构更趋合理，一、二、三产业的发展比例为 6：51：43。同时，所有制结构也发生了明显变化，非公有制经济占到全市经济总量的 70%。侯马市被评为全省经济结构调整突出贡献市。

2004 年，商贸物流业在继续保持原有市场繁荣发展的同时，新田市场改造、太阳商城、文体市场先后建成并投入使用。

2009年，积极发展现代流通业和服务业，建成了华翔购物广场、新田建材装饰市场等规模较大、档次较高的流通企业。通盛西药物流配送中心完成主体工程，利信中药饮片物流中心开工建设，市场成交额达到60多亿元，大商贸、大吞吐、大物流的格局逐渐形成。在投资继续快速增长的同时，消费仍保持着比较活跃的态势。目前，全市生产总值一、二、三产业构成比例为4：53：43。

强化农业战略

2001年，种植业结构调整、乡镇企业发展、农田水利建设取得了显著成绩。一是农业调产实现新突破。通过实施"22412"工程，当年种植红枣2万亩、优质专用小麦2万亩，新建城郊花卉苗木基地4000多亩，种植以甘草为主的中药材1万亩、大蒜2000亩；中介服务组织发展势头良好，订单农业面积继续扩大；种植、收购、加工、贮存、销售一条龙产业化经营开始起步。二是农建工作迈出新步伐。实施了"15833"工程，即1条5千米北水南调干渠衬砌、5000亩喷灌节水、8000亩中低产田改造工程、香邑湖风景区300亩绿化、南西庄300亩生态示范园建设。围绕城市、农村土地资源合理配置利用，土地部门发挥了积极作用。三是小康示范新农村建设取得新进展。南西庄、乔村、凤城、史店新农村城市化建设全面启动。侯马被山西省命名为小康建设先进市，并被确定为全省6个首批农业和农村现代化试点市之一。

2002年，围绕农业增效、农民增收、农村稳定的目标，以小康建设为龙头，统揽农业和农村工作的全局，实现了农业经济的新突破。农业调产初见成效，产业化经营初具规模，龙头企业不断壮大，农副产品市场交易活跃，小康建设稳步推进，农业基础设施和生态环境明显改善，农民收入大幅度增长，农业经济迈上了一个新台阶。一是完成"2114"工程。即完成了2万亩优质专用小麦，1万亩以红枣、葡萄为主的果业，1万亩以甘草为主的中药材，4000亩花卉苗木的种植业调产工程，使"6531"农业调产工程一年初见成效。二是巩固完善了3个农业示范园和一批生产基地。即香邑2100亩农业科技示范园、凤城100亩银杏种植示范园、程村1000亩枣粮间作示范园。凤城万亩优质小麦基地、上院村和常青村无公害蔬菜基地、高村4000亩和南上官3000亩芦笋生产基地、4000亩花卉苗木基地，河东和金沙以甘草为主的中药材基地，凤城奶牛基地，在全市农业结构调整中发挥了积极的带动、引导和示范作用，成为侯马农业现代化建设的重要标志。三是推广经验，创建了5个农业科技示范区。即河东200亩枣粮间作示范区、南西庄400亩绿苑农业科技示范区、高村500亩芦笋生产示范区、小里500亩葡萄生产示范区、常青村500亩无公害蔬菜生产示范区。四是实施了品牌农业和绿色食品战略。2002年底，"裕隆源"牌芹菜营养面和绿豆营养面、"鸿舟"牌银杏茶、"维皇"牌果糖等8种产品申报了绿色食品认证。五是农建工作有了新突破。投资240万元的高村乡5个村8000口人的集中供水工程完工；投资2400万元的北水南调工程进展顺利；全长6.17千米的浍河二库放水干渠首期整治工程全面开工建设。侯马荣获"临汾市水利综合先进市"称号。六是农业生态环境建设规模空前，农田林网建设再上新台阶。在对已有林网完善提高的基础上，又新建高标准农田林网 1 万亩；通道绿化再上新水平，全面完成大运路侯马段 16 千米的补植补栽，完成霍侯公路侯马段文明绿化畅通工程 3.4 千米；完成大运高速路绿色通道 12.5 千米的绿化，植树 3.5 万株，结合农业产业结构调整，沿高速路两侧的 100 米范围内种植了以红枣、山桃、山杏为主的经济林带。七是小康建设稳步推进。制定了农业农村现代化试点建设规划，村镇建设高档次推进，在全市确定了 7 个现代化村镇建设示范点。侯马被评为"全国土地执法模范市"，乔村被评为"全国文明村"。全市粮食总产量 5.02 万吨，其中夏粮 3.35 万吨，秋粮 1.67 万吨；农业总产值达到 2.8 亿元。

2003 年，农业种植业"6531"规划接近完成，发展优质专用小麦 5 万亩，以红枣为主的果业 3.2 万亩，以中药材、蔬菜为主的经济作物 2.6 万亩，花卉苗木基地 4000 亩。养殖业"百千万"工程扎实推进，发展规模养殖 50 余户，建设养殖小区 15 个。长青冷藏、新农食品、青青食品、薪丰生化、全良肉食品加工等一批龙头企业迅速扩张，农业产业化格局初步形成。2004 年，深入贯彻中央 1 号文件精神，认真落实鼓励农民增收的各项政策措施。市财政加大对农业的扶持力度，农业税降低两个百分点，对种粮农民的直接补贴、农机补贴全面兑现。农业种植业"6531"规划基本实现，养殖业"百千万"工程取得新进展。农业产业化经营格局初步形成，被评为临汾市"农业产业化先进市"。农业基础建设，北水南调工程基本完工，台骀庙莲池一期水利配套工程投入使用，张村、凤城集中供水全面完成，近2万人安全饮水得到保障。农村工业化加速发展，全年共吸纳和转移农村富余劳动力1.2万人，直接拉动农民人均增收500元左右。以城郊经济为特色的城乡一体化格局初步显现，农村城镇化水平进一步提高。

经过5年的努力，在工业发展上，按照传统产业新型化、新兴产业规模化要求，积极发展"六大产业"，重点培育"四大基地"，扎实推进"1221""1188"项目工程，一批市场前景好、科技含量高、资源消耗低、符合产业政策和环保政策的大项目、好项目落地建设，五年全市新上规模以上工业项目70余个，累计投资30多亿元，占新增财政比例的63%。特别是2005年启动的"1188"项目累计概算投资70亿元，全部建成新增产值100亿元，新增利税10亿元。在市场建设上，积极发展现代流通业和服务业，一批老市场得到改造，一批新市场先后建成，共改造老市场53000平方米，新建市场17个，市场总数由2000年的24个发展到41个，成交额由20亿元增长到60多亿元，大商贸、大吞吐、大物流的格局逐渐形成。在农村现代化建设上，大力实施农业调产"6531"规划和养殖业"百千万"工程，一批示范带动性强的种植、养殖基地蓬勃兴起；大力实施龙头企业"大中小"战略，以长青冷藏、全良肉食、东升奶业、瑞洁生化等为代表的一批农业龙头企业迅速崛起，投资规模在500万元以上的有16个，1000万元以上的有9个，形成了"市场带龙头，龙头带基地，基地联农户"的经营格局，有效促进了农业增效和农民增收。侯马被评为全省增加农民收入先进市、临汾市农业产业化先进市。目前，全市经济结构趋向合理，经济实力明显增强。从 GDP 构成看，一、二、三产业的比重为 4∶53∶43，从财政收入构成看，一、二、三产业的比重为 2∶63∶35，工贸市已在经济格局中得以确定。

第二节　开放市建设

开放市建设，就是利用侯马交通、区位及全省五大中心城市优势，发挥海关、商检、口岸及山西南部邮件分拣中心、物流平台、信息平台等涉外窗口作用，强化城市载体，释放城市潜力，扩大城市引力。当时在开放市建设方面，主要做了以下工作。

转变思想观念

2000 年下半年，以整顿市场作为整顿侯马经济秩序、优化经济环境的切入点，市委在全市开展了"市场万人大调查"。针对干部群众提出的数千条意见和建议，在全市展开了大讨论，确立了"人人都是侯马形象，事事关乎侯马发展"的新理念。

21 世纪以来，市委、市政府一直把解放思想，转变领导干部的思想观念作为一项长期的基础工程来抓。针对内陆区域的封闭性，干部头脑存在的"知足常乐""小富即安"思想，2001—2003 年，市委、市政府用面向周边、面向全省、面向全国的大开放思路，高瞻远瞩，提出了"工贸市、开放市、省强市和生态园林城市"的建设目标，使侯马的发展跳出了自身的局限，站在了大开放、大发展的高度。

2004年10月下旬，为提高全体市民建设区域性中心城市的信心和决心，在全市机关、企事业单位、农村、商贸市场、社区、学校等各个领域，开展了为期3个月的思想道德大教育活动。2005年1月，在保持共产党员先进性教育活动中，为发挥共产党员的先锋模范作用，转变机关工作作风，改善投资经营环境，继续深入思想道德大教育。通过不断解放思想，转变观念，使干部群众形成了"大开放，快发展；小开放，慢发展；不开放，不发展"的思想共识。

优化发展环境

市委、市政府大力改善环境，提高城市的吸引力。2000年冬，侯马在全省率先发起了生态园林城市建设的目标，先后实施了"1142""11233"城市绿化综合整治系列工程。几年来，新建起广场公园4座，街头绿地游园40个，全市绿化覆盖率达37%，人均公共绿地85平方米，实现了"春有花、夏有荫、秋有果、冬有青"的绿色景观。侯马先后被命名为"山西省园林城市""全国卫生城市""全国生态示范区"，大气环境质量连年处于全省16个城市之冠，被誉为"山西最干净的城市"。良好的生态环境，提高了侯马的城市品位和对外吸引力。

在总长1300米的市府路建起了收费公示一条街，把135个行政执法事业收费单位2305个收费项目、标准向社会公示。针对"三乱"问题，在全市15个行政执法部门开展了为期15天的集中学习教育整顿，对工商、税务、城管等部门存在的乱收费、乱罚款、乱摊派等不良行为进行自查自纠。同年，市委、市政府出台了《关于优化生产经营环境鼓励招商引资的30条规定》。2001年，市委、市政府成立了重点项目领导组，由市委书记、市长担任正、副组长，专门负责重点项目工作。同时，在全省率先成立了行政审批中心、政府采购中心，把各职能部门行政审批、收费等行为，全部纳入中心管理，实行一个窗口对外、一站式办公、一次性办结、一条龙服务的阳光作业，大大提高了执法部门的透明度，提高了政府办事效率。2002年，出台了《进一步优化经济发展环境的决定》。凡投资5000万元以上的项目，或年销售收入在亿元以上的调产项目，均要由市级领导牵头，组成专门的工作班子，协调解决从立项审批到工程建设直至竣工投产达效过程中遇到的困难和问题。2003年，又出台了《建设信用侯马优化发展环境的实施方案》。重点开展了"优化发展环境"大讨论，树立了"人人都是投资环境，事事关乎侯马发展"的新理念。2005年，在党员先进性教育中，让40个窗口单位党政领导在侯马电视台公开向社会承诺本单位工作服务、执法项目标准，自觉接受群众监督，从规范行政执法入手，营造宽松的生产经营环境。

加大招商力度

2001年到2005年，连续5年先后举办了"两会一节""两节一会"和第一、第三届"山西侯马·新田春秋古都文化节"，在宣传扩大侯马知名度的同时，组织经贸洽谈会招商引资。每年初，各部门、各单位要与市委、市政府签订工作目标责任书，立军令状，落实招商引资项目。2003年，全市曾抽调100余名机关干部，由市四大班子成员分组带队分赴全国各地招商引资。2005年，招商引资工作力度进一步加大，先后参加了北京、西安、深圳、太原等地10多次大型招商活动，还接待了上千人次来侯马投资考察，使一大批重点项目在侯马落地。北方轻工城项目于2005年12月正式签约，总投资12亿元，总占地200亩，由加工区、贸易区、生活区三部分组成。该项目由中国星星集团出资60%，联合浙江东邦、杉杉、德力西等企业共同建设。主要生产名牌服装、电子、五金等轻工小商品，全部建成后，将使侯马原有的商贸市场由周转型经济向加工型经济转型。侯马海铁联运陆港口岸物流中心项目由山西宝特国际物流公司投资5.2亿元建设，总占地2000亩，分三期工程建设，全部工程竣工后共拥有6条铁路专线5个站台，形成万吨大列装卸，年吞吐货物500万吨，该项目现已入选山西省"十一五"规划重点项目库，目前，环保评估报告已经完成，正在办理土地审批手续。侯马市模范机械制造项目，由北京常青藤集团投资1亿元，收购大风机械制造有限公司，并增资扩股，准备建设国内最大的内燃机整机生产基地。目前已完成生产设备一期投资4000万元，三年内完成整机生产全部投资，五年内实现上市。侯马晋良兔业有限公司无公害肉兔养殖基地，总占地76.7亩，总投资1300万元，由山东威海市农民企业家刘卫东控股建设，公司面向欧美市场，引进现代化管理模式，实行统一供种、统一供饲料、统一疾病防治、统一管理、统一回收加工。该项目正常运行后，年出栏商品肉兔300万只，将成为山西最大的肉兔养殖基地，目前一期工程已经完成。

2009年以来，8个投资上亿元的工业骨干项目、8个农业重点项目、8个大型商贸物流业项目、10个城市建设和社会发展项目在侯马相继签约或开工。五年来，侯马新上规模以上工业项目70余个，商贸市场或物流中心项目17个，农业重点项目28个，累计总投资上百亿元，70%的资金由外部引进。

强化商贸和晋文化建设。为发挥商贸优势，侯马坚持外延拓领域、内涵上档次，大力发展商贸市场。近年来，先后投资3亿元完成了新田综合市场、太阳商城、家和购物超市、图书音像市场、华翔购物广场、浍滨北街商业一条街等8个市场的新建扩建。目前全市各类市场已达39个，市场年成交额由原来的30亿元增加到60亿元。山西侯马大运公路枢纽货运中心、利信中药材饮片配送中心、山西通盛西药物流配送中心也已开工建设。商贸物流业已形成规模，为区域性中心城市增添了人气，提供了物流信息和更多的商机。

21世纪，市委、市政府围绕晋国古都文化做文章，加快城市文化建设。先后建成了以晋文化为特色的晋国古都博物馆、晋国宝鼎公园、晋文公雕像、晋国庙寝遗址公园、晋国铸铜遗址公园、台骀庙风景区、香邑湖风景区、温泉度假村、河滩森林公园等文物旅游工程，还建设了广电大楼、古玩市场、图书音像市场等文化产业工程，并成功举办了"山西侯马·新田春秋古都文化节"、晋文化研讨会、春秋古都城市联谊会等。通过节庆文化、周末文化、消夏文化、广场文化等活动，活跃了城市生活，提高了市民的生活质量，再造了和谐侯马的新优势，推动了以现代商贸文化和晋国古都文化为特色的旅游购物城市的形成。通过努力，开放市推进步伐加快，对外形象显著提升。利用区位、交通、人文等优势，通过经济、社会、文化全方位连续整体打造,以及海关、商检、开发区、铁路、邮电、通信等外向型硬件设施的完善,侯马对外开放优势日益巩固。特别是通过实施"文化强市"战略,大力挖掘晋文化资源,打造以新田春秋古都文化节为标志的强势文化品牌,侯马的知名度得以提高,吸引力得以增强,对外交流合作平台基本建立,聚合资源、辐射周边的区域性中心城市地位初步确立。先后有新加坡以及我国北京、上海、浙江、福建等地企业财团来侯马投资发展,社会经济建设中将近70%的资金来自外部,开放市已在发展中得以确立。

第三节 省强市建设

2001年,全年国内生产总值完成16.06亿元,比上年增长12.6%;工业增加值完成3.39亿元,比上年增长37.1%;财政总收入完成1.55亿元,比上年增长15.6%;社会消费品零售总额完成12.24亿元,比上年增长7.5%;农民人均纯收入达到3271元,比上年增长5.1%;城镇居民人均可支配收入达到4953元,比上年增长14.8%。2002年,全市国内生产总值完成18.42亿元,比上年增长15%,其中,第一产业增加值完成128亿元,比上年增长7.3%;第二产业增加值完成8.76亿元,比上年增长18.4%;第三产业增加值完成8.37亿元,比上年增长12.9%。经济结构日趋合理,一、二、三产业之比为7∶46∶47,获全省经济结构调整突出贡献奖。全市固定资产投资6.89亿元,比上年增长14.2%。人民生活稳步提高,各项社会事业协调发展。当年,全市城镇居民人均可支配收入5857元,比上年增长19.7%;农民人均纯收入3643元,比上年增长11.4%。建立、完善了社会保障工作体系,社会保障工作得到加强,千方百计拓宽就业再就业渠道,城镇登记失业率为3.5%,再就业率达到73%。基本养老保障向全社会推行,建立了社会统筹和个人账户相结合的养老保险制度,养老保险参保率达到95%,基金征缴率达到90%,社会化发放率达到100%。医疗保险已经启动。

科技工作。强化科技宣传,积极开展科技咨询服务和农业科技成果、实用技术推广,增强了全民科技意识。教育事业取得新进展,中小学办学条件明显改善,农村18所学校危房改造工作基本完成,全市10所学校达到临汾市"四化"学校标准。人事制度改革进展顺利,建立健全了面向市场的开放有序的人才流动机制,人才交流中心积极发挥作用,为用人单位和求职人员构筑了信息平台。城乡医疗条件继续改善,卫生服务水平不断提高,取得全省县市级卫生城市评比第一名。计生工作进一步加强,人口自然增长率为7.87‰,比计划下降1.13个千分点,被省委、省政府评为"2002年度人口与计划生育三为主工作先进市""计划生育登记建制先进市"。环保工作注重防治和生态保护并重,全市污染总量比上年下降10%。文化、广播电视、体育等各项社会事业蓬勃发展,各个方面都取得了突出的成绩。

2003年,全市地区生产总值完成22.3亿元,比上年增长18.8%;财政总收入完成2.03亿元,增长23.6%;限额以上工业增加值完成5.5亿元,增长35.3%;固定资产投资完成13.1亿元,增长93.19%;社会消费品零售总额完成1.8

亿元，增长15.8%。各项社会事业全面发展，人民生活水平进一步提高。城镇居民人均可支配收入达6573元，增长19.8%，农民人均纯收入达4170元，增长14.5%。新增就业岗位5300余个，下岗失业人员再就业率达95%，下岗职工基本生活保障率达100%。中、小学危房改造基本完成。"普九"工作扎实推进，教学质量明显提高。科技进步对经济增长的贡献率达到45%以上。广播电视中心大楼投入使用，传输设施性能改善明显。全年大气环境质量达国家二级标准的天数达210天，在全省16个重点监测城镇中，名列第二。2004年，全市地区生产总值完成28.6亿元，按可比价增长18.9%；财政总收入3.08亿元，增长42.9%；固定资产投资达到15.4亿元，增长18.3%；城镇居民人均可支配收入7891元，增长20.1%；农民人均纯收入4820元，增长16.3%。社会各项事业全面发展，农村中小学危房改造全面完成，首批通过了全省义务教育标准化验收，高考达二本线人数比上年增加30%。全面实施"科技兴市"战略，科技创新步伐不断加快，科技贡献率达45%。成功举办了第二届"山西侯马·新田春秋古都文化节"，广泛开展了各种类型的群众性文体活动，文化旅游产业加快发展。开通了调频广播，光缆有线电视向农村全面延伸，覆盖率达到95%。医疗卫生事业不断完善，疾病预防控制中心大楼投入使用，市乡、村三级疾病预防控制和医疗保健体系初步建立，医疗资源整合取得了新进展。人口与计划生育工作，通过了"全国优质服务先进市"复查验收，人口自然增长率控制在7.4‰。

就业、再就业和社会保障体系逐步完善，下岗失业人员实现再就业4000余人。社会救助水平不断提高，全市纳入低保人数达6300人，实现了应保尽保。2004年荣获"全国生态示范区""全国文物工作先进市""全省文化建设先进市"及全省卫生城市评比第一名等荣誉称号，可持续发展能力在全省119个县市中位居第一。在临汾市综合考评中，32项考核指标全部位居前列。

2005年，全市生产总值37.5亿元，比上年增长20.4%；财政总收入4.24亿元，比上年增长37.98%；城镇居民人均可支配收入9180元，比上年增长16.34%；农民人均纯收入5330元，比上年增长10.58%；五年新增就业20000人，城镇登记失业率稳定在3%以内；城镇基本养老保险参保率100%，社会化发放率100%；城市低保、农村特困群众救助、五保户供养等社会救助工作全面落实；城市人均住房面积达到28平方米，超过全国人均住宅面积。

"十五"时期末，全市人均GDP、人均财政收入、农民人均纯收入、城镇居民人均可支配收入等指标在全省位居前列，储蓄存款余额由2000年的19亿元增长到52亿元，人均2万余元，人均概念上的省强市初步确立。侯马被评为全省结构调整先进市，进入全省县域经济20强，农村小康建设跨入全省10强，可持续发展能力在全省排名第一。

第四节 生态园林城市建设

2001年，以生态园林城市建设为目标，城市综合整治全方位推进。城市绿化第一战役"1142"工程首战告捷，城市标志性工程新田广场远近闻名，5千米城市绿色通道高标准完成，建成市内园林绿地39处，新增城市绿地20万平方米，城市人均新增绿地2平方米。打响城市绿化第二战役，实施了"11233"工程，火车站广场扩建、100个单位庭院绿化、20条街巷绿化和3000米拆墙透绿工作进展顺利。文明路、中心街、幸福街、市府西路相继开通，东风路、浍滨街东侧侯纺段改造工程竣工，文锦苑小区建设基本完工。庙寝遗址公园、汽车东站开工建设。大运高速公路侯马段路基全线贯通，大运高速公路侯马连接线工程已通过省级立项，设计评估全部结束。三轮车、出租车、广告经营权拍卖和城市规划区内土地收储拍卖供应机制的建立，初步确立了经营城市的全新理念。环境治理成效显著，获临汾市环保工作综合评比第一名。城乡交通条件有了较大改善，基本实现了村村通公交车。城乡电网改造全面完成，城市供电实现双回路。邮政、电信服务再上新水平。

2002年，围绕生态园林城市建设目标，完善基础设施建设，加大城市绿化综合整治，强化城市管理，提升城市品位，全面完成了"11233"绿化任务。车站广场胜利竣工；庙寝遗址公园一期工程全部结束；二十条街巷及庭院绿化工程全部完成；新田广场二期北侧平台、商业用房工程完成，纪念碑落成；侯张路游园、平阳厂月季园全部完成；合欢街两侧城建系统八百亩花卉苗木基地已经形成。城市绿地系统规划通过评审，得到临汾市政府正式批复。城市绿地大幅度增加，全市公共绿地面积达到97万平方米，人均8平方米，绿地覆盖率达35%，形成了较为完整的城市绿化体系。基础设施建设进展顺利，道路框架基本形成，总投资6500万元的东风路改造接近尾声。药材公司营业大楼、工农兵市场综合商贸大楼、汽车东站、火车站商业大厦、山西侯马邮件分拣中心等开工建设。文锦苑住宅小区初具规模，市区热力管网改造前期工作已经完成，供气、供水前期工作进展顺利，基础设施进一步完善。城市基础设施建设总投资3.738亿元，较好地改变了城市基础设施滞后的局面；生态园林城市创建工作成效显著，成为全省县级城市园林绿化工作的先进典型，全省城市建设现场会在侯马召开，省级园林城市顺利通过评审，"全国环境优美城市"已通过验收。

2003年，从解决群众最关心的热点、焦点问题入手，加大城乡基础设施建设力度。以大经营理念为指导，创新思路，创新机制，筹措资金15亿元，完成了9个基础设施项目。大运高速公路侯马连接线工程开工建设，城市集中供热一期工程投入运营，晋国宝鼎工程如期竣工，平阳大道交付使用，浍滨北街、北环路道路工程开工建设，城市主要街道通信管网入地工程基本完成，北水南调工程、浍河干渠治理工程基本完工，农村集中供水、农业综合开发、退耕还林和天然林保护项目进展顺利。

2004年，城市基础建设，市府路、紫金山街、浍滨街等市区主要街道路面更新、集中供热二期工程全面完成，浍滨北街—北环路开发和城市供水工程顺利实施，城市污水处理厂、城市供气工程前期工作基本就绪，晋文公群雕落地新田广场。交通基础建设，大运高速公路连接线建成通车，市、乡公路拓宽改造工程已完成过半，"村村通"水泥路工程顺利实施。园林建设，瞄准创建国家级生态园林城市和区域性中心城市的宏伟目标，抓紧春季大好时机，继续大搞植树造林绿化工作，共完成九大植树造林绿化工程。红枣经济林带：沿大运高速公路、大运二级公路、环乡油路和汾河滩地，5个乡办分别组织栽植红枣经济林5000亩，共计25000亩。大运高速公路林带：由高村乡、上马办在12.6千米长的大运高速公路两侧各建设宽20米的绿化带、宽80米的经济林带、500米范围内的环村林带和宽1000米的农田林网绿化带。香邑湖三期绿化：主要绿化大坝西至乔村段，总面积400亩，滩地以速生杨为主，梯田以侧柏为主，适当点缀刺槐和红枣，努力从生态效益、社会效益和经济效益多方面取得收益。浍河排水干渠绿化：从浍河二库大坝至垤上铁路桥西，全长12.5千米，干渠两侧各栽植1行垂柳，3行杨树、桧柏、黄杨球。城郊花卉苗木基地：总面积4000亩的基地进一步完善提高，上档次、上水平、增效益，为城市园林绿化提供苗木来源。农村小学校园绿化工程：对5个乡办20所新建和改造后的农村小学校园进行达标绿化，以乔木、灌木、花卉相搭配，平地绿化与立体绿化相结合，为全面实施素质教育提供优美的环境。园林示范村：新田乡西呈王村、凤城乡南上官村、高村乡庹祁村、上马办单家营村、张村办北庄村为首批园林示范村，按照规划完成了绿化任务。天然林保护工程：在紫金山由市林业局组织实施完成2000亩天然林保护。与以上"九大绿化工程"相配合，侯马城区绿化依照"楼房围墙上立体，机关庭院栽大树、广场游园上档次"的原则大搞市区立体绿化，在市区内建筑物上广泛实施高空立体植绿，单位庭院空地每10平方米栽一个大树。

经过几年的努力，城区面积拓展6平方千米，新建城市街道8条16千米，城市供水供热、通信邮政、广播电视等功能全面提升。一批标志性建筑工程拔地而起，五年新增城市建筑面积130万平方米。大力实施城市绿化"1142""11233"建设工程，建成东西11.2千米绿色通道，12千米临街透视墙，40处街头绿地和街心公园，4个大型广场，4000亩花卉苗木基地，12.6千米大运高速公路绿化带，全市绿化面积达580万平方米，公共绿地达113万平方米，绿化覆盖率达37%。侯马被评为全国卫生城市、国家级生态示范区、全省县级生态园林城市。

在"四市"建设过程中，城市建设共投入8.2亿元，建设城市道路18千米，新建了市区东西主干道文明路，打通了北环路中段、浍滨街北段道路，完成了纺织东巷路面翻新和程王西路改造工程，完成了大运高速公路连接线建设工程，在新田广场周围修建了中心大街、幸福街，完成了幸福北街、紫金山北街、市府路、市府路南北巷等道路的沥青铺面工程，使市内交通形成了"六纵五横"棋盘式的交通网络。公用事业长足发展，投资1900万元，建设日增1万吨的城市供水扩建工程；投资1.39亿元，建设规模400万立方米的集中供热工程，完成投资8450万元，新增供热面积130万平方米；投资2000余万元，建成日处理1万吨污水的污水处理厂；总投资5000万元，一期投资2000万元的天然气供气工程开始建设；申请开发银行贷款1600万元，全长4.8千米的合欢街大排水工程开始建设；完成总长17.6千米的道路照明工程，市区装灯率达到97%，亮灯率达到100%；投资870万元，建设总长度28千米的通信管网入地工程，已完成投资722万元，大部分通信管网入地工程已竣工使用。

以经营城市之理念，创新机制，盘活城市有形和无形资产，解决了城建所需的大量资金。一是城市三轮车、出租车、广告占位、商业摊位等全部实行使用权竞争拍卖。二是城市规划区的土地全部实行集中收储拍卖，一条渠道进水，一个池子蓄水，一个龙头放水。除土地部门外，任何单位、任何个人不允许出让经营土地。通过机制转换，城市资产收益全部归集用于城建。三是通过改善环境，完善基础设施，土地等城市资产大幅度增值，城市建设进入良性循环。

经过几年的"四市"建设，侯马的城市建成区迅速拓展，城市品位明显提升。

第七章 新时代铸就新辉煌

党的十八大以来，侯马市在市委、市政府的正确领导下，进入发展快车道，各项事业迅速发展。

一、经济实力不断增强

2019年全市地区生产总值完成115亿元，同比增长8.9%；一般公共预算收入4.88亿元，同比增长19.5%；规模以上工业增加值12.5亿元，同比增长6.4%；社会消费品零售总额108亿元，同比增长7.5%；城镇居民人均可支配收入32014元，同比增长6.3%；农村居民人均可支配收入15148元，同比增长6.9%。各项主要经济指标均呈高位增长态势，增速位居临汾市前列，特别是经济总量和财政收入的增速，是"十三五"以来我市峰值。侯马市先后荣获国家卫生城市、国家园林城市、全国双拥模范城、全国生态示范区、全国生态文明先进市、全国节水型社会建设示范区、全国政务公开示范点、全国民族团结进步模范集体、全国城乡统筹科学发展"十二五"值得关注的典范县市、全国最具投资潜力中小城市百强、全国最具区域带动力中小城市百强、中国绿色名市等称号。

二、产业结构不断优化

侯马市三次产业结构为3.7：26.4：69.9。第三产业发展迅速，在GDP中所占比重持续上升。以创新园区和生态园区为主要载体，初步形成以装备制造、有色冶金、精密铸造、医药生化为主的工业体系，装备制造业的总产值占到了全市工业总产值的60%以上。商贸经济发展迅速，基本形成了以火车站传统商圈和轻工城新兴商圈为主的商贸格局，以山西方略保税物流中心和公路、铁路为主的物流格局。电子商务快速成长，阿里巴巴农村淘宝点在全市76个村子实现了全覆盖，侯马成为全省电子商务示范市。农业产业化稳步推进，规模经营、集约经营不断发展；粮食产量逐年增加；全市流转土地占总面积的25%；农副产品加工迈上新的台阶，龙头企业产值突破10亿元。

三、科技项目不断创新

列入国家级科技计划项目 1 项、省级科技项目 25 项、临汾市级科技项目 40 项、科技研发资金项目共立项 129 项,争取科技扶持资金 2089 万元;建立了 8 个农业科技示范基地,引进推广新品种 130 余个,引进推广新技术 60 余项,培植了蔬菜、食用菌、中药材等六大高效产业;产学研合作迈上新台阶,70% 以上的规模企业有稳定的技术依托单位;建立"12396"信息交流平台和知识产权服务平台,进一步加强了与大专院校、科研院所之间的联系和交流。

四、改革开放不断深化

重点领域改革取得重大突破。对接国家简政放权改革措施,在全省率先推行工商登记制度改革。搭建小微企业创业孵化平台,完善中小企业助推帮扶体系,"大众创业、万众创新"的活力增强。积极助推企业上市,益通股份实现零的突破。在临汾率先开展"六权治本"试点工作,农村土地流转、确权登记有序推进,被评为全国土地节约集约利用示范市。被确定为第三批新型城镇化综合试点、服务业综合改革试点、农民工等人员返乡创业试点、政务服务标准化试点,全省"多规合一"试点、首家不动产统一登记试点和首批中小微企业创业创新基地示范县,深化改革让侯马驶入了发展的快车道。

围绕构建内陆地区对外开放新高地目标,深度融入国家"一带一路"倡议及"晋陕豫黄河金三角""关中平原城市群""京津冀"发展战略,与珠三角、长三角、环渤海地区交流合作常态化;建邦集团与意大利合作,与印度尼西亚、巴基斯坦等国钢铁产能合资合作默契;汤荣、东鑫、晋烽等企业深度开发国际市场。中欧班列市场化运作、常态化开行。侯马国际大宗商品交易中心是山西省首家大宗商品交易所,目前侯马国际大宗商品交易中心已引进和组建了山西黄河金三角工业品交易所有限公司、山西亚欧有色金属交易所有限公司、山西中晋稀贵金属交易所有限公司、天津渤海商品交易所临汾营业部、山东招金集团招金期货山西营业部和北京金银岛网络分公司6家电子商务企业。

五、项目建设不断落地

全市的重点项目近百个,总投资226亿元,第一期计划投资40亿元,其中新建项目29个,续建项目15个,重点推进的前期项目9个,主要涉及产业转型、生态环保、文化旅游、社会民生、基础设施等多个领域。对这些重点项目,建立了项目保障机制,落实了市级领导包联责任制,及时协调解决项目建设中出现的重难点问题,有效解决征地拆迁、融资、环评、用地等瓶颈问题,加快推进项目建设进度。

对正在洽谈的项目,跟进及时,服务到位。通用机场建设项目,军方、民航等方面对接进展顺利,为早日开工建设奠定了坚实基础。正在积极对接韩城—河津—侯马城际铁路建设项目,超前规划了侯马市线路走向、站场设置、服务跟进等问题,进一步提升山西省交通枢纽中心地位。

同煤热电、通盛LNG等重点工业项目形成新的增长点,新型工业贡献率提升到55%，"两园区、一振兴"的格局基本形成。尤其中信机电制造公司特种车辆研发生产项目落地侯马，项目投资30亿元，占地1000亩，一期投资10亿元，年产特种车辆150辆。它将使侯马的经济发展跃上一个新的台阶。

六、乡村面貌不断改变

全面落实各项惠农政策。以农业供给侧结构性改革为主线，进一步调整了优化种植养殖结构，推动了农业向园区化、规模化、精品化方向发展。狠抓了蔬菜、瓜果、药材种植园和标准化养殖场"三园一场"建设。家庭农场、农民合作社等农业产业化联合体蓬勃发展。促进了一批粮食储备、销售、加工企业的发展。小麦良种繁育基地规模扩大，2019年完成10000亩，力争5年内覆盖率达到50%。完成了高产稳产农田建设项目4500亩、高效节水灌溉工程3000亩。

农村生态宜居水平全面提升。以农村改厕、村庄清洁行动为抓手，实施了拆违治乱、垃圾治理、污水治理、厕所革命、卫生乡村"五大专项行动"。重点抓好了"六个全覆盖"，城乡垃圾一体化处理工程已经实现全覆盖，走在临汾乃至全省前列。

农村集中供热工程成效明显，2019年在原有基础上又实施了19个村集中供热工程和1个村"煤改电"工程，力争2020年底农村清洁取暖率达到80%以上；天然气工程进一步向农村延伸；农村生活污水综合利用工程在16个村和1个社区进行了试点；2020年底改厕工程完成改造水冲式厕所 4400 户。2019 年底完成了 4 个园林村的绿化美化工程和总里程 35 千米的"四好农村路"翻修工程。

七、城市品位不断提升

城市基础设施日趋完善。垃圾、污水处理能力和供水、供热能力不断增强，先后投入资金 7000 余万元进行城市道路框架的完善，完成了程王西路、望桥街主干道改造、城市人行道改造等工程；启动了合欢街南延，北环路西延，中心街南延，曲沃、侯马、新绛快车道等工程的前期工作。新建垃圾压缩中转站，推进垃圾渗透滤液处理，完成了城市污水处理厂、天然气输配、集中供热扩容等工程。城市集中供热普及率达到 95%，燃气普及率达到 98%，污水处理率达到 93%，垃圾无害化处理率达到 100%，每万人拥有公厕达到 2.78 座。侯马市与曲沃县合作建设两地的主次干道、支路以及全面构筑骨架路网。两地合力构筑一体化综合交通体系，侯马—曲沃公共交通设施进一步完善，统筹大型市政公用设施建设，地区交通、供水、供电、供暖等重大城市基础设施逐步实现了同步规划和同步建设。侯马市城镇化率提升至 64.16%，大大高于临汾市和山西省的平均水平。

市区新建雨污管网 13.8 千米，改造雨污分流管网 6.5 千米，铺设供气管网 30 千米、供热管网 12 千米，新增天然气用户 1800 户、供热面积 10 万平方米。

八、环境保护不断改善

认真落实了水污染防治行动计划。以地表水污染治理为重点，严格执行了国家污水排放标准，实现了污水管网全覆盖、全收集、全处理。浍河生态系统修复治理初见成效，上游段，浍河二库除险加固项目完成了主体工程；中游段，生态修复综合治理工程项目，重点完成了滨河北路排水管廊、浍河南岸污水管道和中水回用管道建设，河道治理和两岸绿化工程建设加快进行，启动了中心街南延、盟书街道路和合欢街浍河大桥建设工程；城市污水处理厂保温提效、提标改造工程进度加快，力争2020年底投入运行；下游段，水质改善治理工程，完成了配套绿化及河道清淤工程；水系整治工程，完成了滩槽整治和堤防建设。加强了浍河两岸排污设施管理，确保稳定运行、达标排放。浍河西曲断面河道低洼处积水得到处理。完成了水源地保护整治，对照水源地规范化建设标准，全面摸底排查，列出问题清单，逐一整改落实。

认真落实了土壤污染防治行动计划，有序开展了受污染土壤的治理与修复。加强了固废和危废管理，对全市固废、危废情况进行了全面摸排，列出清单、建立台账，责任到人、限期清理，特别是解决了工业企业的固废、危废遗留问题。加强了耕地土壤环境分类管理，以重点行业企业用地为重点，进行土壤污染状况详查。加强了土壤污染源监管，提高生活垃圾减量化、资源化、无害化处理能力，完成了重点地区涉重金属与持久性有机物行业的排查整治。

城乡绿化水平持续提升，新增城市绿化面积20.1万平方米，城市建成区绿化覆盖率达到44.86%。

公交车淘汰黄标车及老旧车640辆，新购137台纯电动公交车。积极应对雾霾等恶劣天气，通过深入开展八项大气环境专项整治行动，全市 PM2.5、PM10 浓度同比分别下降 14.7%、4.5%，全年空气质量二级以上天数 281 天，其中一级天数 86 天。

九、教育事业不断发展

以创建特色为目标，培育了一批"学校有特色、教师有特点、学生有特长"的学校，大力推进了区域内校长、教师交流。幼儿园清理整顿工作进展顺利。启动实施了公立幼儿园建设项目，幼儿园入园率达到 92%。推行了"学区化办学""结对帮扶办学"模式，进一步完善义务教育阶段划片就近免试入学工作，促进了教育资源均衡配置。继续保持了中、高考成绩在临汾市的领先地位，稳妥推进新高考改革工作。完善和提升学校心理咨询功能，为学生提供良好的心理咨询服务。城乡教育均衡发展，基础教育服务能力继续提高，全部免除了义务教育阶段学生的借读费和学杂费。中、高考成绩继续名列临汾市前茅，学前儿童毛入园率达到 83%，高中升学率首次突破 90%，高考二本达线率 49%，教育事业均衡发展，"入学难""择校热""收费高"等问题得到缓解，学前儿童入园率达到 83%，普通高中升学率突破 90%。

十、医疗水平不断提高

医药卫生体制改革深入推进，分级诊疗工作全面启动，医疗卫生水平全面提升。持续深化了县乡医疗卫生机构一体化改革，加快医疗集团机制创新，注重高素质医学人才的引进，推进医疗资源下沉，推动医技资源共享。进一步完善了公共卫生体系，建立健全了疾病预防控制、妇幼保健、应急救治等专业公共卫生服务网络，全面推进了重大传染病、职业病等综合防控，做好怀孕妇女免费产前筛查与诊断服务。居民健康素养大幅提高，全面控烟得到有效实施。加大中医药适宜技术推广力度，加快推进中医药事业发展。加强医德医风建设，强化服务管理监督，全面提升医疗服务水平。医药卫生体制改革不断深化，基本公共卫生服务均等化稳步推进，公共卫生计生保障能力不断增强，县级公立医院综合改革有序推进。持续开展城乡环境卫生整治，不断巩固提升国家卫生城市创建成果。成功创建省级食品安全示范城市，确保群众"舌尖上的安全"。

十一、社保覆盖不断扩展

各类参保人员范围不断扩大，社保覆盖率达到97%，新型农村合作医疗覆盖率95%以上。社保参保率、新农合参保率基本实现全覆盖。公共文化服务体系建设加快实施，城市社区文化活动场所实现全覆盖。消夏文化、节庆文化、广场文化快速发展，农民运动会、健身操等群众喜闻乐见的文化体育活动蓬勃开展。限价商品房和农村危房改造工程全面推进，切实解决城镇低收入家庭住房实际困难，为2311户困难家庭发放廉租住房补贴590万元。近年来，财政用于民生保障的支出累计达到30多亿元。精准帮扶，全市207户573人实现脱贫,2016年新建农村老年人日间照料中心18个，棚户区改造累计建成514套，农村危房改造321户。

十二、综合治理不断加强

全面开展了安全生产大检查和隐患大排查活动,在道路交通、市场消防、冶金工贸、危险化学品、城市燃气、建筑施工、食品药品、特种设备等重点行业领域开展专项整治和"打非治违"行动。严格落实了部门监管责任和企业主体责任,特别加大了养老院、客运站、学校等人员密集场所安全监管执法力度。全面开展安全生产警示教育宣传培训,不断加强应急管理工作,有效地杜绝了较大、重大事故,减少了一般事故发生,确保全市安全生产形势持续稳定向好。

扫黑除恶专项斗争深入推进,严厉打击以文物犯罪、电信网络诈骗等为重点的各类犯罪行为;进一步健全完善了社会治安防控体系,实施"天眼工程",加大零发案小区创建力度,提升全警大数据应用能力。法治政府示范点创建工作已经启动。社区矫正和安置帮教工作日渐成熟,进一步完善了三级公共法律服务体系建设,实施免费法律咨询便民工程,全方位做好法律援助。

对意识形态、经济、科技、社会等领域的重大风险进行了深入分析研判,做到心中有数,防患于未然。社会治安综合治理体系日益完善,严打专项斗争不断向纵深推进。信访维稳的主体责任进一步压实,矛盾纠纷调解工作成效明显。"法治侯马""平安侯马"建设扎实推进。

十三、商贸优势不断彰显

全市共有服装、鞋帽、副食、蔬菜、家电、家具、摩托车、汽车、装潢材料、建材等各类市场41个，其中大型专业市场32个。商品辐射全国20多个省、百余个县市区，市场从业人员6万余人，经营品种3万多个。市场成交额70多亿元，上缴税金5000多万元，成为侯马的支柱产业。侯马目前有货运、仓储、托运、物流信息咨询等企业近500家。先后与太原铁路局、中铁集装箱集团公司、中海集装箱集团公司以及天津、青岛、连云港、日照等港口合作，保证了货运快捷畅通，双向流转、规模化直达式运输。尤其方略保税物流中心等一批规模大、功能全、营运模式先进的物流项目，使得侯马真正融入了"一带一路"的倡议大格局。侯马在晋南区域商贸中心城市的地位日益巩固，优势日益彰显。

第八章 侯马的明天更美好

第一节 全力推进五大发展

全力推进创新发展。坚持把创新作为引领发展的第一动力，摆在发展全局的核心位置，不断推进体制创新、机制创新、科技创新、文化创新、金融创新等各方面工作，让创新成为发展常态、社会风尚，不断推动经济结构全面转型，使侯马市的发展质量更好、效益更高、结构更优。

全力推进协调发展。按照新时代"五位一体"总体布局，正确处理发展中的重大关系，促进经济社会协调发展、城乡区域协调发展、物质文明和精神文明协调发展，促进新型工业化和信息化深度融合、新型工业化和城镇化良性互动、城镇化和农业现代化同步发展，不断增强发展整体性和平衡性。

全力推进绿色发展。提高能源、资源的利用率，大力推行循环经济体系，逐步构建切实可行的生态经济体制。切实保障生态安全，限制重污染型产业门类，积极扶持污染小、效益高的产业，高度重视资源节约和生态环境保护，实现工业经济发展与自然环境之间协调发展，构建保障有力的生态体系。

全力推进开放发展。紧紧抓住国家产业梯度转移的机遇，以大开放赢得更广阔的发展空间，加快打造侯马都市圈。坚持对内对外开放相促进，引进来和走出去相结合，引资和引技、引智相并重，完善对外开放区域布局。建设市场化、法治化、便利化营商环境，发展更高层次的开放型经济，以扩大开放带动创新、推动改革、促进发展。

全力推进共享发展。坚持发展为了人民、发展依靠人民、发展成果由人民共享，推进基本公共服务均等化，保障人民群众各方面权益，切实保障和改善民生，维护社会公平正义。推动城乡区域共同发展，实现全市人民共同迈入全面小康社会，不断提升人民群众的获得感和幸福感。

第二节 战略定位精准客观

立足临汾百里汾河生态经济带、依托侯（马）曲（沃）绛（县）闻（喜）新（绛）、服务晋陕豫、面向中西部，以资源承载力和生态环境容量为依据，广聚境内外优质生产要素，积极承接国际国内产业转移，全力打造黄河金三角区域中心城市，初步建成侯马都市圈。

黄河金三角发展的新引擎 积极发挥黄河金三角区位优势，以连通南北、贯穿东西的地理优势联结周边区域，与周边地区协同配套共同发展。积极承接产业转移，改造提升传统产业，做大做强优势产业，大力发展新兴产业。发挥交通便利优势，强化物流功能，建设中西部现代物流基地和重要开放门户。加强产业分工与协作，加快规划衔接和基础设施一体化建设，消除行政壁垒，建立共同市场，促进侯马发展成为黄河金三角发展的新引擎。

国家地方治理创新示范区 把推进区域合作作为黄河金三角区域合作的重要突破口，打破行政区划界限。优化拓展发展空间，创新体制机制。加快推进侯马—曲沃同城化进程，打造"半小时经济圈"，充分发挥各地区优势，整合优势资源，协同联合共同发展。发挥公路、铁路等交通便利和海关、商检、保税、口岸等政策优势，努力将侯马建设成为国家地方治理创新示范区。

国家城市规划建设管理新标杆 适应新型城镇化发展要求，认识、尊重、顺应城市发展规律，更好发挥法治的引领和规范作用，依法规划、建设和管理城市，贯彻"适用、经济、绿色、美观"的建筑方针，着力转变城市发展方式，着力塑造城市特色风貌，着力提升城市环境质量，着力创新城市管理服务。提升中心城区功能，优化城市功能布局和形态，增强历史文化魅力，全面提升城市内在品质，为城市规划建设管理提供示范。

"新丝绸之路经济带"的明珠 依托侯马深厚的晋国文化底蕴，赋予新丝绸之路特有的晋国古都民族文明。发挥侯马地处中国东西接合部的区位优势，连通资源丰富的西部地区，连接经济发达的东部地区，构建"新丝绸之路经济带"的重要节点，把侯马打造成新丝绸之路经济带上的明珠。

"临汾百里汾河生态经济带"建设的引领区 依托区位、交通优势和现有产业基础，积极推行绿色生态低碳发展，优化提升以商贸经济为引领的现代服务业，全力推进工业经济发展，不断提升农业现代化水平，加强生态环境保护和修复，强化内生驱动，推进产业集聚，全力打造具有区域特色和产业优势的新型产业基地、现代物流高地和游购休闲目的地，将侯马建设成为百里汾河生态经济带的引领区。

第三节 发展目标扎实可行

经济保持平稳增长。在提高发展平衡性、包容性、可持续性的基础上，到2020年底实现地区生产总值和城乡居民人均收入比2010年翻一番。经济结构进一步优化，装备制造、冶金铸造、食品医药等优势产业核心竞争力不断增强，第三产业比重持续提高，现代服务业水平不断提升，科技创新对经济发展的贡献率不断提高，农业现代化迈上新台阶。到2020年底，地区生产总值达到131亿元，三次产业比重调整为2.0∶30.0∶68.0。

城镇化建设要有重大进展。到2025年，城镇人口达到20万人，城镇化率提高到68%以上。城市框架进一步拉大，品位快速提升，重要路网骨架、公园广场、综合场馆、商住开发等项目基本建成，基础设施支撑和项目承载能力显著增强，要素聚集和经济辐射功能日益完善，区域性中心城市的辐射及带动作用有效提升。人居环境进一步改善，城乡建设高度融合，农村环境面貌和生活质量发生质的变化。

产业转型升级要有重大突破。培育发展一批龙头骨干企业，大项目、大企业、大基地、大支柱的产业支撑体系基本建立。中小企业活力迸发，新型产业、现代物流、游购休闲三大产业发展壮大，在周边区域的竞争力和影响力日益突出，产业接续替代实现跨越，绿色经济特色彰显。

生态建设持续推进。2025年紫金山绿化开发、浍河湿地生态公园开发初具规模，以"一山、一河"为龙头的大生态格局初步形成，城市的山更青、水更绿、天更蓝。城乡生产方式和生活方式更加绿色低碳，资源综合利用水平不断提高，主要污染物排放总量大幅减少，资源节约型、环境友好型社会基本建成。

文化强市活力迸发。文化资源充分利用，文化活力充分迸发，多元文化与关联产业融合发展，建成一批带有传统文化标识和地域文化符号的旗舰项目。基本公共文化服务标准化、均等化发展成效显著，文化事业整体水平明显提升，全民健身蓬勃开展。社会主义核心价值观更加深入人心，"自信融合、尚美奋进"成为侯马人的精神追求，全民思想道德素质明显提高，奋力向全国文明城市目标迈进。

人民生活更加幸福。公共服务体系更加健全，基本公共服务实现均等化，人民生活水平和质量显著提高。高中阶段教育普及率达到95%以上，城乡教育发展均衡，医养水平持续提升，城镇新增就业人数3.5万人，基本社会保险覆盖率达到98%，2020年底全市428户846名贫困人口在全省率先实现脱贫。服务型政府建设成效显著，政府公信力和行政效率进一步提高。人民民主不断扩大，民主法制更加健全，社会治理能力和水平不断提高，社会更加和谐稳定，群众的幸福感、获得感明显提升。

开放形象深入人心。改革开放迈出新步伐，开放侯马形象深入人心。"城乡发展一体化综合配套改革试验区""国家资源型经济转型综合配套改革试验区试点县（市）"等政策集成效应凸显，重点领域和关键环节改革取得决定性成果，技术创新体系、金融支持体系、平台带动体系、政策服务体系全面完善。同城新区、东城新区、晋都新区和浍南生态工业园区"四区"开发取得重大进展，承接产业转移成效显著，开放型经济和对外合作体制基本形成，对外开放的广度和深度不断拓展，中西部现代物流基地和重要开放门户基本建成。

第四节 宏伟蓝图前景诱人

打好商贸物流王牌

商贸物流是侯马的王牌,要紧紧咬住不放。全力推进承接加工贸易产业转移工作,完善承接加工贸易产业转移优惠政策,加强招商政策和发展环境宣传力度,积极与东南沿海地区加工贸易企业对接,开展精准招商,全力打造晋南地区乃至黄河金三角地区中高端鞋服生产加工基地;以高村、马庄、北堡、凤城、新兴纺织品批发城、侯马服装加工园区等商贸加工园区为平台,继续扶持、招引商贸加工企业;推动宏盛鞋业、军威特种面料、雅峰制衣、乔美服饰、晋狼粗布和太原梦之丽等骨干企业,走品牌化、规模化发展轨道。

促进传统商贸市场提档升级。重点提升轻工城商圈和火车站商圈的服务档次。依托北方轻工城,打造以服装、鞋帽为重点的商贸加工业;围绕火车站周边中心地段,依托新田市场、新港服装批发城和已竣工的金钻国际商业广场、新兴纺织城、原车站商场改造及侯运开发等项目,打造体量更大、环境更优,集购物、娱乐、餐饮、休闲于一体的时尚消费商圈。

大力发展公铁枢纽物流。依托阳(城)禹(门口)高速公路出口、(北)京昆(明)高速公路出口、生态工业园区及电子信息产业园区布局货运场站,城北、城南一级货运站和城西、城东二级货运站,以侯北编组站货场为主,侯马站为辅布局铁路客货站场,担负侯马、新绛、曲沃、襄汾、翼城、乡宁等地生产的煤、焦、铁、石膏粉以及侯马市日用生活品的运输任务。

打造现代物流高地。以制造业物流为重点，强化物流配套服务，加快发展装备制造、冶金、建材、工业原材料和轻工产品物流。进一步完善物流平台体系，推进大运公路枢纽、轻工城、普天家电、通盛医药、振通电商等物流园区和方略保税物流中心建设，构建"五园区、一中心、三基地"格局。充分发挥方略保税物流中心的平台优势，利用海关、商检、口岸通关便利条件，加快推进"洋货码头"项目、出口加工贸易和跨境电商发展，建设中西部地区最大的洋货集散、分拨基地。继续加强与国内大型生产厂商、重要加工基地、知名电商、港口口岸的对接合作，推进侯马市成为黄河金三角地区最具竞争力的物流集散、配送基地。

充分发挥物流大平台的作用。充分利用海关、商检、口岸、保税物流等多种优势，将物流园区、货运站、物流配送中心建设与侯马城市建设相结合，以方略保税物流中心和大运公路枢纽货运中心为依托，形成城市配送、城际配送、农村配送有效衔接，国内外市场相互贯通的物流网络，以满足城市供应、工业品下乡、农产品进城、进出口贸易等物流需要。

盘活文化旅游资源

强化区域旅游合作。与曲沃、翼城合作共建晋国文化旅游区；推进与临汾市的中华文化旅游区、尧文化旅游区、根祖移民文化旅游区、丁陶民俗文化旅游区、官衙文化旅游区、戏曲文化旅游区等合作进程。

促进文化旅游和商务旅游的发展。充分挖掘侯马市每年

1000多万流动人口、百千米范围内1000万常住人口的潜在优势，适应大众消费、大众旅游的发展趋势；充分利用现有的文物资源，重点建设侯马晋国古城国家考古遗址公园、晋园文化城、廉振华艺术馆、黄河书画院；以侯马晋国遗址和晋文化为依托，完善晋国古都博物馆、庙寝遗址、铸铜遗址等旅游景点及其配套设施；以轻工城、古玩城、马上购、晋园文化城等为依托，形成旅游在周边、吃住购物在侯马的格局，吸引周边县市游客来侯马购物，努力将侯马市打造成为"三晋游""黄河游""晋南购"的目的地。

积极开展旅游促销活动。举办以晋文化为主题的文化创意博览会，树立晋文化旅游聚集区品牌，提升晋文化对外的扩张力和影响力，尝试组织晋南书画、旅游产品交易会；开展科普夏令营等修学游、游园命名权的市场化拍卖等活动，建设旅游文化古村镇。在做优文旅品牌上发力。深入挖掘厚重的晋文化资源，全力打造晋文化品牌。研究侯马在临汾乃至全省旅游布局和架构中的位置，着眼于周边旅游资源的差异化，加快文化旅游资源的整合、开发、利用。注重地下文物资源保护开发，让深埋地下的晋国文明更好地展示出来。重点围绕45平方千米晋国遗址保护区范围，深入研究文物资源保护与开发的关系，寻找最佳契合点，让文物"活"起来，实现文物保护与经济发展双赢。启动台骀庙景区建设规划，力争完成晋国古都博物馆"铸铜春秋——侯马陶范艺术展"布展工作，完成《珍贵文物档案》资料整理、编辑工作，正式出版《侯马盟书字帖》。

在做强文旅产业上发力。促进文旅融合，加快制定全域旅游发展规划，进一步提升彭真故居、晋博园、台骀庙、忤逆坟等景点的建设管理水平，优化旅游线路设计，打造内涵丰富、体验多样、好玩精彩、引人入胜的城乡旅游圈。充分挖掘红色文化资源，打造红色旅游品牌，发挥彭真故居爱国主义教育基地、党性教育基地、党员教育基地的政治文化资源优势，继续办好红色旅游文化活动；深入挖掘八路军三大主力从侯马市北上抗日的历史，在火车站创作历史场景浮雕。加快紫金山、浍河"一山一河"旅游开发进程，积极对接国内知名文旅团队，加快规划设计，推进汤荣锦绣大地田园综合体项目落地。按照打造百里汾河三产融合带的要求，推进旅游与农业、教育、文化、康养等产业深度融合，加快培育农业主题公园、休闲观光采摘园、田园综合体等旅游新业态。加快中国手艺小镇建设，积极与中国光彩集团合作，推动中国手艺风情街、中国手艺会展基地等核心区板块早日开工建设；加大手艺技能和跨境电商培训力度，加快文创产品研发和包装孵化；举办"一带一路"国际匠心节、国际手艺高峰论坛、国际手艺大赛等系列活动，打造中国手艺之都侯马新地标。进一步加大晋绣、皮影、青铜器、蝴蝶杯等特色非遗项目保护开发力度，积极引导非遗产品市场化发展新模式。

扭住工业发展龙头

以山西建邦集团、山西华强钢铁公司等为主，鼓励企业从单纯的产品制造向具备钢铁产品制造、副产品深加工、能源转换、废弃物分解拆卸的钢铁加工制造型企业转型，培育具有自主知识产权的品牌产品，提高企业创新能力；建立以钢铁为中心的钢铁生产与石化、建材、能源等相关行业以及社会生活共享资源、互为排放物治理、互为二次资源循环利用的循环经济体系。

依托北方铜业，以新产品开发、资源综合利用、节能降耗、环境保护为重点，积极开发铜冶炼及加工短流程工艺技术，重点发展不锈钢阴极电解工艺、氧气底吹造锍捕金技术等清洁生产技术；围绕阴极铜深加工，引进高精度铜管、带、箔、杆线、丝、阀门等深加工项目，构建循环经济产业链。通过向前延伸，与废旧家电、电子产品、电线电缆拆解企业开展合作，增加原料来源；加强阴极铜深加工，实现产品多元化；通过横向联合，构建废物链，提高副产品、废物的利用效率。围绕铜冶金生产过程中的废气、废渣、废水、余热以及阳极泥等多种副产品及废物，采用先进的热管技术对精炼炉高温烟气进行热量回收，从烟尘中回收有价金属及氧化物，用烟气中的二氧化硫生产浓硫酸，构建"烟气—余热、有价金属及氧化物、硫酸"产业链。

打造国家级"城市矿产"再生利用基地。在创新工业（循环经济）园区布局相关产业，实现产业集聚，应用先进技术装备，在园区内形成分散拆解、集中加工、规模化利用产业格局，实现资源利用的深度循环。依托山西建邦集团和山西华强钢铁有限公司，充分挖掘百里汾河生态经济带的产业特色，积极申报国家或省级循环经济试点单位，开展城市矿产再生资源循环利用。率先在晋陕豫黄河金三角地区建立社区回收、分拣、拆解、加工、资源化利用和无害化处理等完整的产业链条，形成点面结合、服务功能齐全、回收体系网络化、运营管理园区化的再生资源回收利用体系，把创新工业园区打造成立足晋陕豫黄河金三角辐射中西部地区的"城市矿产"再生利用基地。

提升做强装备制造业

重化矿冶成套设备制造。以晋陕豫三省冶金及矿山采选设备为主要目标市场，依托山西平阳重工，整合临汾百里汾河生态经济带煤机制造资源，大力发展大型矿冶成套设备，重点生产冷热连轧宽带钢成套设备、大型板坯连铸机、大型制氧机、大型高炉风机、余热回收装置等装备，以及大型综合采矿设备、机井提升设备、新型挖掘洗选设备、液压金属支架等产品，配套发展非标人字齿轮座、飞剪、冷床、冷剪、破碎机、重型齿轮箱、高速齿轮减速机及各种机械设备零配件等，打造具有品牌影响力和自主知识产权的大型煤机生产集团。

石油钻采设备制造。以山西北方风雷为主体，坚持自主创新，大力发展钻杆、钻铤、加重钻杆产品、方钻杆、无磁钻具等产品，不断推进石油钻采装备的专业化生产。积极引进产业链上重点项目，吸引石油装备制造科研、生产企业入驻园区，提升产业配套能力，加快产业的纵向整合，发展国家石油钻采装备产业集群。加大石油装备行业关键技术、核心技术和重大共性技术研发力度，提高产品的研发投入，引导产业向高端制造转型，不断提高产品竞争力和品牌知名度。

汽车部件铸造。以山西汤荣、东鑫机械、中晋机械、威创动力等汽车配件公司为主体，形成具有自主知识产权的新特优产品制造中心，不断改进传统工艺，提高产品的性能，不断增强产业集聚效应，打造晋南汽车零部件生产基地。按照节能减排的要求，改造和提升铸造产业，重点发展合金铸件、耐腐耐磨抗裂特种铸件、轻合金铸件和铸钢等产品，达到轻量化、低成本、低排放的要求。不断加强产品的研发水平，积极倡导生产一代、研发一代、储存一代的研发思路，不断推进产品的更新换代。充分利用荣汇通铸造行业技术中心的优势，使汽车零部件产品的技术水平达到国内乃至国际先进水平，实现产业多元化布局发展，带动周边众多中小型相关产业和物流业协同发展。

培育做大新兴产业

电子信息产业。依托侯马普天法尔胜光缆有限公司和天河电子城，积极承接产业转移，大力发展应用电子仪器制造、光导纤维电缆制造以及软件产业等。

食品产业。重点发展农副食品加工及食品制造业，着力打造中西部地区有一定影响力的食品产业基地。充分利用侯马的区位优势，重点发展牲畜屠宰及肉类加工，肉制品及副产品加工，蔬菜、水果和坚果加工，焙烤食品、调味品及营养保健食品制造，积极支持综合型农副食品加工及食品制造企业发展，提高农产品转换能力，建设辐射新绛、绛县、闻喜等地的食品产业密集区。

医药产业。以山西省重点扶持发展的六大特色医药产业集群为契机,以旺龙医药集团、侯马康威药业、通盛医药物流为依托,加快侯马医药产业集群建设。一是要围绕猴头健胃灵、男康片、男宝胶囊等传统优势产品,做强做大市场规模,形成区域乃至全国的领军品牌。按照巩固国内领先地位、开拓国际市场的需求,积极应用现代生物、医药、工程等多学科技术,着力解决生产工艺落后、质量可控性差等问题,促进传统中药的二次开发。二是要积极开展拥有自主知识产权的创新药物研究开发,按照"仿制药—仿创药—原研药"的路径,重点开发创制一批具有自主知识产权、疗效好、市场前景大的新品种,争取在创新产品市场上作出新的突破。

积极发展现代农业

设施农业。以现代生态农业示范园区项目为中心,推动农业光伏产业生态示范园的建设投产,努力实现基地规模化、栽培设施化、生产科技化、品种特色化、产品生态有机化、服务社会化、过程产业化、合作紧密化和旅游生态化。

有机农业。以加工企业为龙头,以基地为示范,通过"公司+基地+农户"的模式,形成"一村一品,一乡一特色"的生产格局,形成以张少西瓜生产基地、"晋南娇"葡萄种植基地、上平望村苹果示范园区为龙头,着力建设芳草香、鸿满现代农业园区、宝坤百果园、小里无公害葡萄、北王设施葡萄、张王设施桃等水果生产园区;打造三乡五办有机蔬菜种植区。

循环农业。稳步推进生猪、蛋鸡、肉牛、肥羊四大优势健康养殖产业,打造"生态、科技、循环、绿色"的循环农业品牌。形成"微生物—植物—动物—人"全封闭循环产业链条,着力打造晋南现代化一流的畜牧供应基地。以盛达养殖有限公司种猪基地和虒祁村永峰农业有限公司猪场等具有一定规模的猪场为依托,推动养猪产业升级转型。依托绿康源百万蛋鸡基地,积极拓展蛋鸡养殖生产基地建设,转变一家一户散养方式,提高卫生标准,增加蛋鸡供应量,开拓广阔市场,打造高产、生态、安全、有保障的优质鸡、品牌蛋。充分发挥山西茂洲牛业晋南黄牛保种繁育项目的示范带头作用,完善黄牛养殖体系。培育高端肉牛品种、创建高端牛肉品牌。秉承健康、绿色、无污染的生产养殖理念,扶持张村办事处鸿满专业合作社农业建设项目,丰富肥羊品种结构,提升产品档次,创建本地羊肉品牌,形成以农养牧、以牧促农的一个良性循环链。

观光农业。认真贯彻落实全省发展乡村旅游的战略部署,集中发展观光农业,全面建设集观光采摘、生态旅游、生产交易、食宿一体的多功能综合性项目区,着力将侯马打造为集生态观光、休闲娱乐、生产交易于一体的现代农业标杆示范区。全市建成2个销售收入亿元以上的农产品加工龙头企业;建成3个销售收入5000万元以上的省级农产品加工龙头企业;建成5个销售收入3000万元以上的市级农产品加工龙头企业。

精品养殖业。立足地域狭小的实际情况,依托区位交通优势,以畜产品深加工和活畜交易为纽带,秉承健康、科技、适度规模、农畜循环的理念,打造精品养殖业。加大畜牧科技培训和科技推广力度,建设高标准示范养殖场(小区),

提高养殖的集约化程度。坚持品种优良化、管理科学化、免疫程序化、设施规范化、产品安全化、养殖专业化"六化"标准，以保证畜牧业持续、稳定、健康与协调发展。

特色种植业。适度拓展种植面积，优化品种结构，建立现代化栽培技术体系。重点推进绿色有机果业生产基地建设，完善产业体系，提升果品知名度与市场竞争力。依托城市近郊交通、水电等优势，着力发展具有影响力的无公害蔬菜种植生产基地，大力推动生产基地标准化、成熟化发展。争取到2020年，实现蔬菜面积由1333公顷发展到2000公顷（其中设施蔬菜面积由1067公顷发展到1733公顷）的发展目标。

加快城市建设步伐

强化人文城镇建设。挖掘城市文化资源，强化文化传承创新，把城市打造成为文化氛围浓重、时代特色鲜明的人文魅力空间。切实保护历史文物古迹，恢复还原古景，开发建设新景，使古代文化与现代文明交相辉映；展示古代积淀的文化底蕴，扩大和完善晋国古都博物馆，与曲沃联动开发晋侯墓葬博物馆等具有历史文化底蕴的人文景观，传承以赵氏孤儿、忤逆坟为代表的传统戏剧文化，加快传统文化与现代文化的融合；新建一批造型独特、设计精巧、融合历史古迹和现代艺术的标志性建筑、公共设施，使城市外在形象与文化品位相结合。加快建设城市文化公园和文化街区，提高城市品位。

加快市区城中村的改造步伐，促进城中村集体经济的管理模式转变，使其成为符合社会主义市场经济体制和现代企业制度要求的企业；改革户籍管理制度，将城中村村民农业户口改登为城市居民户口，组建社区居民委员会；将城中村中改登为城市居民户口的人员纳入城市社会保障体系；按城市规划和建设的标准及要求，改善城中村的公共设施，建设文明社区。

大力推进棚改安居。深化城镇住房制度改革，以政府为主保障困难群体基本住房需求，以市场为主满足居民多层次住房需求。大力推进城镇棚户区改造，有序推进老旧住宅小区综合整治，加快配套基础设施建设，切实解决群众住房困难。完善土地、财政和金融政策，落实税收政策。创新棚户区改造体制机制，推动政府购买棚改服务，推广政府与社会资本合作模式，构建多元化棚改实施主体，发挥开发性金融支持作用，积极推行棚户区改造货币化安置。

打造海绵城市。推行海绵城市建设模式，采用"渗、滞、蓄、净、用、排"等措施把雨水留住，让水循环利用起来。在扩建和新建住宅小区过程中，采取技术措施，建设蓄水池，加深蓄水池深度，将雨水、洗衣洗浴水和生活杂用水等污染程度较轻的"灰水"经简单处理后回用于冲厕；通过绿色屋顶、透水地面和雨水储罐收集到的雨水，净化后可以作为生活杂水、消防用水和应急水。改造城市广场、道路，建设下凹式绿地，使用新型透水砖，硬化路面，实现透水性地面，合理利用雨水，灌溉花园、树木、绿地，以有效减少地表水径流量，减轻暴雨对城市运行的影响，减少城市内涝灾害的发生。编制《侯马市海绵城市建设专项规划》，积极申报国家海绵城市建设试点。

加快完善市政公用设施。建设安全、高效、便利的生活服务和市政公用设施网络体系，推动综合管廊建设，加强污水、垃圾处理等设施建设，完善便民利民服务网络，全面提高生活服务和市政公用设施水平及运行效率。适度超前发展城乡交通、供电、电信、供水、排污、防洪体系；综合利用城乡水资源，以达到增加供水、消防安全可靠的目的。推进热电联产工程，加快集中供热管网设施改造和建设，大力发展新型节能供热，逐步提高全市域的燃气气化率。完善道路排水管网体系建设，加快连接农村和城市排水管网建设，实施城市亮化、垃圾处理和污水处理改造工程。优化社区生活设施布局，打造包括物流配送、便民超市、平价菜店、家庭服务中心等在内的便捷式生活服务圈。

着力推动"四区"开发

同城新区 加快推进侯（马）曲（沃）同城新区开发。第一期主要是两横两纵路网规划建设。两横，即方略北门东延贯通至曲沃万憬以北、曲沃西大街西延贯通至侯马市合欢街两条道路建设。两纵，一条为东外环路北延道路建设，另一条为曲沃县三岔口北延道路建设。

东城新区 指北环路以南、合欢街以东、新田路以北、凤城以西区域，同步铺开"七路、三园、一中心"建设。七路，包括新开通海军街北延、纺织东巷东延、新医院与翡翠城之间新开路、翡翠城与绿洲康城之间新开路、侯风线北延、一中北侧新开路，以及世纪佳园与北美棕榈泉之间的电力走廊新开路；三园，即森林公园、中心公园、明珠广场；一中心，即以体育馆、文化馆、图书馆、档案馆、科技馆和多功能活动中心为主体的东城文体活动中心。

晋都新区 把海军街以西、花园南街以东、新田路以南城区地段，列为规划控制范围，以路网布局和城中村改造、文化旅游、商住开发项目为重点，做好6平方千米的控规和详规编制，重点实施合欢街南延、中心街南延、铁路专用线拆建、城中村改造、老企业商住及文化旅游开发，全面打造以晋文化为主题的城市新区。

浍南生态工业园区 在南至紫金山、北至大运路、东至马皮沟、西至驿桥村，共5平方千米的生态工业园区，集中打造新型工业走廊，重点打造高新技术、加工制造、新能源等科技成果转化基地，同时加快完善园区路网和排水、供热管网，促进园区资源共享，提升园区的承载力和聚集度。

加快交通设施建设

以提升区域交通枢纽优势，推进城乡交通一体化发展为目标，着力加快出城通道、环城公路和农村公路建设，完善和优化路网布局，充分发挥客货运枢纽的服务能力，提高服务水平，逐步形成城市交通、城镇交通、区际交通紧密衔接的多层次、一体化的现代化综合性交通体系。

积极推进公路运输建设。加快G108改线建设以及东高村—G108线的路面改造工程，推进经济带内互联互通，逐步取消公路收费关卡，优先建设"晋陕豫黄河金三角"区域城际快速通道，提升对外高级公路运输能力，同步推进市政主干道路网建设，加快形成以侯马市区域性中心城市为中心的"1小时交通圈"。统筹调整优化侯马—曲沃区域公交线网、站场和公交换乘枢纽，增加城际快巴客运线路和运力，扩大侯马—曲沃公交覆盖面与规模，为市民提供快捷、便利的客运公交服务。积极推进以侯马—曲沃同城化为核心的高速公路外环建设，形成以高速公路为骨干，客运东站、客运西站、高铁汽车站为节点，高速铁路为辅助，低碳环保车辆为载体，便捷、舒适的客运网络，实现"零距离换乘"。

强化轨道交通枢纽建设。优化调整城际轨道交通规划，积极推进侯马—洪洞城际轨道交通建设；东西向预留翼城—曲沃—侯马—新绛—河津的城际轨道；率先推进侯马—运城城际铁路规划、论证、建设，实现与关中城市群城际铁路线对接；适时推进侯马—三门峡建设城际铁路，实现对内对外高速快捷直达。

优化城市公共交通线网结构。到2017年底，购置纯电动公交车115辆，投入市区主要线路运营。完善充电站、充电桩等配套设施建设，在新规划建设的基础路网及现有城市街道，选址建设相应的充电站及充电桩，保障纯电动公交车的正常运营。

科学合理利用水源

实施水资源保护，推进节水型社会示范市建设。实行最严格的水资源管理制度，建立用水总量控制、用水效率控制和水功能区限制纳污"三项制度"；确立用水总量、用水效率、水功能区限制纳污"三条红线"。积极践行"节水优先、空间均衡、系统治理、两手发力"的水利工作方针,充分利用地表水资源,改善水资源利用结构,加快推进山西大水网禹门口东扩工程侯马市配套工程建设步伐。

保护饮用水源。实施饮用水源地保护工程,严格控制区域内地下水开采。实施农村安全饮水工程。结合小城镇建设规划、新农村建设规划,实现农村饮水安全工程提质增效。优先实施城市供水管网向农村延伸的城乡一体化供水工程;大力发展规模化集中供水工程,扩大连片集中工程比例及所覆盖人口比例;建设自来水入户工程,提高自来水入户率;全面加强水质处理设施和水质检测能力建设;加强规模以上饮水工程信息化建设;推进备用水源建设及水源地保护。实施节水灌溉、机电井改造、灌区改造、河流治理、除险加固和水土保持等工程,全面提升水利服务于经济社会可持续发展的能力。

加快小型农田水利建设。加强以水利为重点的农业基础设施建设,做好中型灌区节水改造与续建配套及小水库除险加固工程;大力开展群众性农田水利基本建设,加强以中低产田改造为重点的农业综合开发治理,以实施优质粮基地、标准良田建设工程为契机,提高农业综合生产能力;加强水源建设和保护,加快节水工程改造和提灌站建设,增强抗旱能力。实施小型农田水利重点工程,扩大灌溉面积。

加快人居环境提升

加快"一山一河"开发步伐。紫金山开发,坚持高起点规划,同步推进育林绿化、古院落保护、通山路建设和旅游开发，为城市打造一道绿色屏障，为市民打造一个集农业、生态、文化、健身、休闲为一体的天然氧吧。浍河开发，实施浍河湿地生态公园建设和下游河道修复治理项目，使浍河重现"一川清水、两岸清秀"的秀美风光，实施东城森林公园、香邑湖湿地公园和中心公园建设，构筑点线面相结合的综合林业生态体系、绿色屏障体系。

拓展城市绿化空间，发挥好城市绿化的生态实用功能，大幅增加绿地面积，提高乔木比例，完善城市建成区园林绿化，实现三季有花、"四季透绿"目标。加大侯马市花月季花的种植面积，打造具有侯马特色的"月季文化"。结合环城绿化，建成东城区森林公园。千方百计增加中心城区绿地面积，推进城市立体绿化，依托临汾市"国家节能减排财政政策综合示范城市"建设工程，大力实施公共建筑屋顶绿化、建筑墙体垂直绿化，提升城市绿色景观。实施拆违增绿和见缝插绿，推进老旧居住区和街巷的绿化建设，使绿地率、绿化覆盖率和休闲绿地指标达到省级林业生态市指标要求。到2020年底，市区建成区绿化覆盖率达到48%。

紧紧抓住"控煤、治污、管车、降尘"四个关键环节，大力开展大气环境污染防治。以PM2.5防控为重点，深入推进大气环境质量改善，减少大气污染物排放量。大力发展生态工业园区和循环经济，控制生产型污染，治理机动车污染，防治扬尘污染，推进区域大气污染联防联控，着力推进技术创新和管理创新，构建以低碳排放为特征的现代工业产业体系。到2020年底，PM2.5年平均浓度比2015年下降20%左右，城市环境空气优良天数比例达80%以上，重污染天数大幅减少。

强力推进浍河水质改善及生态修复治理工程，构建区域湿地生态网络体系，加大水环境监管执法力度，确保流域水环境根本改善。到2020年底，汾河、浍河流域水质要稳定达标，化学需氧量、氨氮排放总量比2015年减少10%左右；城市建成区污水处理率达到97.0%以上。

加大乡村规划建设管理，因地制宜完善美丽乡村建设规划编制工作；大力改善农村人居环境，完善农村路、水、电、气等基础设施；深入开展农村环境综合整治，认真落实"以奖代补"和农村环境保护各项规划，切实改善农民群众的生产生活环境。继续深化农村生活污水治理，推进城市污水处理厂服务范围内农村区域污水管网建设进程，因地制宜建设集中式沼气池、地埋式生活污水处理设施或采用慢速渗滤系统、人工湿地系统等污水处理工艺，综合利用水资源，实现生活污水零排放，大力推进城市自来水管网、天然气管网、农村集中供热管网向农村延伸。积极申报山西省美丽乡村建设示范市，争取到2025年，完成以"六统一"（统一供水、统一供气、统一供暖、统一清扫保洁垃圾收集、统一污水处理、统一街道硬化绿化亮化标准）为核心内容的美丽乡村建设工程。完成76个行政村、2个农村社区的美丽乡村建设。

优化开放发展环境

依托运城机场、临汾机场、高速铁路、高速公路，加快构建立体式的现代对外交通体系，推进与曲沃、新绛"一市两县"快车道建设，形成区域交通高效便捷通道，加快城市汽车（客运）站场、港湾式公交车站、便民自行车系统的布点建设，有效构建方便、快捷的短途出行网络。在优先保证侯马供热的前提下，推进集中供热向新绛、曲沃延伸输送，实现资源共享。积极与周边县区建立跨区域联系合作机制，加强区域大气环境和水污染联防联治，促进区域融合发展。

加快建设产业园区承载平台，推进产业集聚，打造集约利用土地、发展开放型经济、体制创新的先行区。加强口岸、保税区、电子商务、洋货码头等功能性开放平台建设，推进全方位、立体式对外开放。

实施教育提振工程

普及幼儿教育，鼓励普惠性幼儿园发展。高标准普及九年义务教育，推进义务教育学校标准化建设，大幅度提升办学水平和教学质量。基本普及高中阶段教育，统筹发展普通高中教育与中等职业教育，逐步分类推进中等职业教育免除学杂费，率先从建档立卡的家庭经济困难学生实施普通高中免除学杂费。推进职业教育产教融合。提升特殊教育教学水平，进一步提高残疾儿童的义务教育普及程度。广泛开展社会教育，建立健全继续教育体制机制，鼓励个人多种形式接受继续教育，通过建立个人学习账号和学分累计制度，畅通继续教育、终身学习通道。到2020年底，3～5周岁幼儿学前教育毛入学率达95%以上；学龄儿童入学率、巩固率达到100%，初中适龄人口入学率、巩固率分别达到100%、99.0%；实现普通高中和职业高中办学规模大体相当。

贯彻落实国家义务教育基本质量标准，严格执行义务教育国家课程标准、教师资格标准、校舍建设标准。健全义务教育均衡发展保障机制，全面实现市域内义务教育发展基本均衡。完善义务教育质量监测体系，定期实施监测督导评估。

以提升农村教育为重点，基本实现教育均衡发展。统筹城乡发展，加快缩小城乡教育差距，建立城乡一体化的义务教育发展机制。鼓励城市学校教师和师范院校高年级学生到农村支教。统一城乡学校建设标准，率先启动农村学校标准化建设。保障进城务工人员子女能够接受义务教育，将义务教育阶段家庭困难学生全部纳入"一补"范围，对农村寄宿学生给予一定的生活补助和交通补助。继续实行把优质高中招生指标合理分配到区域内初中的办法。建立义务教育均衡发展的评价体系和监测机制，加强监督检查。

全力打造"健康侯马"

要力保侯马市全国健康城市称号。继续强化医疗基础设施与队伍建设，优化城乡（社区）医疗资源配置。让新投入使用的人民医院为侯马市及周边县市居民提供优质医疗服务。推进中医药事业发展，提高中医医疗服务水平。建立以侯马市中医院为主导、社会中医医疗机构共同发展，基层中医药服务能力突出的中医医疗服务体系。建设侯马市医疗卫生计生信息网络平台，加快医疗卫生计生信息化工程建设，推进智慧医疗发展进程。统筹预防、医疗和康复，形成以公立医疗机构为主导，非公立医疗机构共同发展的结构合理、功能完善、覆盖城乡的医疗服务体系。完善基层服务功能，对3个乡卫生院、5个社区服务中心、79个村卫生室、16

个社区卫生服务中心进行标准化升级建设。2020年底,所有社区卫生服务机构、乡镇卫生院和70%的村卫生室都具备了中医药服务能力。

完善社会保险制度

全面实施全民参保登记计划,健全参保缴费激励制度。到2020年底,城镇职工基本养老保险、城乡居民社会养老保险、城镇基本医疗保险、工伤保险、生育保险和失业保险人数分别达4万人、8.2万人、9.1万人、3.2万人、2.9万人和1.6万人。

加快推进机关事业单位养老保险制度改革,同步建立职业年金,做好新老制度衔接,实现平稳过渡。加快建立和完善以基本医疗保障为主体,其他多种形式医疗保险为补充,覆盖城乡全体居民的多层次医疗保障体系,城乡医保参保率稳定在95.0%以上。推进实现医保"同城无异地",努力做到政策相互衔接、关系转移顺畅、费用结算便捷。

加强社保基金监督管理,确保基金安全运行;加强社会保障综合服务平台建设,提高社保服务管理水平;实施社会保障卡工程,持卡人口覆盖率达到90.0%以上。

完善城乡最低生活保障制度,规范管理,依据上级民政部门低保调标文件,及时调整低保标准,并及时发放到位,实现应保尽保。继续完善临时救助制度,帮助缓解低收入家庭突发性、临时性生活困难。完善城乡医疗救助制度,做好与基本医疗保险制度的衔接。完善对妇女、儿童、老年人、残疾人等弱势群体的救助制度,进一步保障其基本权益不受侵害。加快推进农村日间照料中心建设步伐，实现千人以上行政村全覆盖。

创新社会治理机制

构建党委领导、政府主导、社会协同、法治保障的社会治理格局，建立政府行政功能和社会自治功能互补、政府管理力量和社会调节力量互动的社会管理网络。积极支持社会组织参与公共服务和社会管理。推进基层社会管理体制改革，加强城乡社区建设，完善社区管理体制，探索"社区管理社会化"，理顺政府与社区居民委员会、村民委员会和社会组织的关系。

健全突发公共事件应急管理体制，提高对社会安全、事故灾难、食品安全、自然灾害、公共卫生等突发事件的预防预警和应急处置能力。加大公共安全投入，强化安全生产，严格安全目标考核和责任追究，坚决遏制重特大事故发生。

全面加强依法治市

全面落实《法治政府建设实施纲要》，规范和完善行政决策机制，严格执行决策动议、重大决策公众参与、专家论证、风险评估、合法性审查、集体讨论决定、执行与后评估的程序，确保决策制度科学、程序正当、过程公开、责任明确。深化行政执法体制改革，规范执法行为，完善执法程序，严格依照法定权限和程序行使权力、履行职责。自觉接受人大及其常委会的监督、政协的民主监督和司法机关的法律监督，加强审计监督，加强行政机关内部监管，积极做好行政复议工作，落实政务公开运行机制。

深入推进公正司法，提高司法公信力。贯彻实施"阳光司法"工程五年规划，推进司法便民服务工作，完善司法服务功能，改进司法服务方法。深化司法体制改革，促进社会公平正义。抓好司法规范化各项制度落实，加强执法司法权的监督制约，强化政法宣传和舆情引导工作。

全面实施普法规划，增强全民尊法学法守法用法观念，在全社会形成良好法治氛围和法治习惯。深入开展"依法治理示范单位"创建活动，全面提高社会治理法治化水平。着力加强公共法律服务体系建设，完善法律援助制度，构建完备的法律服务体系。

附录一 奋进中的乡、街道办事处

一、新田乡

概况

新田乡位于侯马市建成区内,土地面积48平方千米。耕地2204公顷,人均耕地0.97亩。乡政府驻程王路中段。新田乡是"全国环境优美乡镇""省级小康乡""省级百强乡"。

全乡辖23个村民委员会,2个社区居民委员会。全乡总人口共12912户48105人。

红色记忆

1947年4月两次解放侯马战斗都发生在新田乡境内;老一辈无产阶级革命家彭真出生在新田乡垤上村。辖区内彭真故居是国家级红色旅游景点,是全省党史教育基地。

本乡特色

1.农业项目 新田乡依托地理位置优势,大力调整产业结构,不断加快土地流转,积极助推种植大户走向规模化和专业化经营,初步形成西部以苗木、桃果、设施蔬菜为主,东部以三樱椒、草莓、药材种植为主的产业格局;积极发展设施农业,重点打造了集观光、采摘为一体的北郭马精品农业示范园区,示范效应明显。2018年,全乡耕地面积1683.4公顷,粮食总产量为9638.6吨,蔬菜总产量为11900吨。

2. 工业项目 以化工、冶炼、木材加工、食品加工、塑料制品、建筑材料为主。有瑞洁生化有限公司、新田国立家具有限公司、裕隆源食品工业有限公司、绿苑农业科技有限公司等骨干企业。

3. 三产项目 在抓好垤上桥头服装市场、光明机电城、垤上蔬菜批发市场，南西庄农贸市场、花卉市场、钢木市场，秦村步行一条街，乔村农贸市场、旧货市场，郭村中天建材市场等市场管理和改造升级的基础上，发展仓储业和物流业，依托各类市场在郭村、常青、北堡等村建设仓储库；在南西庄、秦村、常青、北堡等村成立物业服务公司；在牛村、马庄等闲散劳动力相对集中的村，成立家政服务公司。通过发展仓储、物流、家政、运输等第三产业，有效促进了农村闲散劳动力的安置，拓宽了农民就业渠道，增加了农民收入。

4. 民生项目 全乡25个村（居）均实现了城市自来水全覆盖、垃圾不落地，22个村接入了城市下水管网，19个村接通了天然气、完成了旱厕改造、实现了集中供热，9个城中村村民住宅楼竣工使用。各村均建起了高标准文化活动广场，尤其2016年落成的马庄文化广场，占地约25亩，配有景观亭2个、景观灯10余盏，同时配有健身步道、高标准篮球场和休闲文化长廊，栽植有大规格的乔木200余株，花和灌木5000余株，集美化、亮化、绿化为一体，是目前临汾市农村最大的文化广场。

5. 其他方面

教育方面

全乡共有幼儿园7所，在园幼儿2100人，专任教师

140人；小学6所，在校学生637人，专任教师213人，小学适龄儿童入学率100%；初中1所，初中在校学生613人，专任教师90人。初中适龄人口入学率、小升初升学率、九年义务教育覆盖率均达100%。

卫生体育方面

建有乡村两级医疗卫生机构26个，其中乡级卫生院1个，村级卫生所（门诊部）25个，实现了标准化卫生所全覆盖。共有床位192张，专业卫生人员64名。年医疗机构（门诊部以上）完成诊疗1.5万人次。村民全部参加新型农村合作医疗，参保率100%。乡镇卫生院、村级卫生所实施国家基本药物制度，实行基本药物零差率销售。2011年末有学校体育场7个，看台设座椅1560张。100%的村安装了健身器材，共320余套，经常参加体育活动的人员占常住人口的78%。

社会保障方面

城乡居民养老保险参保人数为23653人，征缴保费664.9万元，新增参保人员131人。城乡居民医疗保险参合人数30081人，缴费金额661.8万元，参合率达100%。每年各村集体出资为老年人发放养老金700余万元，鼓励村集体出资为群众缴纳医疗和养老保险，每年为考入高等院校的学生发放奖学、助学金，在10个村建成高标准村民文化活动中心，在12个村建成老年日间照料中心，真正实现了发展成果人民共享。严格农村低保领取人员资格和审批程序，实行低保、五保动态管理，办理临时救助269人次，重度残疾人护理补贴493人，困难残疾人生活补贴136人，低保高龄老人生活补贴8人，低保失能老人生活补贴7人，建立起完善的低保养老、弱势群体救助管理机制。开展访贫问寒，拥军优属工作。扎实开展退伍军人信息采集，为军属、烈属悬挂"光荣之家"牌匾335块，集中慰问辖区内优抚对象和退役军人1005名。

二、凤城乡

概况

凤城乡位于侯马市东郊。全乡土地面积346平方千米。耕地1446.公顷，人均耕地1.13亩，2018年居民可支配收入16187元。辖14个村民委员会，居民5152户，总人口19200人。

经济作物

凤城乡土壤肥沃，水利条件便利，夏粮以小麦为主，秋粮以玉米为主，经济作物以棉花、芦笋、黄姜为主。蔬菜主要以大棚芹菜、黄瓜为主。居民可支配收入16187元。

乡镇企业

有冶炼、建材、服装加工、化工、养殖、建筑、粮油加工、运输、维修等；有亚欧桥汽车摩托车市场、怡达汽车销售公司、学思装饰板公司、薪丰生化制品有限公司、德玺化工厂、东升乳业等中小型企业。

农业项目

扩大了优质小麦、芦笋、食用菌种植业和畜禽养殖业等主导产业的发展规模，提高了农业效益。进一步加强了丰绿

（芦笋）、学士隆（奶业）、瑞河（食用菌）、晋英（兔业）、华盛（食用菌）、农机六个合作社的规范化建设，兴办了百穗食品有限公司、旺旺食品加工、鑫翰乳业有限责任公司、当家面粉开发有限公司、侯马君实种业有限公司等农业产业化龙头企业。

重点项目

方略国际物流中心、兴业钢铁炉料循环加工、通盛集团益通天然气公司供气站项目，在凤城村、南上官两村建成；旺旺食品、嘉艺木业、金山机械装备制造、深圳电子城等项目在香邑村落户。

临汾粮食局侯马直属库建有仓库6座，振通电子商务产业园内圆通、中通、百世汇通等物流企业入驻。

民生服务

有一所中学，六所小学。实现了乡村两级标准化卫生所全覆盖，新农合参合率连续三年超过98%。全面实现了"两有三覆盖"（村有文化队，乡有文化站；村文化室、篮球场、健身场所全覆盖）。

名胜古迹

西城村有唐太宗庙主殿，始建于元代，建筑风格独特。南上官义学，始建于康熙五十年（1711）。

三、高村乡

概况

高村乡位于侯马市西郊。全乡面积30.1平方千米，耕地1310公顷，其中水浇地446.7公顷，人均耕地1.13亩。全乡辖10个行政村4008户，总人口17585人。

红色记忆

高村乡境内有西高村和东高村两个革命老区村。解放战争时期，在东高村与西高村，我军与阎锡山部队发生过一次战斗，现西高村口立有西高村战斗胜利纪念碑。

环境改善

近年来，高村乡着力推进美丽乡村建设，境内道路纵横，林网如织，生机勃勃。尤其高铁站在高村乡境内，给高村乡今后的发展开拓了巨大空间。

精准扶贫

做好贫困人口建档立卡工作，做好35户35人精准扶贫，为22户贫困人口改善住房条件，其中为7户新建房屋、11户修缮房屋、2户购置旧房屋、2户租住房屋，精准扶贫户基本达到脱贫标准。发放临时救济款201700元，救济260人；对49户患有大病困难户进行大病救助帮扶；五保低保资金按时发放到位，为6名五保对象办理免费住院手续，为147名困难在校学生办理困难补助。

社会保障

做好农村新型合作医疗、农村养老保险收缴及日常工作，为20余名困难群众办理残疾证，发放轮椅7把、拐杖15根，30余名残疾人享受"两补"政策补贴；为残疾人免费安装净水器45台。为60岁以上群众办理老年证415个。西高、西贺、张王3个村老年人日间照料中心投入运营，全乡70%的村建有日间照料中心，解决因村民外出务工，留守老人日间生活起居无人照料难题。联合侯马市民政局、救助站开展关爱留守儿童送温暖活动，为29名留守儿童免费发放书包、文具、台灯等学习用具。

农业经济

西台神村发展的莲菜种植小有名气，现有200余亩，年经济收益达100余万元；虒祁村种植的优质葡萄品种夏黑100余亩，曾荣获侯马市农业生产银奖，葡萄种植收益达60余万元。虒祁村近年来发展的韭菜种植面积达300余亩，年收益200余万元；上平望村是高村乡的果品种植基地，现种有苹果1000余亩、油桃500余亩，全村果业年收益700余万元，大大提高了农民的经济收入。

茂洲牛业是以养殖晋南黄牛为主的大型养殖企业，占地210亩，注册资本为8000万元，主要以晋南黄牛保种、繁育、育肥、改良为主导，是中国农业大学的教学实习基地和科普教育基地。2015年投资700多万元建成了规模化大型沼气工程，全面处理养殖废弃物。2017年2月已投入生产，产出沼气供给西台神和东台神两个村的500余户村民炊事用气。虒祁永峰猪场存栏量达4000头，年出栏达6000头；小韩振胜养殖合作社成立于2013年，目前以养猪为主，存栏量1000余头，年出栏量1500余头。下平望王宏肉鸡养殖场存栏28000余只，年出栏量140000只。西高村原合盛养殖合作社羊存栏量500只，年出栏量1000余只。

工业企业

侯马北方铜业有限公司，是世界上首家引进和使用奥斯麦特浸没式顶吹熔炼和顶吹吹炼技术的企业，公司位于侯马市高村乡望高路818号，占地面积57万平方米。

山西军威特种面料有限公司是一家专业从事特种防护面料及职业工装研发、设计、生产的高新技术企业。企业通过了质量管理体系认证、环境管理体系认证和职业健康安全管理体系认证。公司主要生产各类特种防护面料、防护服、职业工装及劳动保护用品等。是山西省特种防护领域纺织服装一体化领军企业。

民生服务

高村乡多措并举保障各项社会事业和民生事业发展，投入340余万元，新建乡中教学楼一座，建筑总面积2365.5平方米，有18个普通教室和9个教学办公室，经过教育均衡化验收，教学质量逐年攀升。投资80余万元，建设600平方米卫生院住院楼，极大程度方便了辖区群众就医。2010年，对乡中教学楼、乡综合服务中心、乡卫生院三大民生工程进行内外部装修，以及大院硬化、绿化，目前，全部投入使用。

全乡2016年确定精准扶贫对象77户146人，现已全部脱贫，全面进入巩固提升阶段。

四、张村街道办事处

概况

张村街道办事处辖区位于侯马市北郊，总面积44.6平方千米。辖10个村民委员会和侯北社区居民委员会，总人口2.61万人。

发展优势

张村办区位优势明显,交通便利发达。境内建有华北最大的侯北铁路编组站。南同蒲铁路和侯西铁路、侯月铁路,大运公路和晋韩公路以及大运高速公路、阳侯高速公路在境内呈三个十字交汇,是国际物流陆港、出口加工业聚集区建设的核心区、陆港区5千米先行发展区,是山西南部的冶炼铸造之乡,是全市最具发展潜力的农村乡(办)之一。

英烈模范

滔滔汾河水,孕育着张村的一代又一代,涌现出了革命烈士马小宝,战斗英雄孙光烈、段致静,环保先行者褚村人杨金贵,优秀企业家张天福,牺牲在工作岗位上的基层干部李文胜,见义勇为的姚文庆等模范人物,用他们的实际行动赢得人民的尊重和敬仰,时刻影响着、鼓舞着、激励着张村办人在新时代不忘初心、牢记使命。

经济发展

改革开放以来,张村辖区内乡镇企业异军突起,侯北工业园区形成以煤化工、建筑建材、精密铸造、钢铁冶炼、清洁能源、高新技术六大主导产业。2018年,全办工业总产值42.86亿元,销售收入40.29亿元,规模以上企业上缴税金2.28亿元,位于侯马市前列。

张村办先后荣获了山西省人民政府"百强乡办"、山西省"省级乡办企业示范区"、山西省人民政府"先进民营企业园区"等荣誉称号。

农业发展

张村办地处汾河岸边,灌溉条件便利,是侯马市粮棉主产区。粮食总产量1949年2100吨，1978年9600吨，2018年达21444吨。传统的种植业以小麦、玉米、大豆、薯类等为主，经济作物以果树、蔬菜、油葵为主；林业以四旁植树、农田林网、干果经济林、荒沟造林为主；树种主要以桐树、国槐、毛白杨、雪松为主；经济林以苹果、葡萄、杏、山楂、桃等为主；畜牧业养殖以生猪、羊为主。全办拥有各类农民专业合作社20余个。

张村办依托"百里汾河经济带"打造的三大农业园区已进入良性发展阶段。"晋南娇"葡萄种植合作社辐射带动小里村300余户农户种植葡萄，种植品种包括户太8号、夏黑、巨峰、玫瑰香等二十余种优质品种，全村种植面积达1500余亩，每亩收益8000余元；鸿皓农业科技有限公司投资2000万元，占地500余亩，以无公害果蔬种植、仔羊繁育和农副产品深加工为基础，建设综合性现代农业园区；山西华兴美和农业开发有限公司着力打造优质樱桃品牌，待挂果后每株可收益9000元，亩产预计收益可达72万元；新田花卉占地100余亩，共28个大棚，所种花卉远销郑州、陕西等地；瑞茂金银花种植合作社占地200余亩，以种植、加工金银花为主，年产值可达60万元，帮助褚村及周边村民增加务工收入；鑫鸿浩养鸡合作社占地300余亩，有6个养鸡棚，目前存栏蛋鸡10万只，日均产蛋量可达50000颗；水林水产品养殖专业合作社建有标准化的鱼池养殖池塘14个，年产无公害草鱼110多吨，白鲢鱼、鲤鱼、小龙虾年销售总额160余万元，示范带动了侯马市水产健康养殖技术的应用和推广。

基础设施

10个行政村全部通水、通电、通公路、通有线电视、通自来水。按照新农村建设全覆盖标准要求，"四化四改""六通""六个一"全部实现。街心游园、综合服务楼、街道绿化、环村绿化全部达标。农村商业银行、联通、移动服务网点等公共服务设施健全。集中供热稳步实施，大南庄村、大李村、北坞村、太秦村实现清洁取暖。提高"一站式"便民服务质量，各村社区成立便民服务中心。大南庄村投资42万元，建成占地5600平方米的怡心苑敬老院。实现新农村建设"六个全覆盖"，街巷硬化实现100%。建成16个农村便民连锁店；建立农家书屋10个，共有藏书4.6万余册，全部配备图书管理员；建立农民体育健身场所19处，安装各种体育健身120余件。

生态环境

植树绿化工作实现立体绿化、人文绿化、特色绿化，截至2018年2月，全办森林总面积403.2公顷，森林蓄积量4229.29万立方米，森林覆盖率9.03%。全办建成村内游园7个。

科教文卫

中小学校舍全面完成危房改造工程，建成现代化学校6所，总面积10000余平方米。在校小学生巩固率100%，初中生保留率100%，中考成绩名列农村乡办前列。农村教育基础设施建设有效增强，办学条件进一步优化，教育事业实现跨越式发展。建成农村卫生机构13个，达标率100%。城乡养老保险参合率达98%。创建国家级慢性病综合防控示范区和"健康细胞"试点项目，发挥中医药优势，建立张村办社区服务中心中医药特色基层医疗服务。

文化事业

建起农民文化活动中心，10个行政村农家书屋实现全覆盖。10个村全部成立红歌演唱队，以群众性健身操为主题的多种形式的群众文化生活蓬勃开展。10个行政村和侯北社区全部配备体育健身器材，群众文化体育生活日益丰富。大南庄舞龙、张村旱船、北坞高跷、褚村拔河在全市享有盛誉。

脱贫攻坚

以"精准扶贫、精准脱贫"为总要求，全办106户234人于2017年全部实现脱贫。2018年，为实现脱贫成效巩固提升，积极与陆航旅和第二四九团联系，为16户贫困人口实施光伏项目帮扶。陆航旅为褚村等4个村8户贫困人口安装户用功率为5千瓦的设备，总投资26.182万元。第二四九团为张村捐赠10万元，为8户贫困户集中安装光伏设备。4名贫困户家庭学生享受"雨露计划"，每人补贴2000元，进一步巩固提升脱贫成效。

社区建设

侯北社区隶属于张村街道办事处，成立于2003年4月，位于侯马市北郊，文公路以北，汾河以南，侯张街以东，紫金山街以西，辖区面积约1.2平方千米。现有城镇居民1530户5085人。辖区内有铁路段5个（侯北车辆段、侯北供电段、侯北工务段、侯北车务段、侯北机务段），医院1所（临汾市第十人民医院），学校1所（侯北小学），居民小区5个，民营企业4个，门店74家。

近年来，大力改善设施建设，突出了老年活动中心、居民健身小广场和篮球场三大特色活动场所的建设，使社区的基础设施建设全面提升，极大地改善了居民的生活环境。结合自身条件，使整个社区的硬件服务设施升级上档，目前，社区办公用房面积达到500平方米以上，老年活动中心面积达到100平方米以上，为居民搭建了更多的服务平台。

五、上马街道办事处

概况

上马街道办事处辖区位于侯马市南郊，辖区总面积约64平方千米。辖22个行政村和6个社区居委会，是侯马市生态工业园区、医药制造园区和农业科技示范园区所在地。

红色记忆

侯马市第一个党支部——马南支部诞生在程村，现存马南支部遗址、上马烈士陵园等爱国教育基地。

文物古迹

上马车马坑遗址、普济寺、铁刹关、驼峰山等多处人文自然景观。

农业特色

上马办耕地面积共34765亩，其中水浇地23542亩。粮食作物产量稳步增长，夏粮总产9395150公斤，秋粮总产8278200公斤，蔬菜总产9390000公斤，切实解决了农民吃饭这个根本问题，提高了农民收入。

形成规模化中药材种植基地。目前乔山底、复兴等村约有半夏2500亩，每亩纯收入达到8000元；卫家庄有黄芩、远志、柴胡1500亩，每亩收入达3000元。上马村推进高标准化农田建设，建立100多亩的草莓种植大棚。张少村推进西瓜规模化种植。

2016年3月，总投资1100万元，成立金牧养殖有限公司，存栏蛋鸡6.3万只，年提供鸡蛋1100余吨，鲜鸡蛋远销重庆、广州等地。2018年总产值780万元，利润260余万元。荣获山西省"美丽牧场"称号，鸡蛋产品经权威机构检测得到"无公害产品"认证。

工业特色

辖区内山西汤荣机械制造股份有限公司是专业生产大中型卡车、客车制动毂等汽车产业链相关产品的高新技术企业，生产的"实优"牌制动毂被评为全国汽车零部件行业十大品牌、山西省著名商标、山西省标志性名牌产品，是国家发改委和商务部确定的中国汽车零部件出口基地。销售网络辐射北美、南美、欧洲、澳洲、中东、非洲等国家与地区。

辖区内山西旺龙药业集团是一家以药品研发生产、中药材种植、医药商贸为一体的综合性制药企业。目前集团拥有八大类256个药品品种，产品曾获得"中国著名品牌"、"全国消费者首选前列腺用药品牌"、首批"山西名药"等称号。药品销售覆盖全国28个省区的228个城市。

民生特色

全办20个村（社区）组织活动场所进行提档升级，修建便民服务中心、档案室等。2019年在此基础上又对东南张村、西南张村、上马村、风雷社区组织活动场所改造升级,满足村庄服务群众的场所要求。上马村新建舞台一座,并多次举办送戏下乡活动,丰富附近村民业余生活。

开展"散乱污"企业整治工作,取缔8个锅炉和3家企业,5家企业停产整顿。实行网格化管理,严禁焚烧垃圾、落叶、秸秆等。金沙、崖上、复兴、单家营、张少、程村、上马、乔山底、驿桥九个村已完成大暖入户工程,并开始供暖。

精准发力,全面完成脱贫任务。建档立卡贫困人口91户142人,截至目前已全部脱贫。精准扶贫工作开展以来,办事处与市各单位、企业相关负责人在规定时间段内先后到所包联村进行入户对接,成立帮扶队,同时协调派驻我办19支驻村工作队及5名第一书记,通过就业帮扶、中药种植、医疗帮扶、教育帮扶、危房改造、低保救助等形式帮助贫困户实现"两不愁,三保障",全面确保脱贫质量。

六、路东街道办事处

基本情况

侯马市路东街道办事处辖区总面积约5平方千米,下辖9个社区居民委员会,总人口约4万余人。侯马市主要党政机关都在辖区内,是侯马市的政治中心。设9个社区居民委员会。

基础设施

辖区有侯马火车站,有6横6纵主要道路12条,主要街巷14条,形成了纵横交错的棋盘式城市道路网;有庙寝公园、车站广场、廉政公园、呈王公园、晋博园、金山园等30余处街头游园和街心公园，城市集中供热和天然气入户基本实现全覆盖；有晋南最大的邮件处理中心，邮政通信网点遍布辖区，有国际国内旅行社8家，有诸多快捷酒店和中高档酒店。

产业布局

辖区各类专业市场众多，第三产业、商贸物流和文化休闲业发展迅猛。建有新港服装批发城、新田综合批发城、新田建材装饰市场、太阳城综合市场、桥头市场、金水桥市场、新兴纺织城、袜子批发市场、五交化家具家电市场、华翔购物等十几个专业市场和商场，商品辐射周边10多个县市，初步形成了一个规模大、门类多、档次高、功能全、辐射广的外向型市场体系。

教育医疗

辖区有紫金山小学、垤上学校、浍滨学校、侯马二中等4所中小学校，有育英、侯运、电厂、小太阳、哈佛等10余所幼儿园，小学适龄儿童入学率、初中适龄人口入学率、小升初升学率、九年义务教育覆盖率均达100%。全面实施了校舍安全工程，教育教学质量显著提高，中考成绩位居全市前列。辖区重点医疗卫生机构有侯马市人民医院、市五官科医院、博爱医院、交通医院，有社区卫生服务中心1个，社区卫生服务中心4个，便民诊所遍布辖区，使居民小病不出社区就能得到及时治疗。已初步建立起疾病预防控制、突发公共卫生事件医疗救治、重大疫情信息网络和卫生执法监督等城市公共卫生体系。

文化体育

辖区有社区文化宣传队伍20余支，广场文化、社区文化、校园文化、节庆文化、消夏文化等群众性文化发展迅速，极大丰富了居民的精神文化生活；有各类文化体育活动场所60余处；地方特色民间艺术有戏曲、剪纸、秧歌、绘画、书法、皮影等，数字信号和通信光缆实现户户通。辖区内具有一定影响的旅游景点有庙寝遗址公园、晋博园、侯马盟书遗址、廉政公园、火车站广场等。

社会保障

织密织牢社会保障网，加强就业培训指导，举办社区就业招聘洽谈会，不断促进居民劳动就业，辖区城镇居民医保、养老保险参保基本实现全覆盖；严格标准、严格程序，实现了城市低保动态管理，应保尽保，通过开展临时救助、医疗救助、红十字会救助、残疾人救助等，帮扶关爱困难群众和弱势群体。

七、路西街道办事处

概况

路西街道办事处辖区位于侯马市城区西部，辖区东西最大距离3千米，南北最大距离5千米，总面积15平方千米。距侯马火车站3千米，距侯马高铁西站8千米。

路西办事处现设7个居民委员会。2019年路西街道辖区常住人口32367人，流动人口2399人。

辖区驻地有市畜牧中心、省考古研究所侯马工作站、

311地质队、工商业联合会、铁路电务段、车务段、路西派出所、侯马路西法庭等多家单位。

有机械制造、冶金铸造、建材、五金加工、食品加工、饮食休闲服务、网络信息服务、服装、物流运输、修理、工艺、化工、电气、玻璃、超市等企业类别。驻地有平阳重工、亨达内燃机配件厂、省棉麻直属库、华铜铜业有限公司等大型厂矿企业。

有桥头副食批发市场、铁路西老街贸易市场、平阳机械厂贸易市场等。学校主要有侯马五中、路西小学、平阳厂子弟小学、平阳中学、平阳幼儿园等。医院主要有路西社区卫生服务中心、侯马中医院、平阳医院、天主教眼科医院等。

历史沿革

春秋时期著名的晋国铸铜作坊遗址就是在这里被发掘的。明清时期曾在此设侯马驿。民国时为曲沃县三区驻地。中华人民共和国成立后曾先后为侯马乡、侯马镇驻地。1971年8月恢复建立侯马市，路西为城区人民公社驻地。1984年11月撤销城区人民公社，城区人民公社被划分为四个街道办事处，铁路以西设立路西街道。

红色记忆

1937年8月25日到10月9日，八路军总部及下辖第一一五师、一二〇师、一二九师，由陕西东渡黄河，途经侯马乘火车北上抗日。

经济发展

中华人民共和国成立初期，路西街道狭窄，店铺低矮。今天的路西街道纵横交错，连接成网，四季常绿，三季花香，住宅高楼鳞次栉比,商业街区人流如织,城市配套功能日趋完善。

工业项目

驻有平阳重工集团、北方铜业有限公司、铁路侯马车务段等大型厂矿企业和正大集团侯马分公司、绿洲食品有限公司、模范机械制造公司、东鑫铸造、铁马皮带等大型民营企业,有铁路西老街贸易市场、平阳重工贸易市场。其中,山西平阳重工有限责任公司的前身为山西平阳机械厂,始建于1955年,为国家"一五"期间156个重点建设工程项目之一,隶属于中国船舶重工集团公司。山西华铜铜业有限公司的前身是中条山有色金属集团有限公司侯马冶炼厂,山西中条山有色金属集团有限公司于1994年9月经国务院批准,1995年6月正式开工建设,1999年8月建成投产,工程总投资7.6亿元人民币。

民生服务

侯马北方轻工城坐落于路西,成为承接地区产业转移的载体,该商贸区已形成服装、童装、裤子、鞋帽、针纺五大经营板块和物流配送园区,入驻商户达到2400余户,日成交额达到600多万元,商品辐射全国10余个省市的100多个县市。

教育工作

路西的教育由均衡发展向优质化发展迈进,中小学办学水平和教育质量不断提高,中考、高考成绩喜报连连。其中,侯马市平阳中学是山西省临汾市侯马市的重点中学。侯马市历来重视教育,超常规投资教育事业。侯马市平阳中学高考二本以上达线率名列临汾市各县市区高中的前列。

社会保障

路西办持续加大创业就业扶持力度，全面落实各项社会保障政策，城市低保、困难补助、社会救助等各项补贴资金全部发放到位，路西人民的获得感和生活幸福指数不断提升。

文化事业

路西街道办事处在文化工作中，把打造社区特色文化作为丰富和活跃基层群众业余文化生活的载体，多次组织开展相关文化活动，并在路西辖区内建立多个文化站、公共图书室等文化活动场所。

八、浍滨街道办事处

概况

浍滨街道办事处辖区总面积30平方千米，辖8个社区居民委员会。有12809户41742人。

辖区内广场绿园随处可见，大街小巷纵横交错、四通八达。驻有侯马开发区、侯马海关、公安局、税务局、地营以上大中型企业、各类金融机构、医院、学校、商贸市场近百个，是侯马新兴的城市中心区。

民生服务

围绕打造"红色矩阵"工程，开展"基层党建创新争先年"活动，建成铁一处小区党群志愿服务站、一公司西社区便民服务站、秦村北社区3900平方米党群活动服务中心，计生、妇联、工会、文化等部门进驻到社区，为社区居民提供服务,在街道机关精心打造党建活动室、党建长廊。此外,各个社区因地制宜,充分发挥各自的特点和优势,设置便民服务窗口,拓展了党组织活动和党员教育活动的广度和深度,有力巩固提升了基层党组织的战斗堡垒作用。

"一支一特、一居一品"活动,成绩斐然。在标准化党群服务中心建设上,凝聚内涵、总结提升,形成了"五民行动"、"三大基地"、"七色服务法"、"一刻钟便民服务圈"、"和谐学府"三重奏等各具特色的党建品牌服务,在全市示范引领,获得各级领导一致好评。街道党建品牌稳步推进,效果已经凸显,打造了"爱心志愿超市"党建品牌,旨在推动街道社区公益活动常态化、长效化,凝聚公益力量参与社区治理,探索建立"人人参与公益志愿服务活动,爱心助推城市基层有效治理"的城市基层党建新样板。

组织社区、亿众公司和施工公司为一公司甲一楼、啤酒厂、党史办及铁一处三分处270户居民接通大暖;为5个小区110户居民申报了冬季煤改电电价优惠政策。

环境保护

大力开展环保宣传,严抓小散乱污企业治理、焚烧落叶垃圾、燃放烟花爆竹、燃用煤炭,组织街道社区干部每天开展巡察工作,发现问题及时宣传、劝诫,并要求其及时整改,同时报告有关部门依法处理,有效减轻了落叶焚烧、燃用煤炭对大气造成的污染。辖区环境卫生进一步改观。

社会保障

对辖区因病、意外事故造成临时困难的家庭、特困人员、残疾人积极帮助解困。对辖区的低保户进行全面复查,及时清退因家庭收入和财产发生变化，不再符合享受低保标准的52户102人，将重新陷入困境的符合低保标准11户17人及时纳入低保，实现了动态管理下的"应保尽保、应退尽退"的阳光施保，低保政策得到全面落实。

附录二 侯马镇及十个革命老区村简介

（一）侯马镇：红军东征经过活动地

侯马镇，由于地处交通要道而备受关注。

侯马镇原有"五堡二新城"，即北堡、南堡、东堡、小堡、方城堡；西新城和东新城。北堡，早称乾盛堡；南堡，早称金汤堡；东堡，又称秀峙堡；西新城，早称宁源堡。

自清朝末年以来，侯马镇以外迁来的祖籍山东、河南的人为多，土生土长的侯马人较少。侯马老镇原来四周有土城墙，有东、西、南、北四个城门。老镇占地不大，道路狭窄，但古迹不少。

侯马镇以老街的十字街为中心。南街过去有个木牌楼；东街有财神庙（1982年侯马乡政府所在地），财神庙南有戏台子（原东方红商场处）；西街有老爷庙（关帝庙），庙西边有马号（驿站养马的地方），有明朝河南人建的会馆（现路西电影院处）；西街路北建有西寺（佛教寺庙），西门外路对面建有姑姑庵，现在路西电影院的西边建有马王庙；北街建有牛王庙（原北街糖酒副食店之处），侯马北门外有龙王庙（北堡东边，原废品收购站之地）。官道桥建在现配件厂大门东的南北路上。清晚期，侯马镇的商铺有100多家，主要分布在东、西、南、北四条街道。

东街

有花店、染坊、粮行、钟表铺、首饰脂粉铺;车马店、客栈、中医诊所;元宵店、饼子羊汤店;财神庙、戏台等。东街的财神庙尤其香火旺盛,庙前有还愿演戏的戏台,卖香的、代人写字的。戏台旁边是粮行,有买卖粮食的生意人在做粮食交易,还有做牲口交易的。

西街

有永义成钱庄、义盛奎钱庄、刘大千布铺、世兴当铺、天生久药铺;西宁寺、娘娘庙、关公庙;马号、会馆、小吃店等,街上有挑担的、出城的、迎送客人的、补漏锅的以及卖手绢围巾的地摊;庙旁有乞讨者、卖香火烧纸的;还有卖鞋的、打筛子的、修脚的。西街城门外安宁堡有姑姑庵、孟姜女庙。

南街

有聚兴奎钱庄、瓜果铺、保本堂药铺、烟坊、馒头铺、菜店,还有黄帝庙、牛王庙。卖火柴的、卖成衣布匹的、演猴戏的、弹网套的、戗刀磨剪子的、卖咸菜豆腐的、送信的、卖香包挂件的、算卦的、坐车马套轱辘的、卖糕的等。

南街城门外有浍河,当年水很大,还经常有水患发生。对着南门有座浍门桥,又名同济桥,是一座个人捐款修筑的桥,据说皇上还给赐了字,立了石牌坊在城门内,牌坊一面写着"泽深渭洛",一面写着"德重乔金"。

南街城门口是最繁华的。有钉马掌的、做扇子的、饭店、药王庙、卖茶水的等,城内有贾汉复祠、明公祠堂、乔公祠堂、聚兴奎钱庄、瓜果铺、保本堂药铺、烟坊。街道上有卖鸟的、做竹帘的、卖拨浪鼓的、骟猪的、卖糖人的，还有古董铺、纸铺、烟丝房、车马修理铺、银匠炉、铁匠炉、木匠铺等。

北街

有公馆，有大头肉铺、西高王家花行、德兴毡坊、三义毡坊、天顺毡坊、万盛春杂货铺。距离不远处有一个古董杂货店，生意很兴隆。北街城门外有乾盛堡、马王庙、牛王庙。城外西北方有龙王庙，香火旺盛。镇内的古建筑有些是战争年代被毁的，有些是"文革"时除四旧时拆除的。

中华人民共和国成立以后，经过几十年的发展建设，侯马已经发生了翻天覆地的变化。侯马镇在侯马市两下三上的过程中，演变成了现在的新田乡，有路东、路西城市街道办事处。如今只有到了侯马路西老街区，才能依稀寻见当年侯马古镇的些许风貌。

侯马镇有着光荣的革命历史。1937年七七事变后，中华民族处于生死存亡的紧要关头。我党领导的八路军三个师从侯马火车站乘车北上奔赴抗日前线。

部队在侯马镇短暂停留，广泛宣传我党的抗日救国方针，动员一切力量，团结各阶层抗日。八路军总部在侯马镇召开了一次有阎锡山部队及地方工、农、军、政、学、商各界代表参加的抗日军民誓师大会，会场设在火车站。八路军这次在侯马虽然时间不长，但对推动侯马地区革命形势的发展起到了重大作用。

（二）程村：党组织建立最早之一村

概况

程村现有350户1296口人，耕地1200余亩。2019年，集体经济收入112万元，农民人均纯收入16875元。程村位于浍河南岸，南靠大运公路，隶属上马街道办事处。

老村新貌

20世纪80年代初，程村在侯马属于一个经济落后村。1987年，28岁的转业军人冯玉金，放弃了进城端"铁饭碗"的机会，回村担任了党支部书记，程村自此走上快速发展之路。

在冯玉金的带领下，筹措资金100多万元，又先后打深井6眼；调整种植业结构，大力发展中华寿桃和冬枣种植；9名党员干部提出以地包产合同，每亩为农民补贴小麦275公斤，把调产户的风险降到了最低程度。完成了寿桃和冬枣共1000亩的种植，使程村的种植业结构得到了全面的优化和调整，农业生产效益得到了大幅提高。

先后投资1000余万元，兴建了翔宇汽配有限公司，其产品远销到欧美等国家，年产值达到上亿元，年实现利税2000万元，从而使程村经济实现了大跨度的飞跃。

投资118万元，硬化了街道，美化、绿化了环境，重建了支部和村委办公室、党员活动室、老年活动中心，建起了村卫生所、农科服务站；投资100多万元，建起了水电暖齐全、拥有电脑室等设施的村小学教学楼；投资10万余元，为村民免费安装了光缆有线电视；2004年开始，每年为老年人每人发放500元养老金。

红色记忆

1937年11月,程村成立了侯马地区第一个中共地下党支部。

1946年10月6日,侯马第一次解放,程村人民获得新生。党支部发动群众,轰轰烈烈地开展反奸清算运动。民兵白天黑夜站岗巡逻,保卫反奸清算运动顺利进行和全村人民安全。夏收季节,程村民兵班被派驻台神,监视打击新绛来犯之敌,保卫夏收。

正当侯马地区反奸清算运动轰轰烈烈开展之时,蒋介石悍然撕毁停战协定,挑起了空前规模的内战,以胡宗南部七个旅的兵力由运城向侯马进犯。1946年8月19日,支部按区委指示,将大部分农会干部、民兵、家属连夜转移到东山。留下李春荣、白文治、马延芳坚持村里斗争。

1947年正月二十日,马延芳通知李春荣到马家见庞养太。庞向李传达了谍报站朱希圣要李春荣、白文治同时深入侯马城内,侦察敌人碉堡位置、兵力部署、火力配备的指示。李春荣机智巧妙地完成了任务,连夜将侯马城防精心绘制成图。第二天由马延芳送交庞养太,转呈给太岳军区司令员陈赓同志。1947年4月侯马第二次解放,在庆功大会上,李春荣、白文治受到了上级领导的表扬。

(三)张少村:党组织建立最早之一村

基本情况

张少村地处浍河南岸,大运公路贴村而过。现有750户

2721口人，耕地面积75.82公顷。

红色记忆

1937年底中共张少村党支部成立。1938年3月，侯马（曲沃三区）成立了抗日游击队，庞养太为游击队队长，共有队员20余人。游击队成立后，在上级党组织领导下，在程村、张少党支部配合下，游击队员们在南同蒲铁路侯马到礼元段，扒铁轨、拆枕木、割电线，破袭被日军占领的铁路线。

1940年侯马区委在程村、张少、小里等村，秘密建立了情报站和通信网，传递情报、发展党员、运送物资、护送干部、青年学生到根据地。侯马南门外的通济桥成为通往中共中央北方局的联络总站，为抗日救国做了大量工作。

张少村早期中共党员10余人，他们是卫震、王凯、王希忠、唐华民、董蔼民、耿步青、梁希成、贾思让、李冬爱、周景辰、段国相等。这些同志后来不少都成为党的领导干部。如唐华民于1943年就任曲沃县委组织部部长，耿步青、段国相调区委工作，为抗日战争和全国解放作出了贡献。

1946年9月到1947年4月，他们配合晋冀鲁豫野战军四纵，参加多次战斗。1947年4月在解放侯马战斗中，王凯带领民兵爬云梯进城，抓获了躲在城内的阎匪编村"还乡团"40余人，为二次解放侯马作出了贡献。

1947年6月初，武委会副主任段国相带领张少等村民兵30多人，随四纵支援解放运城，民兵担架队支前三个月。

老村新貌

改革开放以来，张少村党支部利用本村地处城乡接合部的优势，带领群众，坚持农、林、牧、工、商、运输、物流等多业并举。

农业方面，大力加强基础设施建设，形成现代化种植示范园区。现有郑抗系列、鲁青系列等十余个品种，嫁接后可重茬种植，具有抗病、受气候影响小、个大口感好、上市早等特点。

全村有100多户从事西瓜种植，发展大棚130余座，近1200亩，每亩收入约7000元，纯收入为800多万元。目前已形成规模种植，被侯马市科技局指定为"规模种植示范点"。水泥池莲菜园区位于村东南，大运二级路以南，占地325亩，张少村5位村民在园区成立了侯马市恒兴种植养殖专业合作社。园区同山东肥城科协合作改变传统种植方法，使用水泥砌池，纯农家肥和田土混合入池，每亩莲菜产量7000~8000斤，比传统种植产量高出约1倍，项目共投资1000余万元，平整土地150余亩，已建池300余亩。完成占地25亩肉羊养殖场。项目全部完工后，年生产莲菜240万斤，肉羊上万只，年产值可达530余万元，亩产值1.6万余元，比传统农业产值高出数倍。

工业方面，先后引进投资5亿元的汤荣二期扩建项目投资25亿元的中电投2×30万兆瓦新电厂项目；投资数亿元的模范铸造厂、中晋机械加工厂、威创铸造厂相继落地。许多农民成为新一代产业工人，不出村就可在厂里上班。

投资千万元，完成了全村道路水泥硬化；建成了一座水、电、暖齐全的三层教学大楼，总建筑面积2300平方米，配备18个教室，拥有多媒体教学系统和语音室，获省级规范化小学称号；解决了农村改厨和取暖问题；建成占地6000

平方米的休闲广场一处,街头游园两处;完成光缆、数字电视全部入户;完成饮水改造工程,家家饮用自来水;全村实现了天眼工程,大街小巷布控了摄像头,改善了治安环境;多次组织60周岁以上老人外出旅游,每年为60周岁以上老人发放补助金。

2019年,人均纯收入达16493元。

(四)小里村:党组织建立最早之一村

基本情况

小里村位于侯马市北郊汾河畔。小里村现有村民850户3280人。2019年,人均收入15737元,主导产业是葡萄种植,共种植葡萄1600余亩,产值达1500余万元。现隶属于张村街道办事处。

红色记忆

1939年秋,小里村第一个党支部建立。小里村党支部建立虽稍晚,但小里村民孙氏三兄弟,老大孙光烈、老三孙承烈、老五孙鸣烈却于1933—1934年就加入了中国共产党,革命活动开展得较早。1937年卢沟桥事变之后,老大孙先烈在党的指派下,到晋西北当了区长,发动群众抗日;孙承烈、孙鸣烈,奉党的派遣到被日军侵占的洪赵县,孙承烈任县委第一任书记,孙鸣烈任县武委会主任。

爱国志士李风歧,参加了东征红军,跟随红军北上,战斗在抗日第一线。抗战时期,小里村一批热血青年,在地下党员孙氏三兄弟的带动下,慷慨赴国难,掀起了参军热潮。

知识分子郭春朴,投笔从戎,参加了新军第二一二旅,也奔赴了抗日战场。地下党员张安家、徐子英背井离乡,参加了牺盟会领导的决死纵队,去了太岳抗日根据地。热血青年郭廷喜、周信有等13人,舍小家,为国家,参加了八路军领导的抗日游击队,积极投入血与火的抗日战争中。他们抛头颅、洒热血,有的战死在疆场上,有的经过血与火的锤炼,变成了军队的骨干,参加了解放战争和抗美援朝;为中华人民共和国的成立作出了贡献。

老村新貌

党的十一届三中全会后,小里村发生了翻天覆地的变化。村民们办的工厂、商店,像雨后春笋一样。特别是村民张天福,从经营焦铁生意起步,在短短的几年里,便在侯马开发区创建了天成焦铁有限公司。他组建的山西立恒钢铁有限公司,为中国民营企业500强之一。在企业发展的同时,张天福积极参与各项公益慈善事业,兴建富民工程,先后捐款1500万元用于修路、村民养老,企业先后安排就业人员4000余人,承担了相应的社会责任。

小里村党支部和村委会筹措资金为小里村办实事:投资80余万元,硬化了村中的道路,硬化面积33440平方米。在汾河滩地干渠清淤1500米,修倒虹吸1座,降低农田灌溉浇地费用,为村民坡上浇地每亩补助20元,河滩地费用全免。村集体每年给村民补贴浇地费用8万余元。整修道路400余米,新建排水渠200余米,对村中道路全部进行了硬化。清理整修村街道排水工程2600米。修污水排水道两条共600米,彻底解决了雨水冲刷崖头,造成村庄水土流失危及村民住房问题。

创办了老年活动中心。对学校进行了扩建、改建工程。实现了户户通光缆。实现了全村亮化、绿化。全面推行农村合作医疗，新建卫生所一座。

全村安装了路灯。修建防渗渠道5000米。完成村村有超市工程。建设小里东大门和南大门。铺设浇地管道2200米。硬化葡萄观光园区道路600米，建设葡萄长廊500米。

（五）垤上村：老一辈革命家彭真诞生工作过的村

基本情况

垤上村位于侯马市区浍河北岸，南与程村隔河相望。

垤上村辖6个村民小组，现有村民668户3609口人。其中城市人口1682人，农业人口1927人。党总支下设三个党支部（农业支部、企业支部、离退休支部），共有党员105名。2019年全村社会经济总产值近十亿元，集体收入250万元，农民人均收入17200元，达到宽裕型小康水平。

红色记忆

垤上村是无产阶级革命家、党和国家的卓越领导人彭真委员长的诞生地。

彭真，1902年10月12日诞生于垤上村。乳名蓝儿，学名傅懋恭，字敬之，号温卿。参加革命后曾用名傅茂公、傅春雷、春雷、炜实等。1937年改名彭真。祖籍山东省桓台县玉皇阁村。因灾荒父傅维山约于1888年随祖父傅像义和祖母傅张氏到垤上村。1901年娶从山东逃荒到曲沃东张寨村的魏桂枝为妻，婚后生3男5女，彭真为长子。

傅家到垤上后以农为业，家境贫寒，靠租地、打工为生。彭真幼年起参加农田劳动。1916年上本村私塾，1918年入设在侯马镇的曲沃县立第二高等小学读书。受五四运动影响，参加反帝爱国宣传活动，任宣传队长。1922年考入山西省立第一中学，结识山西早期革命者高君宇、贺昌等，学习并接受马克思列宁主义，参加革命斗争。1923年5月加入中国社会主义青年团，同年冬加入中国共产党。1924年5月参加组建山西第一个共产党组织——中共太原支部，任组织委员，是山西共产党组织的创建人之一。

老村新貌

垤上村原有土地2400余亩。随着城市建设的飞速发展，现在，垤上村人均耕地不足0.2亩。人多地少、劳动力过剩的矛盾日益凸显，靠搞种植业已不能满足村民生产、生活的需求。

对此，村党支部带头人彭天水同志，大胆决策，把目光投向非农产业上。经过几年努力，集体经济迅速壮大。

村党支部这些年为村民办了许多实事：

先后在花园南街建设了一个桥头服装批发市场，在紫金山南街东侧建设了一个果蔬批发市场，在紫金山北街建设了一个光明机电城，在浍河滩干渠南侧建了一块仓储区。村民在市场经济的带动下，有的开饭店，有的开商铺，有的搞物流运输，有的搞房屋出租，收入大幅增加。

集体投资1800万元，对全村的街道进行了硬化、绿化、亮化、美化。投资兴建村民文化活动中心、游园健身活动中心。组建甲级卫生所一个。集体每年投资50万元,用于村民福利和公益事业。每年为332名老年人发放养老补助金（55～69岁130元、70～79岁180元、80岁以上200元）。每年免费为老年人体检两次。

每年集体投资6万元,为在大学就读的几十名大学生发放补助金。

投资100万元,给村民安装了天然气管道。投资11.4万元,为村民办理新农合医疗,参合人数1345人,参合率达100%。投资6万余元,为全村18～65岁的村民办理了人身意外伤害保险,参保人数为2046人。

铺设村外下水管道1400余米。对大道两侧残缺的花卉树木进行了补栽,共补栽8000余株。对大街两侧的墙面进行了粉刷；焊制52根铁杆宣传标语；对街道进行了清理美化,村容村貌发生了翻天覆地的变化。

现在全村90%的村民从事第二、第三产业,家家有事干,户户无闲人,村民收入与日俱增。

（六）南上官：发生过重大战役、事件的村

基本情况

南上官村地处侯马市东北隅。全村辖13个村民小组,现有土地4850亩,715户3270口人,耕地314.14公顷,全村共有党员76名。

红色记忆

1946年6月26日,国民党蒋介石撕毁停战协定,向我

解放区发起了全面进攻。7月初,被围困于曲沃城内的阎军,由于受到我人民解放军的围困,粮草物资已经奇缺。

1946年7月18日夜,我围城兵力转移外线作战之际,阎军集中8个保安团,窜至曲沃城西北6里处之南上官村解放区抢粮抓丁。当夜,大部分阎军撤回曲沃城内,留保安十团、十三团共1300余人继续在南上官一带抢粮抓兵,祸害百姓。

为保卫胜利果实,保护群众生命财产,晋冀鲁豫野战军四纵十一旅决定歼灭进犯南上官的阎军。7月20日12时,三十三团主力和三十二团进入指定位置。14时战斗打响,战斗历时3个小时共歼灭阎军300余人,俘虏500余人。

老村新貌

改革开放以来,党支部、村委会带领村民奔小康。新增半固定式喷灌面积2000余亩,先后打了10眼深井,修建防渗渠3000米、地理防渗管道1.2万米,安装变压器7台、地埋电缆1万米,使全村的所有土地明渠、暗管联网配套,确保土地旱涝保收。

整修村里排水渠和下水道1500米,新开通东西、南北两条主大街排水和下水道1500米,硬化大街小巷12100余米。对硬化的主街道实施了绿化工程,植树1.2万株,并粉刷墙壁8000平方米,建了2处健身所,大大改善了村容村貌。为了方便群众生活,党支部、村委会鼓励村民投资50余万元,建成了商贸十字大街,使村民足不出村就能购买到所需物品。

先后投入40多万元对学校校舍进行重建,老支书姬里锁一人捐款 1 万元，更新学生课桌 300 套和教师办公设施，全部配齐了教学设施设备，使村学校提前达到了"四化"学校标准。建起了文化活动站、农业科技活动站、老年活动站和健身活动中心，建成了全省一流的村史展览室，每年请剧团在村里唱戏等，为村民的文化生活提供了有力的保障。

南上官村连年来荣获"小康村""优秀党支部""精神文明先进村"等荣誉称号。

（七）东高村：高村反击战所在地

基本情况

东高村位于侯马市高村乡北端，北邻浍河之畔，南连环乡公路，西有大运高速公路穿越而过，东与台骀庙隔路相望。东高村是一个典型的农业村，全村共有土地 2978 亩，耕地面积 2560 亩，村民 452 户 1794 口人，党员 41 人。

红色记忆

高村反击战。侯马市第一次解放后不久，蒋、阎军试图夺回侯马。

1946 年 1 月 21 日，阎锡山派第三十四军军长高倬之率领三个师的兵力，从新绛县向侯马进犯，占领了东高、西高、虒祁、张王等村，当即又往牛村、白店进攻。我晋冀鲁豫野战军四纵十一旅阻击来犯之阎军，战斗异常激烈，白店阵地一度被高倬之部突破，十一旅顽强反击，将阵地夺回，阎军进攻失败。

1 月 22 日晚 18 时，高倬之调集三个师的主力对牛村、白店发起进攻。十一旅顽强阻击,打退阎军多次进攻。激战中,高倬之部300多人突破防线,进入西侯马,十一旅三十三团将突入阎军全部歼灭。23日,四纵重新部署,组织反击。傍晚,战斗打响,各旅勇猛作战,迅速出击,给高倬之部以毁灭性的打击。当夜,十一旅攻下西高村,十旅、三十四旅攻下东高村,高倬之率残部逃跑,24日拂晓战斗结束。这次反击战历时三天三夜,共歼灭和俘虏阎军5000余人。

老村新貌

改革开放以来,东高村结合本村实际,以增加农民收入为目标,以提高村民生活质量为根本,调整产业结构,把"种植、养殖、运输、建筑"作为本村的四大支柱产业。该村从事养殖的有7户,其中养羊的5户,户均70只;养猪的2户,户均存栏270头。根据该村的特点,部分村民搞运输,部分村民外出打工,部分村民搞建筑,村民收入不断提高,集体经济不断壮大,村民生活发生较大变化。2019年,人均收入13102元。

东高村是侯马市新农村建设的推进村。近年来,东高村党支部、村委会,按照新农村建设的标准和要求,加大力度对村容村貌进行整治,先后对全村主街道全面进行了硬化、绿化、亮化、美化。重新规划垃圾固定堆放点,新建了垃圾池,硬化了街道,安装了大暖,村民生活水平得以改变。东高村正朝着"构建和谐村庄,打造富裕东高村"的小康目标奋勇迈进。

（八）西高村：高村反击战所在地

基本情况

西高村地处侯马市西端高速公路侯马出口处，交通位置优越。全村5个村民小组，1682口人。耕地面积1973亩。产业以小麦、玉米、棉花、芦笋等的种植为主。

红色记忆

高村反击战。

老村新貌

近年来，西高村党支部、村委会立足本村实际，带领全村村民，建设美好西高村。按照新农村建设总体要求，改善村民生产生活条件，提高村民生活水平。在大力发展农作物种植的同时，鼓励村民发展养殖业，全村人均养羊7.73只。围绕高铁站建设服务设施，发展旅店、餐饮、停车、寄存等第三产业，增加村民收入。

在村集体经济薄弱的情况下，多方筹措资金，硬化了主街道3千米，整修了北坡路、西坡路，修建了防渗排水管道。绿化游园2000平方米，栽红叶梨、高秆红缨球等苗木20000余株，大力开展村容村貌的整治和垃圾处理工作，建立了环境卫生整治长效机制。新建村集体卫生所、科技服务中心、党员活动室、农民休闲场所为一体的便民活动场所一座。完成"户户通"道路硬化工程。完成人畜饮水改造工程；重新规划建设休闲娱乐活动场地500平方米，并安装了公共健身器材。2019年人均收入14010元。

（九）上马村：1938年上马惨案发生地

基本情况

上马村位于侯马市南郊，交通便捷，土地肥沃，自然条件十分优越。上马村是上马街道办事处驻地，全村辖6个村民小组，有480余户1890人，耕地面积1980亩。

上马惨案

1938年5月12日，日军侵占上马村，从西门进入，杀人放火。村民多数逃走，未逃走的13人被日军赶到村南城门洞中，日军用机枪扫射。洞中唯一未被日军打死的郭拴牛，被发现后拉出洞外也被枪杀。日军此次暴行，先后枪杀无辜村民48人，烧毁房屋300余间。

老村新貌

上马村"两委"一班人带领全体村民，立足本村实际，投资500余万元兴建了占地15000平方米、建筑面积近1000平方米的商贸一条街，目前已入驻商户20余家，年销售收入800余万元。全村共有大型工厂和企业10家落地入驻，分别是侯马市运输公司、侯马市宝德机械铸造公司、团结钢筋厂、罗司林家具有限公司和侯马市晋泰饲料厂等。

村"两委"积极争取各方面支持，先后投资50余万元，修建了综合办公楼一幢，新建村民文体中心一处，安装配备了各种健身器材，为村民提供了良好的娱乐和文化场所。投资130余万元，建成了集停车、住宿和配载为一体的上马客运站，并新建了农资服务中心，壮大了本村的集体经济。投资200余万元，硬化全村街巷道路。投资185万元，完成村自来水入户工程。2019年人均收入16010元。

（十）褚村：战争年代作出重大贡献的村

基本情况

张村办褚村位于侯马市西北汾河南岸。全村有1136户4067人。村庄面积1.25平方千米，耕地8000余亩。产业以种植小麦、玉米、棉花和油料、药材为主，是一个典型的农业大村。

红色记忆

褚村在革命年代作出了重大贡献，是侯马市建立党小组最早的村庄之一。1938年，由于受彭真思想的熏陶和教育，褚村的刘殿元、秦国华、李奇才、任元瑞四人参加中共地下党组织，担任我党地下秘密联络员，以不同的身份将军需物资源源不断地运往革命根据地延安。

1946年，褚村民兵曾参加解放曲沃的战役。在攻打临汾时，褚村又出动民兵220人组成担架队，为保障我军给养和战斗的胜利作出了应有的贡献。

抗日战争时期，为了保证我军的食盐补充，褚村地下党员李奇才走家串户动员村民到汾河滩淋盐，然后夜间用马车从翼城的老观庄翻山越岭运往太行山各地。

老村新貌

近年来，党支部和村委会，带领全村村民开拓进取，各项工作都跃居全市前列。千方百计筹集资金800余万元，治本抓水，使全村水浇地达到95%以上。建起5千米长汾河护坝，完成了万亩汾河滩涂大开发，改造中低产田7000亩，开荒2000亩，修造机耕路35.8千米，安装变压器四台，补砌防渗渠道15里，建桥涵86座，修建排灌渠道21.4千米，修建高灌站2座，排灌站1座，工程总投资223万元；动土方石21.5万立方米，投工12万余个，使汾河盐碱滩成为全省汾河滩涂改造的样板工程；在平川地里打凿深井4眼，修筑防渗渠2000余米，铺设输水管道3000余米，改造了农田基础设施，增强了农业发展的后劲；投资50万元为全村安装上了自来水，做到了村民免费供水；整改了全村低压线路，解决了村民用电难的问题；投资22万元，给全村架通了程控电话；投资200多万元，将全村街巷全部硬化，硬化总长度达23千米。总投资185.5万元，新建了文化商业综合大楼、村委办公楼、党员培训室、老干部活动中心、卫生所、投影室、大会议室、农家店、象棋室、科普文化网站和3个大型影壁、2座冲水式公厕、硬化了通往河滩的主要通道西大坡和学校排水道；配合全省农村现场会，完成了汾河滩电灌站拆迁和新建工程，并为村里65岁以上老人每年发放60元的养老金。

投资7万余元动用大量劳力和多台车辆，为村内外主要街巷清运垃圾1780立方米，转运杂物300余立方米，回填新土1000余立方米。全村道路绿化达80千米。

动员村民及村内在外工作人员捐款，将学校又进行了重建，学校总面积达1万平方米，操场5000平方米，校园5000平方米。

贫困户总计13户20人。近年来，村"两委"积极配合帮扶单位为2户贫困人口新建了安全住房，添置了设备，为

4户贫困人口安装了光伏发电设备,由于积极努力,截至目前,贫困户全部脱贫。2019年,村民人均收入达15726元。

(十一)大李村:马小宝烈士出生地

基本情况

大李村地处侯马市正北边界。全村共有958户3021人,耕地3000余亩;辖7个村民小组;有中共党员123人。

历史沿革

大李村北邻汾河,与襄汾相望,东邻同蒲铁路,西南与北坞相接,东北与大南庄相连。

大李村裴姓族人居多。这里的裴家,原本与闻喜县裴柏村裴姓为一家,唐朝时迁到大李村。裴家在中国历史上是非常出名的,裴氏研究会的裴氏家谱原稿,就是大李村裴本忠家提供的,堪称珍宝。

大李裴家人才辈出,后代子孙兴旺,家族繁盛。

红色记忆

1939年大李村的黄顺江就加入了中共地下组织,建立了党小组。1942年黄顺江任马北党支部组织委员,在他们的带领下,大李村青年民兵为抗日救亡做了大量工作。

受革命影响最大的当数大李村马小宝一家。他家是个贫苦农民家庭,祖父从山东乞讨来到大李,住在村外两孔破烂不堪的土窑洞里。孙光烈是马小宝的姑父,他的公开身份是教书先生,从事党的地下工作。他经常冒着生命危险,到日伪占领的侯马镇搜集情报、开展工作。为了工作方便,他经常以马小宝家为联络点，召开党的会议，有时晚上就在破窑洞里过夜。长期的接触，使他们一家人知道了孙光烈从事的伟大事业，也懂得了不少革命道理，渐渐地，这个贫苦农民家庭成为一个革命家庭。1946年1月侯马第一次解放，17岁的马小宝担任了大李村第一任农会主席，哥哥马宝珍任村里的民兵队长，父亲马兴义、母亲刘玉兰都是大李村的农会常委，一家人始终站在反奸清算、对敌斗争的最前列。

侯马解放没多久，1946年4月，阎锡山不甘失败，命高倬之率两万精锐部队从太原奔袭侯马，我解放军在陈赓的精心指挥下，全歼高倬之的精锐部队，高倬之化装成士兵，乘小船过汾河，经襄汾逃回太原，这就是著名的高村战役。1946年8月，胡宗南率国民党第一旅进攻侯马，我军主动撤离，侯马失陷，侯马区委率300多名党员转移到东山太岳根据地坚持斗争，随时准备再次解放侯马。

这期间斗争形势极其复杂。曲沃县城被阎匪占领着，流窜逃亡到汾城县永固镇一带的国民党曲沃县党部和逃亡地主，组成了"复仇团"，与潜伏在汾河北岸解放区的反革命分子相互勾结，经常窜到大李抢粮骚扰，残害民兵和农会干部。大李村与"复仇团"仅仅以汾河相隔，因此，这里的保卫与反保卫、复仇与反复仇的斗争异常惨烈。1946年6月18日晚12时许，在特务的带领下，"复仇团"纠集了永固镇一带的地痞流氓、地主武装800余人，突然包围了大李村，并抢占了村南的制高点。在敌众我寡以及地形于我不利情况下，农会主席马小宝被"复仇团"团团围住，五花大绑，带到汾城县（今襄汾县汾城镇）的永固镇。1946年7月2日，气焰嚣张、不可一世的"复仇团"在永固召开万人大会，公开杀害了大李村农会主席马小宝同志，马小宝时年17岁。

大李新貌

党的十一届三中全会以来，党支部和村委会根据党的富民政策，结合本村的传统优势，号召村民大力发展私营企业。建起了通盛站台和大李综合发运站。有了站台，民营企业迅速地发展壮大。

如今大李村形成较大规模的企业有：山西建邦集团、华强钢铁公司、通盛经贸有限公司、大利焦化有限责任公司、大李综合发运站等，民营企业的产值和税收占到侯马民营经济的50%以上。一个村有这么多的规模企业在全省来说也是不多见的。全村在企业务工人员达1200多人，每家每户至少也有一个务工人员，村里老年人种地，年轻人全部在企业工作。企业给工人都入了养老保险，解决了老年人的后顾之忧。

建好了一座三层办公大楼，装修了村大舞台，重建了卫生院及学校，以前简陋的教室现在敞亮宽大、设施齐全。村内村外道路全部硬化，街道整齐，大路两侧绿化。村内有公交车，村内各路口都安装了节能灯，夜晚与城市路灯一样亮。全村958户，家家有自来水，户户有大暖。数字电视引入全村每家每户，收视费集体缴纳；村民的合作医疗集体全额出资；60岁以上的老人集体每月发放养老保险金，每年10多万元，解决了老人的后顾之忧；主要街道口全部安装了监控探头，保证了全村人的安全；建成了村民文化广场，配备了健身器材，组建了村民锣鼓队，每晚数百名村民跳健身舞、练健身操，科技活动中心、图书馆每晚向村民开放，远程教育、定期开播。

侯马市党委、人大、政府、政协四大班子名录

市委书记、副书记名录

姓 名	性别	职务	任职时间	籍贯
李 荃	男	工委书记	1956.11—1957.12	山西省芮城县
张耀廷	男	第一书记	1958.10—1961.05	山西省尧都区
董启民	男	第一书记、书记	1961.05—1963.05	山西省闻喜县
孙绍之	男	核心组长、书记	1971.08—1973.04	山东省栖霞县
郑锦章	男	书记	1973.04—1974.12	河北省沧县
李景岗	男	书记	1974.12—1975.10	山西省武乡县
陈 丹	男	书记	1975.10—1977.05	山西省霍州市
贾惠民	男	书记	1977.05—1980.07	山西省万荣县
王兴亚	男	书记	1980.07—1983.12	山西省洪洞县
赵文斌	男	地委委员、书记	1983.12—1984.10	山西省翼城县
李木达	男	书记	1984.10—1988.03	山西省灵石县
程满仓	男	书记	1988.11—1990.02	山西省临猗县
王国栋	男	书记	1990.12—1996.06	山西省乡宁县
耿根喜	男	地委委员、书记	1996.02—2000.05	山西省安泽县
赵建民	男	书记	2000.05—2006.05	山西省稷山县
王醒安	男	书记	2006.06—2009.05	山西省襄汾县

（续表）

姓　名	性别	职务	任职时间	籍贯
马　彪	男	书记	2006.06—2012.09	河北省武邑县
李朝旗	男	书记	2012.12—2016.07	山西省曲沃县
王煦杰	男	书记	2016.07—2021.02	山西省河津市
郝子英	男	工委副书记	1956.11—1957.12	山西省洪洞县
袁极平	男	常务书记	1958.10—1960.05	山西省五寨县
高鸿基	男	常务书记	1958.10—1959.01	山西省高平县
刘　煜	男	常务书记	1959.03—1960.05	山东省掖县
刘　煜	男	书记处书记	1958.12—1963.01	山东省掖县
李川民	男	书记处常务书记	1960.11—1961.05	山西省洪洞县
李志忠	男	书记处书记	1958.12—1963.01	山西省古县
宋　澜	男	书记处书记	1958.12—1961.05	山西省襄汾县
薛光夏	男	书记处书记	1958.12—1961.11	山西省夏县
梁星楼	男	书记处书记	1958.12—1962.09	山西省襄汾县
李俊卿	男	书记处书记	1958.12—1959.01	山西省万荣县
马建华	男	书记处书记	1958.12—1959.01	陕西省
于程九	男	书记处书记	1958.12—1960.05	—
耿步青	男	书记处书记	1959.11—1962.09	山西省侯马市
李温良	男	书记处书记	1960.03—1960.05	山西省尧都区
卫国武	男	书记处书记	1961.05—1962.09	山西省洪洞县

(续表)

姓　名	性别	职务	任职时间	籍贯
刘　煜	男	副书记	1963.01—1963.05	山东省掖县
李志忠	男	副书记	1963.01—1963.05	山西省古县
丛　华	男	核心小组副组长、副书记	1971.08—1974.12	山东省文登县
杜振明	男	副书记	1971.12—1981.08	山东省陵县
吉怀进	男	副书记	1974.12—1975.01	山西省翼城县
贾惠民	男	副书记	1975.09—1977.05	山西省万荣县
耿步青	男	副书记	1975.09—1984.01	山西省侯马市
郭成栋	男	副书记	1977.05—1981.09	山西省阳城县
秦四立	男	副书记	1977.05—1981.02	山西省临猗县
公茂旺	男	副书记	1977.05—1980.07	山西省尧都区
郭怀德	男	副书记	1980.12—1984.01	山西省沁水县
樊玉龙	男	副书记	1980.07—1983.12	山西省闻喜县
孙先虎	男	副书记	1981.09—1998.07	山西省万荣县
程满仓	男	副书记	1983.12—1988.11	山西省临猗县
路逸民	男	副书记	1985.03—1998.11	山西省沁水县
王国栋	男	副书记	1988.11—1990.12	山西省乡宁县
窦正森	男	副书记	1990.05—1994.09	山西省吉县
宿青平	男	副书记	1993.02—1998.07	山西省蒲县

（续表）

姓 名	性别	职务	任职时间	籍贯
张洪生	男	副书记	1991.05—1993.05	山西省洪洞县
米耀璟	男	副书记	1992.08—1998.07	山西省交城县
田兴旺	男	副书记	1995.05—1998.08	山西省曲沃县
李山林	男	副书记	1995.05—2003.10	山西省乡宁县
朱缚龙	男	副书记	1997.06—1998.08	山西省新绛县
张如意	男	副书记	1998.07—2006.06	河南省延津县
范荣发	男	副书记	1998.07—2006.06	山西省古县
赵满仓	男	副书记	1998.07—2001.09	山西省平陆县
李孟斌	男	副书记	2001.11—2008.07	山西省曲沃县
包 江	男	副书记	2001.11—2012.05	山西省曲沃县
马兴民	男	副书记	2011.06—2016.08	山西省侯马市
秦海玉	男	副书记	2016.08—2019.03	山西省新绛县
李俊胜	男	副书记	2016.11—2021.03	山西省侯马市

市人大常委会主任、副主任名录

姓名	性别	职务	任职时间	籍贯
耿步青	男	主任	1981.07—1984.12	山西省侯马市

续表

姓名	性别	职务	任职时间	籍贯
郭怀德	男	主任	1984.12—1993.07	山西省沁水县
张如意	男	主任	1993.07—1998.08	河南省延津县
米耀璟	男	主任	1998.08—2003.11	山西省交城县
毛锦生	男	主任	2003.11—2007.05	山西省平遥县
李平生	男	主任	2007.05—2016.08	山西省万荣县
马兴民	男	主任	2016.08—	山西省侯马市
马安国	男	副主任	1981.07—1984.12	山西省翼城县
李桂芳	男	副主任	1981.07—1984.12	山西省沁源县
陈继平	男	副主任	1981.07—1990.07	山西省永济市
胡正光	男	副主任	1981.07—1984.12	山西省洪洞县
郭逢瑞	男	副主任	1981.07—1987.07	山西省阳城县
吕立生	男	副主任	1981.07—1984.12	山西省曲沃县
杜振明	男	副主任	1982.08—1984.07	山东省陵县
赵长发	男	副主任	1984.12—1987.07	山西省侯马市
贾洪录	男	副主任	1984.12—1990.07	山西省侯马市
师述茂	男	副主任	1987.7—1993.07	山西省洪洞县
崔福庆	男	副主任	1987.07—1990.07	山西省曲沃县
张存良	男	副主任	1990.07—1993.07	山西省曲沃县
焦玉龙	男	副主任	1990.07—1993.07	河北省阜城县
武伯济	男	副主任	1990.07—1996.05	山西省临汾市
麻翠珍	女	副主任	1990.07—2002.04	山西省山阴县

续表

姓名	性别	职务	任职时间	籍贯
周振民	男	副主任	1993.07—1998.08	山西省永济市
程利民	男	副主任	1993.07—2002.04	山西省洪洞县
高 峡	男	副主任	1996.05—2003.11	山西省浮山县
高英海	男	副主任	1998.08—2003.11	山西省绛县
张克功	男	副主任	1999.05—2007.05	山西省侯马市
张彦江	男	副主任	2002.04—2007.05	山西省河津市
王阿家	女	副主任	2002.04—2016.08	河北省承德市
郑雄生	男	副主任	2002.11—2007.05	山西省洪洞县
董良发	男	副主任	2003.11—2007.05	河南省禹县
文转社	男	副主任	2005.03—2016.08	山西省垣曲县
秦朝旭	男	副主任	2007.05—2016.08	山西省曲沃县
郭天红	男	副主任	2011.06—2016.08	山西省侯马市
郭旭东	男	副主任	2016.8—	山西省侯马市
卫希荣	男	副主任	2016.8—	山西省万荣县
白爱华	女	副主任	2016.8—	山西省侯马市

市政府（革委会）、市长（主任）、副市长（副主任）名录

姓名	性别	职务	任职时间	籍贯
袁极平	男	代市长	1958.10—1958.12	山西省五寨县

(续表)

姓名	性别	职务	任职时间	籍贯
刘 煜	男	市长	1958.12—1959.02	山东省掖县
袁极平	男	市长	1959.02—1960.04	山西省五寨县
刘 煜	男	市长	1960.05—1963.05	山东省掖县
孙绍之	男	革委会主任	1971.08—1972.11	山东省栖霞县
丛华	男	革委会主任	1972.11—1974.12	山东省文登县
吉怀进	男	革委会主任	1974.12—1975.10	山西省翼城县
耿步青	男	革委会主任	1975.10—1978.05	山西省侯马市
秦四立	男	革委会主任	1978.05—1980.07	山西省临猗县
郭成栋	男	革委会主任	1980.07—1981.07	山西省阳城县
樊玉龙	男	市长	1981.07—1983.12	山西省闻喜县
程满仓	男	市长	1983.12—1988.11	山西省临猗县
王国栋	男	市长	1988.11—1991.4	山西省乡宁县
孙先虎	男	市长	1991.04—1998.08	山西省万荣县
张如意	男	市长	1998.08—2006.06	河南省延津县
马 彪	男	代市长、市长	2006.06—	河北省武邑县
郭 宏	男	代市长、市长	2019.10—2011.01	山西省临汾尧都
李建国	男	代市长、市长	2011.05—2013.05	山西省朔城区
王煦杰	男	代市长、市长	2013.05—2016.07	山西省河津市
段慧刚	男	代市长、市长	2016.07—2019.01	山西省临汾尧都
黄晓君	男	代市长、市长	2019.01—	山西省临猗县
郝子英	男	第一副主任	1956.11—1957.10	山西省洪洞县

（续表）

姓名	性别	职务	任职时间	籍贯
马建华	男	副主任	1957.07—1957.12	陕西省
马建华	男	副市长	1958.10—1959.09	陕西省
雷于田	男	副市长	1958.10—1962.10	山西省临猗县
左保江	男	副市长	1958.10—1962.10	山西省襄汾县
朱郁才	男	副市长	1958.10—1963.05	山西省沁源县
董应松	男	副市长	1958.10—1961.11	湖南省
权栓	男	副市长	1958.10—1961.11	山西省新绛县
段振华	男	副市长	1959.09—1962.09	山西省尧都区
郭绍斌	男	副市长	1960.05—1962.09	山西省洪洞县
刘秀峰	男	副市长	1960.07—1963.05	山西省沁县
师述德	男	副市长	1961.11—1962.06	山西省洪洞县
卫国武	男	副市长	1962.09—1963.05	山西省洪洞县
从华	男	副主任	1971.08—1972.11	山东省文登县
兰亭	男	副主任	1971.11—1981.04	山西省翼城县
左景芳	男	副主任	1971.11—1975.09	山西省沁县
耿步青	男	副主任	1972.06—1984.12	山西省侯马市
郭保民	男	副主任、副市长	1972.06—1984.12	山西省沁源县
张可群	男	副主任	1973.05—1981.07	山西省侯马市
陈建民	男	副主任	1973.09—1974.10	山西省万荣县
卫振汉	男	副主任	1973.09—1975.11	山西省尧都区
宋澜	男	副主任	1973.05—1973.09	山西省襄汾县

（续表）

姓名	性别	职务	任职时间	籍贯
冯志刚	男	副主任	1974.01—1981.06	山西省侯马市
阎青枝	女	副主任	1974.01—1975.10	山西省运城市
樊崇侠	男	副主任	1974.09—1979.05	山西省临猗县
秦四立	男	副主任	1977.05—1978.05	山西省临猗县
郭成栋	男	副主任	1977.05—1980.07	山西省阳城县
叶铁玉	男	副主任	1980.06—1981.07	山西省侯马市
柏 毅	男	副市长	1981.07—1984.12	山西省浮山县
王金贵	男	副市长	1981.07—1984.12	山西省曲沃县
张万管	男	副市长	1981.07—1990.12	山西省浮山县
安齐太	男	副市长	1983.04—1984.12	山西省翼城县
王国栋	男	副市长	1984.12—1988.12	山西省乡宁县
徐治国	男	副市长	1984.12—1993.03	山西省襄汾县
陈三喜	男	副市长	1984.12—1987.01	山西省曲沃县
董长基	男	副市长	1985.08—1995.12	山西省侯马市
于明月	男	副市长	1990.05—1995.12	河南省长垣县
朱缚龙	男	副市长	1990.05—1993.07	山西省新绛县
李山林	男	副市长	1991.05—1995.80	山西省乡宁县
张成梁	男	副市长	1991.05—1992	山西省尧都区
杜作柱	男	副市长	1991.08—1993.06	山西省翼城县
关彭龄	男	副市长	1991.10—1992.12	山西省侯马市
包 江	男	副市长	1993.10—2001.10	山西省曲沃县

（续表）

姓名	性别	职务	任职时间	籍贯
刘淑芬	女	副市长	1993.05—2001.11	山西省曲沃县
毛锦生	男	副市长	1993.07—2001.11	山西省平遥县
任启玉	男	副市长	1993.09—1994.11	安徽省
邬实	男	副市长	1993.11—2003.11	内蒙古呼和浩特市
夏引盛	男	副市长	1998.08—2003.11	山西省侯马市
李天海	男	副市长	1998.08—2003.11	山西省娄烦县
阎建国	男	副市长	2001.09—2006.06	山西省乡宁县
冯凌云	男	副市长	2001.09—2004.05	山西省闻喜县
王震	男	副市长、常务副市长	2002.02—2010.01	山西省曲沃县
田怀宇	男	副市长	2002.02—2011.06	河南省沁阳县
李平生	男	副市长	2003.11—2007.05	山西省万荣县
梁清燕	女	副市长	2005.05—	山西省襄汾县
李俊胜	男	副市长、常务副市长	2003.11—2019.05	山西省侯马市
高剑云	女	副市长	2011.06—2016.07	河南省济源市
师安平	男	副市长	2016.07—2018.12	山西省洪洞县
卢正中	男	常务副市长	2019.05—2021.02	山西省绛县
张红玉	女	副市长	2011.06—	河南省滑县
闫志伟	男	副市长	2019.01—	山西省沁县
梁明军	男	副市长	2016.08—2021.03	山西省绛县

（续表）

姓名	性别	职务	任职时间	籍贯
郭建伟	男	副市长	2016.08—	河南省林县
王勇	男	副市长	2016.08—2021.03	山西省尧都区

市政协主席、副主席名录

姓名	性别	职务	任职时间	籍贯
张耀廷	男	主席	1958.10—1963.05	山西省临汾市
兰亭	男	主席	1981.07—1984.12	山西省翼城县
杜振明	男	主席	1984.12—1987.07	山东省陵县
孙先虎	男	主席	1987.07—1991.06	山西省万荣县
路逸民	男	主席	1991.06—1993.07	山西省沁水县
李刚	男	主席	1993.07—1995.11	山西省翼城县
路逸民	男	主席	1995.11—1998.08	山西省沁水县
李光亚	男	主席	1998.08—2003.11	山西省洪洞县
张永文	男	主席	2003.11—2007.05	山西省侯马市
陈毅林	男	主席	2007.05—2016.02	山西省翼城县
田怀宇	男	主席	2016.02—2018.10	河南省泌阳县
秦海玉	男	主席	2019.03—2021.03	山西省新绛县
许西亭	男	副主席	1958.10—1963.05	山西省曲沃县
袁极平	男	副主席	1959.05—1963.05	山西省五寨县

（续表）

姓名	性别	职务	任职时间	籍贯
权　铨	男	副主席	1959.05—1963.05	山西省新绛县
郝全耀	男	副主席	1959.05—1963.05	山西省曲沃县
张科臣	男	副主席	1959.05—1963.05	山西省曲沃县
刘　煜	男	副主席	1960.05—1963.05	山东省掖县
杨长荣	男	副主席	1960.05—1963.05	山西省曲沃县
尹志坚	男	副主席	1981.07—1990.07	山西省曲沃县
贾思让	男	副主席	1981.07—1984.12	山西省侯马市
张可群	男	副主席	1981.07—1987.07	山西省侯马市
李佩伦	男	副主席	1981.07—1987.07	山西省侯马市
李振华	男	副主席	1982.08—1984.12	山西省垣曲县
关彭龄	男	副主席	1984.12—1991.10	山西省侯马市
古维正	男	副主席	1984.12—1995	广西柳州市
王秉道	男	副主席	1987.07—1990.07	山东省巨野县
詹光宇	男	副主席	1987.07—1993.07	江西省
于美玲	女	副主席	1987.07—1996.08	河北省
吴玉英	男	副主席	1990.07—1993.07	山西省曲沃县
焦奇俊	男	副主席	1990.07—2001.03	山西省翼城县
关彭龄	男	副主席	1993.07—1997.07	山西省侯马市
谢碧玲	女	副主席	1996.05—2002.04	台湾省台中市
祁　平	男	副主席	1998.08—2003.11	山西省闻喜县
刘新盛	男	副主席	1998.08—2003.11	山西省新绛县

姓名	性别	职务	任职时间	籍贯
贾世杰	男	副主席	2002.04—2007.05	山西省万荣县
卫玉贵	男	副主席	2002.04—	山西省侯马市
贾文魁	男	副主席	2003.11—2011.06	山西省汾西县
续文碧	男	副主席	2005.03—2016.08	山西省曲沃县
高剑云	女	副主席	2007.05—2011.06	河南省济源市
马淑焕	女	副主席	2011.06—	山西省新绛县
卫玉贵	男	副主席	2002.04—	山西省侯马市
朱冬梅	女	副主席	2016.08—	山西省侯马市
高雪玲	女	副主席	2016.08—2019.12	河南省济源市

编后语

沧海桑田，星移斗转，历史的车轮驶入了中国特色社会主义新时代。

在举国庆祝中国共产党成立一百周年的今天，《侯马市革命老区发展史》一书出版问世，这是三十万新田儿女为党的百年华诞献上的一份厚重的生日礼物。

回首往昔峥嵘岁月，我们无比感念那些为了中华人民共和国前赴后继、流血牺牲的无数革命先烈，无比感念那些为了社会主义建设艰苦奋斗、流血流汗的无数创业者，无比感念那些在改革开放伟业中拼搏创新、奋发有为的开拓者。

《侯马市革命老区发展史》一书以翔实的历史资料，记录了发生在侯马市革命老区的红色革命故事，讴歌了侯马市各个革命历史时期的英雄人物，展示了在中国特色社会主义新时代，新田儿女在市委、市政府的正确领导下，自信融合、尚美奋进的巨大成就和时代风采。

在本书征编过程中，市委、市政府高度重视。主要领导多次过问，并亲自主持召开了多次专题会议，成立了编委会，拨付了专项经费，聘请了8位退了休的热心、细心的老同志开始了编纂工作。8位老同志怀着强烈的事业心和历史的责任感，在侯马老促会石永刚会长一班人的带领下，不顾年事已高，冒着酷暑严寒，克服出行不便等困难，四处奔波，八方搜集，加班加点，废寝忘食，斟酌字句，反复推敲，几易其稿，终于付梓。

本书在编写过程中，得到了山西省、临汾市老促会领导的关心指导，得到了翼城、永济、曲沃、平陆等兄弟县市老促会的大力支持，得到了侯马市委办、市政府办、人大办、政协办、三乡五办、发展计划局、档案局、市委党史研究中心、市委党校、城建局、商务局、统计局等单位的鼎力支持，许多摄影爱好者提供了宝贵的历史照片，小秦文印部在书稿编写过程中为本书打印、修改、排版、制表做了大量烦琐细致的工作，在此一并表示衷心的感谢。

本书虽经多人多次长期考证修改，但由于年代久远，史料不全，加之编者水平有限，难免存在瑕疵和遗漏，敬请广大读者不吝指出，我们将在重印时给予更正。